AF706775

Isidor Kastan

Berlin wie es war

SEVERUS Verlag

ISBN: 978-3-95801-095-6
Druck: SEVERUS Verlag, 2015

Der SEVERUS Verlag ist ein Imprint der Diplomica Verlag GmbH.
Bibliografische Information der Deutschen Nationalbibliothek:
Die Deutsche Nationalbibliothek verzeichnet diese Publikation in der Deutschen Nationalbibliografie; detaillierte bibliografische Daten sind im Internet über http://dnb.d-nb.de abrufbar.

Isidor Kastan

Berlin wie es war

SEVERUS

Inhalt

Vorwort

Bei der Abfassung der nachfolgenden Schilderungen aus dem alten Berlin war ich ausschließlich auf mein Gedächtnis angewiesen. Tagebücher oder sonstige gelegentliche Auszeichnungen standen mir nicht zu Gebote. Ich habe diesen Mangel bei der Niederschrift sehr bedauert. Allein die Reue kam wie stets zu spät. Im ganzen und großen jedoch durfte ich mich auf die Treue meines Gedächtnisses verlassen, so daß ich vor erheblichen Irrtümern oder falschen Darstellungen im einzelnen hinlänglich geschützt zu sein glaube. Auf Vollständigkeit in der Darstellung „dessen, was geschehen ist", machen diese Blätter keinen Anspruch. Es sollen vielmehr nur einzelne Stücke aus der beinahe unübersehbaren Fülle des von allen Seiten sich herandrängenden Stoffes herausgegriffen und in eine hellere Beleuchtung gerückt werden.

Eines darf mit aller Bestimmtheit behauptet werden: Eine Entwicklung wie diejenige Berlins seit dem Regierungsantritte Wilhelm I. wird die Geschichte dieser Stadt nicht mehr zu verzeichnen haben. Selbst wenn der Weltkrieg einen anderen Ausgang genommen, hätte sich der Entwicklungsweg Berlins, wie er vor einem halben Jahrhundert eingesetzt, kaum wiederholt. Denn auch in diesem Betracht behält das Wort von den Bäumen seine Gültigkeit, daß sie nicht in den Himmel wachsen. Aber gerade in der Beispiellosigkeit dieser Stadtentwicklung liegt ihre das ganze Zeitalter kennzeichnende Bedeutung und ihre Eigentümlichkeit. In diesem Umstande liegt auch die Rechtfertigung für die Abfassung dieses Berichtes eines Zeitgenossen, der den Vorgängen mit einer lebhaften inneren Anteilnahme zu folgen bestrebt war.

Ich habe nur den einen Wunsch auszusprechen, daß sich die nachfolgende Darstellung nicht allzuweit von dem gesteckten Ziele entfernt haben möge, und nur die eine Bitte, das Gegebene mit gütiger Nachsicht aufzunehmen.

I. Kastan

Allgemeines Stadtbild

Das alte Berliner Rathaus (Gerichtslaube)

Die Stadtmauer

Stellen wir einmal den Zeiger der Weltgeschichte so um ein Halbjahrhundert und etwas darüber zurück. Welch ein Bild bot sich dazumal dem Beschauer der preußischen Landeshauptstadt dar! Das gegenwärtige Geschlecht, das in das Treiben der jüngsten unter den Millionenstädten der Erde hineingestellt ist, kann sich von den Zuständen Berlins zur Zeit des Regierungsantritts Wilhelms I. wirklich kaum eine Vorstellung machen. Die Entwicklung dieser Stadt zwischen jener Epoche und der Gegenwart steht ohne ihresgleichen da in der europäischen Städtegeschichte; ja, sie ist vielleicht ohne Beispiel in der Entwicklungsgeschichte des Städtewesens überhaupt. Möglich, daß sich in den Vereinigten Staaten etwas Ähnliches vollzogen hat. Wer aber diese staunenerregende Entwicklung Berlins selber miterlebt hat, wer sie stufenweise mit zu verfolgen in der Lage gewesen, der kommt erst recht nicht aus dem Erstaunen, aus dem Verwundern heraus, sobald er einen Vergleich zwischen dem Damals und dem Heute anzustellen versucht. Die Wandlung in der äußerlich wahrnehmbaren Erscheinung jedoch ist nicht minder ungeheuer als die völlige Umbildung im Wesen und Fühlen im Denken und Gebaren der Bevölkerung. Berlin und die Berliner sind anders geworden in diesem letztverflossenen Halbjahrhundert, so ganz anders, daß man sie kaum wiederzuerkennen vermag. Damals wie heute war Berlin, der Einwohnerzahl nach, allerdings schon die größte Stadt Preußens und die zweitgrößte nach Wien im Bereiche des deutschen Bundesgebietes. Die Bewohnerzahl betrug etwa 600.000, also immerhin schon eine recht stattliche Ziffer. Aber alles, alles war kleinlich, spießbürgerlich. Der ganze Lebenszuschnitt kümmerlich, über alle Maßen knapp, ja unzureichend. Die „Rahel", Friederike v. Varnhagen, sagte von dem Berlin ihrer Zeit aus: „Hier fehlt immer zum Taler der letzte Groschen." Das traf auch noch, auf die folgenden Jahrzehnte vielfach zu. Gleichwohl lag über dem Ganzen eine gewisse innerliche Behaglichkeit, eine heitere, genügsame Anspruchslosigkeit, die in der Folgezeit fast bis auf die letzten Spuren sich verloren hat. Der Übergang der kleinbürgerlichen preußischen Landeshauptstadt mit ihrem ausgesprochenen Charakter einer Militär- und Beamtenstadt zur Millionenweltstadt geschah so plötzlich, daß der Berliner nicht genügend Zeit hatte, sich innerlich mit dieser Wesensverwandlung seiner Stadt abzufinden, sich mit ihr ins Gleichgewicht zu setzen. Dieser Zwiespalt hat sich dann weiter geltend gemacht, und daraus haben sich dann wieder Folgeerscheinungen ergeben, die für die Beurteilung und Bewertung des neugewordenen Berlin und des neuen Berlinertums von nicht zu unterschätzender Bedeutung gewesen und es noch bis zu dieser Stunde geblieben sind.

Es liegt indessen nicht in der Absicht dieser Schrift, dies psychologische Moment auszuschöpfen. Hier soll vielmehr nur der sinnlich greifbare Teil der Stadtvergangenheit aus der Erinnerung wieder hervorgeholt werden. Es soll aufgezeigt werden, wie es gewesen ist. Deshalb begnügen wir uns mit dem bloßen kurzen Hinweis.

Der damalige Stadtkern war von einer etwa 4 Meter hohen Mauer umgeben, um das Einschmuggeln von steuerpflichtigen Verbrauchsgegenständen, nämlich Mehl und Fleisch, möglichst zu verhindern. Die namentlich die ärmere Bevölkerung schwer belastende Mahl- und Schlachtsteuer – die Akzise – würde erst in den siebziger Jahren, als in der preußischen Gesetzgebung und in der Verwaltung ein entschieden politisch-liberaler Wind wehte, aufgehoben. Die Stadt Berlin jedoch war die erste in Preußen, die von dem Rechte der Aufhebung dieser drückenden indirekten Steuer Gebrauch machte. An den großen ins Land hinausführenden Straßen war diese dem bittersten Spotte der Bevölkerung preisgegebene Mauer durch Toröffnungen unterbrochen, an denen längst keine Torflügel mehr hingen. Mit dem Falle der Stadtmauer sind auch diese Tore gefallen. Nur das weltberühmte Brandenburger, die Schinkelschen Torbauten am Leipziger Platz, die erst in den achtziger Jahren von neuem errichteten Torgebäude am Belle-Alliance-Platz und endlich die beiden Steuerhäuser am Luisenplatz vor dem Neuen Tor erinnern noch an die ehemalige Stadtummauerung.

Hier am Neuen Tor hat sich auch noch ein Stück der alten Stadtmauer selbst bis auf den heutigen Tag erhalten. Ein rechtes Wahrzeichen jener Zeit war die außerhalb der Stadtmauer zwischen dem Anhaltschen Bahnhof, der Anhaltschen Kommunikation, dem Potsdamer Tor, der Schulgartenstraße, dem Brandenburger Tor zum Hamburger Bahnhof sich hinziehende Verbindungsbahn, die sogenannte Klingelbahn. Sie diente lediglich dem Güterverkehr. Dem langsam hinschleichenden Zuge ging ein Bahnwärter voran, der eine rote Fahne schwang, während eine mit der Lokomotive verbundene Glocke ihren Warnungsruf ertönen ließ.

Auch dieses Verkehrsungetüm bildete den Gegenstand heiterster Belustigung unter der Bevölkerung wie bittersten Spottes in den damaligen Possecouplets. Wahrhaft schaudererregend waren, namentlich in den nördlichen und östlichen Teilen, die an der Stadtmauer sich bemerkbar machenden Zustände. Die Schuljugend übte insbesondere ihre Zerstörungslust an dem schon längst baufällig gewordenen Gemäuer; es wurde an sehr vielen Stellen von unseren übermütigen Knaben durchbrochen, und durch die allmählich entstandenen Löcher entschlüpfte sie behende den ihr auflauernden Schutzleuten. Dabei ereigneten sich die drolligsten Szenen, sobald dem wütenden Schutzmann, der sich durch das zu enge Loch hindurchzwängen wollte, der Helm hinter die Mauer fiel. Der Ärmste war den boshaften Rangen auf Gnade und Ungnade ausgeliefert, und nur das feierlichste Versprechen der Straflosigkeit befreite den Vertreter der Staatsgewalt aus seiner greulichen Zwangslage. Denn ein Schutzmann im Dienst und ohne Helm ist doch einfach undenkbar. Dieser Unfug, an den einzelnen Stellen der Stadtmauer blieb indessen nicht immer so harmlos. Er artete vielmehr öfters zu recht argen Zusammenrottungen aus, bei denen es blutige Köpfe setzte. Das aber kann man schon ruhig und ohne der geschichtlichen Wahrheit zu nahe zu treten, aussprechen: der damaligen Berliner Jugend gebührt ein nicht unwesentliches Verdienst an der Beseitigung dieser lächerlichen Stadtmauer.

An dem vornehmsten Stadtteile Berlins, in unmittelbarer Nähe des Schlosses, der Museumsbauten, zogen jedoch noch zwei andere Wahrzeichen die Blicke auf sich. Ein gewaltiges Gemäuer ragte hart an der Friedrichsbrücke in die Luft hinein. Riesige Steinunterbauten schoben sich tief hinein in die Spree, auf denen dann sich Ziegelwände und halbkreisförmige Ausbuchtungen bis zu einer Höhe von etwa zehn Metern erhoben. Der Neuankömmling in Berlin mußte über diese ungeheuren rätselhaften Ruinen mitten in dem prächtigsten Teile der Stadt nicht wenig erstaunt sein. Was mochten diese Ruinen nur bedeuten? Hier sollte sich nach dem Willen Friedrich Wilhelms IV. in byzantinisch-romanischen Bauformen ein Dom und anschließend an diesen das *Campo santo*, die monumentale Grabstätte des Hohenzollernhauses, erheben. Für die in ungeheuren Abmessungen gehaltenen Wandflächen hatte Peter Cornelius bereits seine gewaltigen Zeichnungen vollendet, die man in seiner Wohnung vor dem Brandenburger Tore in dem Raczynskischen Palais besehen und bestaunen konnte. Dieses Raczynskische Palais bestand aus einer im reinsten italienischen Renaissancestil errichteten dreiteiligen Gebäudegruppe, die miteinander durch Säulenhallen verbunden war. In dem südwärts gelegenen Bau hatte Peter Cornelius seine Werkstatt aufgeschlagen; hier waren auch diese *campo-santo* Zeichnungen aufgestellt. In dem überragenden Mittelbau war die Raczynskische Gemäldesammlung untergebracht, die nach dem Abbruch der Baulichkeiten nach Posen überführt wurde. Den Nordflügel der Baugruppe bewohnte der kunstbegeisterte polnische Aristokrat und seine Familie. Der ganze Baugrund wurde später in den siebziger Jahren für den Neubau des Deutschen Reichstages und für die notwendig gewordenen neuen Straßenanlagen in dessen Umgebung verwendet. Ob das Raczynski-Palais wenigstens im Bilde erhalten geblieben, entzieht sich meiner Kenntnis. Mit einer wahrhaft heiligen Scheu betrat man jene ungeheuren Räume, in denen die Kartons des großen Meisters ausgestellt waren. Man versuchte sich in die fremdartige Vorstellungswelt des tiefsinnigen Geistes hineinzuversetzen, der durch seine mystisch-phantastischen Schöpfungen erschütternd auf unser Gemüt zu wirken vermochte. Die Kartons waren vollendet, lange bevor der Bau des *Campo santo* in Angriff genommen werden konnte. Dann kam das Sturmjahr 1848, das wie so vieles andere auch diesen Lieblingsgedanken des unglücklichen Königs zunichte machte. Das Dombauprojekt verschwand von der Tagesordnung, das *Campo-santo*-Gemäuer verfiel mehr und mehr, bis es dann nach Jahrzehnten erst gesprengt wurde, um Raum für die Errichtung des jetzigen Domes zu gewinnen. Mit einem gewissen höhnischen Trotz führte der damalige Berliner seinen Gast an diese Ruinenstätte hin und pflegte dabei erläuternd hinzuzufügen: „Das sind die Ruinen eines Domes, der niemals gebaut werden wird. Das ist unser Stolz!“ Verschiedenartige Momente wirkten zusammen, um eine derartige Stimmung unter den Berlinern jener Zeit zum Durchbruch kommen zu lassen. Wer weiß, wer denkt noch jetzt jener Zeiten. Kein Erinnerungszeichen ist vorhanden. Einige der berühmten *Campo-santo*-Kartons haben in der Nationalgalerie Unterkunft gefunden – man ist zu sagen versucht – aus Mitleid. Das ist aber auch alles, was von jenen gigantischen Dombauplänen des letzten absoluten Königs von Preußen auf die Nachwelt gekommen.

Als ein weiteres Wahrzeichen Alt-Berlins konnte ein absonderliches, halbverfallenes Bauwerk angesprochen werden, das sich an der Stelle der jetzigen Nationalgalerie befand. Ein Oval, mit grünlich-grauem Mörtel beworfen, eingeschossig, trug es die befremdlich genug sich ausnehmende Aufschrift „Königliches Gesundheitsporzellan“. Die Glasur dieses königlichen Erzeugnisses enthielt nämlich keinerlei gesundheitschädigende Beimischung, insbesondere keinen Bleizusatz. Daher stammte diese geschmackvolle Aufschrift. Nicht weit von diesem Prachtbau entfernt, unmittelbar an die riesigen Domruinen angrenzend, erhob sich ein unscheinbarer, mit einer Säulenhalle geschmückter Bau, der aus den ersten Jahren des neunzehnten Jahrhunderts stammte, die alte Börse. Sie verschwand zu derselben Zeit wie die Domruinen, um den für den neuen Dom erforderlichen Baugrund zu gewinnen.

Den Besuchern des ehemaligen Berlin – es waren ihrer freilich nicht eben viele; der berüchtigte Polizeidirektor jener Zeit, Stieber, pflegte zu sagen: „Hierher nach Berlin kommt so leicht keiner zum Vergnügen“ – fiel am meisten die Armut der Stadt an bemerkenswerten Bauwerken auf; die wenigen, die darauf Anspruch machen konnten, waren auf einen einzigen, engbegrenzten Stadtteil verteilt, wo sie dann freilich zu einer großartigen Wirkung gelangten. Darüber hinaus gab es kaum einen durch seine Ausmessungen oder durch seine Kunstform ausgezeichneten Bau. Die allermeisten Kirchen zeigten cin recht unansehnliches Äußere, das zudem noch vernachlässigt war; sie lagen überdies ziemlich versteckt. Die staatlichen Verwaltungsgebäude, die meisten Ministerien hatten ein überaus nüchternes Aussehen. Im damaligen Preußen und in seiner Landeshauptstadt ganz besonders war eben alles auf das knappste zugeschnitten, lediglich auf die Befriedigung der allernotwendigsten Bedürfnisse gerichtet. Der Neubau des Finanzministeriums am Kastanienwäldchen mit seinem von vier Sandsteinsäulen getragenen weitausladenden Ballon war schon eine architektonische Sehenswürdigkeit. Noch übler stand es um die städtischen Bauten. Das Rathaus in der Königstraße war über alle Maßen ärmlich und unansehnlich, und die alte „Gerichtslaube", der Rest eines mittelalterlichen Bauwerks, bot einen unbeschreiblichen Anblick dar. Das alte Gemäuer wurde in den sechziger Jahren abgetragen, als mit dem Neubau des jetzigen „roten Hauses" begonnen wurde. Die Werkstücke erhielt der alte Kaiser Wilhelm von der Stadt Berlin zum Geschenk. Er soll darüber mehr verwundert als erfreut gewesen sein Sehr begreiflich. Denn wohin mit dem Gerümpel? Die Berliner Gerichtslaube hat dann bekanntlich im Babelsberger Schloßpark durch den Baurat Adler ihre. Auferstehung gefeiert. Sie ist freilich in dieser verjüngten Gestalt schlechterdings nicht wiederzuerkennen. Das Köllnische Rathaus am Ausgang der Breiten Straße, in welchem die Stadtverordneten ihre Sitzungen abhielten, verriet in seinem Äußeren gleichfalls nicht im mindesten, welchen wichtigen Bestimmungen es in seinem Innern diente. Die preußische Landeshauptstadt besaß damals, im Beginn der sechziger Jahre, kein einziges nennenswertes Bauwerk für irgendeine ihrer Verwaltungen; kein Rathaus, kein Krankenhaus, kein Waisenhaus, kein Schulgebäude, das sich sehen lassen konnte. Für die Aufnahme der armen Kranken war die Königliche Charité teils durch ihre Satzungen, teils aber durch Abkommen mit der Stadtverwaltung verpflichtet. Außerdem hatten die verschiedenen konfessionellen Gemeinden ihre Krankenanstalten. Das Bethanien-Krankenhaus lag damals „weit draußen" vor der Stadt. Das katholische, das jüdische mitten in dem dichtbewohnten nördlichen Volksviertel. Das katholische Krankenhaus verdankt seine Entstehung dem tatkräftigen damaligen Probst bei der Hedwigskirche, dem späteren berühmten Mainzer Bischof Emanuel v. Ketteler. Unter den städtischen höheren Bildungsanstalten stand das Gymnasium zum grauen Kloster an erster Stelle. Die angesehensten Bürger- und Beamtenfamilien vertrauten ihm ihre Söhne zur Erziehung an. Ein „Klosteraner" zu sein, machte den Stolz des damaligen Berliner Jünglings aus. Dazu kam dann das Köllnische Realgymnasium. Hinter dem Köllnischen Rathause in einem jämmerlichen Gebäude in der engen Scharrenstraße untergebracht, erfreute es sich unter der Leitung des ausgezeichneten und durch sein mannhaftes Verhalten im Jahre 1848 sehr geschätzten Schulmannes August einer großen Beliebtheit namentlich unter der Berliner Kaufmannschaft. Hier in dieser Anstalt wurde nämlich, wie schon sein Name besagt, die allzu einseitig humanistische Gymnasialbildung durch einen tüchtigen Einschlag naturwissenschaftlichen Unterrichts – war doch der Leiter der Anstalt, Professor August, selbst ein namhafter Physiker – einigermaßen erweitert und mit den neuzeitlichen Anforderungen in Einklang gebracht.

Dem Werderschen Gymnasium am gleichnamigen Platze waren die Baulichkeiten der „Alten Münze" zugewiesen worden. Die Anforderungen der Schulgesundheitspflege konnten zusehen, wie und wo und ob sie überhaupt in Betracht kamen. An derlei Überflüssigkeiten, wie sie bereits hier und da von vereinzelten Schulmännern und Ärzten als unabwendliche Notwendigkeiten im Schulbetriebe verlangt wurden, dachte ernstlich noch keine damalige Schulverwaltung. Die tatsächlichen Schuleinrichtungen wiesen zum mindesten nichts auf, was einer Schulgesundheitspflege auch nur im entferntesten ähnlich sah. War es somit in diesem Betracht schon in den höheren städtischen Lehranstalten übel genug bestellt, so wird man sich unschwer eine Vorstellung über die in den Volksschulen herrschenden Zustände machen können. Wenn man überhaupt in jener Zeit von einem Berliner Volkschulwesen sprechen darf. Die wenigen damaligen Volksschulen waren Armenschulen. Demgemäß waren die Bauten, die inneren Einrichtungen beschaffen. Es war ein Jammer, ein Skandal, wie es dazumal, vor etwa 60 Jahren, um das Berliner öffentliche Schulwesen stand! Die dumpfe Luft der Reaktionszeit unter dem Ministerium Manteuffel-Raumer lastete schwer auf den Gemütern. Das nach Betätigung strebende Bürgertum war völlig gelähmt. Man gab sich allgemein einem an Verzweiflung grenzenden Fatalismus hin. Solange Friedrich Wilhelm IV. lebte, solange die „Kamarilla" ungehindert ihr Wesen treiben durfte, die „Gebrüder Gerlach", der allmächtige Generaladjutant des Königs und sein Bruder, der Magdeburger Gerichtspräsident, in Preußen regierten, war an eine Besserung der inneren Verhältnisse, an eine Wiederbelebung des öffentlichen Geistes nicht zu denken. Die zunehmende Erkrankung des unglücklichen Königs ließ jedoch einen baldigen Regierungswechsel erhoffen. Die Augen aller waren auf den Prinzen von Preußen gerichtet, der im Jahre 1848 nach England

Das ehemalige Polizeigefängnis am Alexanderplatz (Ochsenkopf)
Nach einer kolorierten Federzeichnung von O. Großkein 1888

hatte flüchten müssen, von dem es aber inzwischen längst bekannt geworden, daß er der heftigste Gegner des Manteuffelschen Regiments, der Potsdamer Kamarilla war. Auf diesen Prinzen Wilhelm von Preußen, den späteren König und Kaiser, setzten damals alle freiheitlich, alle fortschrittlich, kurz alle wirklich preußisch Gesinnten ihre Hoffnungen. Welch ein Gefühl der Befreiung von einer schweren Sorgenlast durch die Bevölkerung bei der Nachricht von dem Ableben Friedrich Wilhelms des Vierten ging, davon kann sich das nachfolgende Geschlecht auch nicht annähernd eine Vorstellung machen. Das mußte man eben selbst erlebt haben! –

In der langen Friedenszeit hatte sich Preußen durch seine kluge Wirtschaftspolitik – es sei nur an dessen politische Großtat, die Begründung des Zollvereins, erinnert! – durch einen kaum zu überbietenden, zielstrebigen Fleiß, durch eine Anspruchslosigkeit in der ganzen Lebensführung, wie sie dem jetzigen Geschlecht ganz unbegreiflich erscheint, zu einem gewissen Wohlstand emporgearbeitet. Theodor Fontane pflegte zu sagen „in die Höhe gehungert". Das Bürgertum hätte sich zu einem Selbstbewußtsein durchgerungen. Es verlangte nach einer sichtbarlichen Betätigung. Es wollte endlich die drückenden Fesseln, die ihm eine unheilvolle Staatsleitung auferlegte, mit den ihm innewohnenden moralischen Kraftmitteln sprengen. Mit der Übernahme der Regentschaft durch den Prinzen von Preußen schien dieser Wendepunkt eingetreten zu sein. Als nun endlich der Regierungswechsel mit dem 1. Januar 1861 sich vollzogen, hatte, da war mit einem Male die allgemeine Volksstimmung umgeschlagen. Es war, als ob das Schleusentor geöffnet würde, um den aufgestauten Wassermassen endlich den freien Zustrom zu eröffnen. In die Berliner Stadtverwaltung insbesondere kam ein frischer Windzug, der die muffige Luft der Schreibstuben reinigte. Der Oberbürgermeister Seidel, ein Schwager Rudolf Virchows, war der rechte Mann an der rechten Stelle zur rechten Zeit. Mehr als irgendeinem anderen seiner obersten Verwaltungsbeamten verdankt Berlin dem Oberbürgermeister Seidel die Entwickelung seiner vielbewunderten inneren Einrichtungen. Seidel hat zu dem Übergange der kleinlich-spießbürgerlichen Beamtenstadt in ein neuzeitlich-großstädtisches Gemeinwesen unstreitig das meiste beigetragen. Er wurde bei diesem seinen Vorhaben von einer ganzen Schar ausgezeichneter Mitarbeiter auf das glücklichste unterstützt.

In der Stadtverordnetenversammlung aber sorgte der unermüdlich schaffende Geist Rudolf Virchows, damals im unbestrittenen Rufe seiner wissenschaftlichen Weltstellung, dafür, daß den großzügigen Absichten des Oberbürgermeisters keine unüberwindlichen Widerstände entgegentraten. Harte Kämpfe sind ihm freilich nicht erspart geblieben. Es galt vor allem nachzuholen, was in den vergangenen Jahrzehnten von der in geistlosen, bureaukratischen Formen erstarrten städtischen Verwaltung verabsäumt war. Auf den ertötenden Stillstand folgte ein belebender Betätigungstrieb. Man legte überall kräftigst Hand an, um das Veraltete zu beseitigen und dem Neuwerdenden Raum zu schaffen. Das Volksschulwesen, die Krankenpflege, die Waisenerziehung, die Armenfürsorge, all das wurde von Grund aus umgestaltet. Es ging mit Riesenschritten vorwärts. Zunächst konnte allerdings durch diese Vergeistigung der Stadtverwaltung Berlins das Stadtbild selbst noch in keiner Weise günstig beeinflußt werden. Dazu bedurfte es einer längeren Vorbereitung, einer unverdrossenen Arbeit in den stillen Verwaltungsräumen. Wem es um eine der Wirklichkeit entsprechende Vorstellung von dem damaligen Berliner Stadtbilde zu tun ist, der sehe sich die Stralauer Straße und ihre nächste Umgebung an. An diesem Teile Berlins sind die gewaltigen Entwicklungen der Stadt spurlos vorübergegangen. Auch der in den wuchtigsten Formen erstandene Neubau des Stadthauses, der in viel, viel spätere Zeit fällt, hat an diesem Zustande nicht gerüttelt. Wie dort drüben jenseits der Spree, so sah es aber auch meistenteils in den diesseits des Flusses gelegenen Stadtvierteln, in der Friedrichstadt aus. Einzelne kümmerliche, aber sehr kennzeichnende Reste aus jener längst verschwundenen Zeit haben sich in der vornehmen Friedrichstadt bis auf unsere Tage erhalten. Es sei hier nur auf das Stammhaus der Familie Kahlbaum in der Mauerstraße hingewiesen. An solchen und ähnlichen Prachtbauten war das Berlin der sechziger und noch der siebziger Jahre überreich. Und dem Äußeren dieser Prachtbauten entsprach die innere Einrichtung, die Ausgestaltung der Höferäume auf das genaueste. Man lenke nur einmal seine Schritte in jene Gegend, und man wird nicht wenig darüber erstaunt sein, daß sich noch jetzt mitten im Herzen der Millionenstadt derartig verwahrloste Straßen erhalten konnten. Manchem Beschauer dieser Herrlichkeiten mögen sie ja wohl malerisch vorkommen. Er wird es vielleicht sogar bedauern, daß der damals herkömmliche und durch sein Alter ehrwürdig gewordene Schmutz auf jenen Höfen einer peinlichen Sauberkeit gewichen ist. Damals in der guten, gemütlichen, alten Zeit hatte der Schmutz in den Hausfluren und auf den Haushöfen Berlins vielfach noch ein förmliches Daseinsrecht. Wem jedoch der Sinn für malerischen Schmutz abgeht, der muß offen bekennen, daß jene allgemeinen Zustände widerlich, abscheulich, beleidigend für Augen und Nasen, für. diese ganz besonders, gewesen sein mußten. Berlin entbehrte damals noch der Segnungen einer streng methodisch nach den Gesetzen der neuzeitlichen Technik durchgeführten Abfuhr aller menschlichen und tierischen Auswurfstoffe, sowie der hiermit notwendig verbundenen, ja sie eigentlich bedingenden Wasserleitung. Der Hausunrat ergoß sich in meistens sehr undichte Senkgruben, die von Zeit zu Zeit durch eine besondere Arbeitergenossenschaft entleert wurden. Diese widerliche Ausräumearbeit vollzog sich während der Nachtstunden, und wehe dem verspätet heimkehrenden Nachtschwärmer, der in die Nähe dieser Abfuhrwagen kam. Er hatte alsdann außer den üblen Gerüchen noch die unvermeidlichen Höflichkeitsbezeugungen abzuwehren, die ihm von den drei rückwärts auf dem Wagen, an den „Eimern" sitzenden Huldinnen erwiesen wurden. Diese „Emmer-Weiber" gehörten zu den gefürchtetsten Existenzen des damaligen Berlin, von denen auch nur zu reden schon Verlegenheit brachte. Diese greulichen Zustände hatten naturgemäß die übelsten Folgen für die öffentliche Gesundheit. Typhus, Ruhr, andere schwere Darmerkrankungen, auch Malaria waren hier einheimisch und forderten jahraus, jahrein zahllose Opfer. In den klinischen Lehrsälen der Charité konnten die damaligen großen Meister in der Diagnostik, Männer wie Traube, Frerichs, ihren Scharfsinn an den ihnen unablässig zuströmenden schwierigen „Fällen" üben. Ganze Reihen dieser unter so verschiedenen Anzeichen auftretenden Erkrankungen konnten den Hörern vorgestellt werden – und es wollte sich nimmer erschöpfen und leeren. Berlin war damals eine der ungesundesten Städte Deutschlands, vielleicht gar die ungesundeste. Als die Choleraepidemie 1866 in furchtbarer Weise auftrat, da war die Notwendigkeit, eine gründliche Änderung in der Reinhaltung Berlins, eine Vergesundheitlichung der Stadt als solcher und ihrer Haus- und Wohnverhältnisse eintreten zu lassen, unausweichlich geworden. Rudolf Virchow hat sich in hingebungsvoller mehrjähriger Arbeit des ihm von der Stadtverwaltung übertragenen Auftrages entledigt, den Bericht über die Vorarbeiten zur Durchführung der Wasserversorgung, der Schwemmkanalisation Berlins und der damit untrennbar verbundenen Rieselfeldwirtschaft zu erstatten. In Gemeinschaft mit dem Baurat Wiebe hat der große Forscher und Volksmann seine ganze zähe, ausdauernde Arbeitskraft darangesetzt, um dieses großartig erdachte Werk, allen Widerständen und gehässigen Angriffen zum Trotz, zu einem gedeihlichen Ende zu bringen. Die Berliner Wasserleitungs-, Schwemmkanalisations- und Rieselfeldanlagen sind vorbildlich geworden für alle seither entstandenen gleichsinnigen Einrichtungen. War die preußische Hauptstadt in dieser kanalisationslosen Zeit ein überall verrufenes „Typhusnest", so wurde sie nach der Durchführung dieser großartigen, sinnvoll ineinandergreifenden Anlagen zu einer der gesundesten und saubersten, mit herrlichen Schmuckplätzen versehenen Städte Europas. Jahre vergingen seitdem, daß einmal ein Typhusfall zur Kenntnis der Gesundheitsbehörde gelangte. Die Sterblichkeitlisten gewannen ein ganz anderes Aussehen. Diesen bedeutsamsten innerlichen Umschwung der öffentlichen und der häuslichen Gesundheitspflege, aber auch die Verschönerung des Stadtbildes verdankt Berlin hauptsächlich den beiden ebengenannten Männern, die durch ihre streng durchgedachten und auf ihr Betreiben auch durchgeführten öffentlichen Maßnahmen zu den größten Wohltätern Berlins gerechnet werden müssen. Der Tag aber, an dem im Jahre 1873 das III. Radialsystem vollendet und dem öffentlichen Gebrauche übergeben wurde – wenn man so sagen darf – verdient mit goldenen Buchstaben in die Bücher der Stadtgeschichte Berlins eingegraben zu werden. Das ganze städtische Kanalisationsgebiet wurde in dreizehn Abschnitte, Radialsysteme genannt, zerlegt, von denen das dritte, die Friedrichstadt umfassende, zunächst in Angriff genommen wurde, so daß es auch als erstes fertiggestellt werden könnte. Die Pumpstation in der Gitschiner Straße mit ihren vollendet zweckmäßigen Einrichtungen, dem Sammelbecken, der schiefgestellten, unaufhörlich sich drehenden Schraube ohne Ende, auf deren Windungen sich die in dem Sammelbecken eingefangenen festen Gegenstände jeglicher Art in die Höhe schoben, von wo aus sie in den eigens für sie bestimmten Sammelkasten hinabfielen, den

Dükern, vermittels deren die an wertvollen Ackerdungstoffen überaus reichen Abfallwässer nach den Osdorfer Rieselfeldern in riesigen Leitungsröhren hinausbefördert wurden, erregten damals das größte öffentliche Aufsehen. In den Tageszeitungen, mehr noch in den Fachzeitschriften erschienen ausführliche, mit Zeichnungen versehene Darstellungen der Kanalisationseinrichtungen. Zahllose einheimische und fremde Besucher Berlins besahen und bestaunten diese zur Reinerhaltung des Stadtbodens von Berlin und zur Verbesserung seiner öffentlichen und häuslichen Gesundheitsverhältnisse bestimmten Anstalten. Das Radialsystem III, die Osdorfer Rieselfeldwirtschaft, bildeten damals eine der hauptsächlichsten Sehenswürdigkeiten in und um Berlin. Wallfahrten die Bewunderer Friedrichs des Großen aus allen Ländern der Welt nach Potsdam, Sanssouci und dem Neuen Palais, so strömten die Bewunderer der Meisterschöpfungen neuzeitlicher Technik und Ingenieurkunst nach den obengenannten Stätten. Zum Ruhme der in so überraschendem Maße sich entwickelnden preußischen Landes- und deutschen Reichshauptstadt haben diese Anlagen der Schwemmkanalisation, der neuen Wasserleitungen und der mit ihnen in sinngemäßem Zusammenwirken verbündeten Rieselgüter, durch deren Erwerb allmählich Berlin in die erste Reihe der preußischen und deutschen Großgrundbesitzer rücken konnte, nicht zum wenigsten beigetragen. Mit den fortschreitenden Arbeiten des Kanalisationswerkes war aber insofern auch eine Verbesserung des äußerlichen Stadtbildes verbunden, als damit die Beseitigung des entsetzlichen, jeder Beschreibung spottenden Zustandes der Straßenpflasterung notwendig Platz greifen mußte. Bis zur Einführung der Kanalisation war weitaus der größte Teil der hauptstädtischen Straßen einfach mit Feldsteinen belegt. Nicht viel besser sah es in den großen Verkehrsstraßen diesseits und jenseits der Spree aus. Zu beiden Seiten, der Fahrstraße liefen Rinnsale bis zu Halbmetertiefe, in denen die Niederschlagswässer und die Hausabwässer sich in duftausströmender Mischung vereinigten und ihren Lauf schließlich zu dem sogenannten „grünen" Strand der Spree, ihren majestätischen Zuflüssen und den Kanälen nahmen. Bei dem geringen Gefälle konnten sich diese Rinnsalgewässer gehörig Zeit gönnen, bis sie ihren Weg durch die Stadt zurückzulegen vermochten. Das. hatte seine ganz besonderen Annehmlichkeiten in den Sommermonaten.

Es war einfach greulich, und das damalige Sprichwort von der Spree, die als Schwan in das Berliner Stadtgebiet eintrete und dasselbe in ganz anderer Tierform verlasse, hatte seine nur zu gute Berechtigung. Bei heftigen Niederschlägen ergossen sich die von den höher gelegenen Stadtteilen, besonders von dem Schönhauser Tor herabströmenden Wassermassen, mit ungeheurer Gewalt in die niedrigeren Straßenzüge, die alsdann sehr bald überschwemmt wurden. Mehr als einmal sind Kinder in jenen Stadtgegenden bei derartigen Anlässen in Lebensgefahr geraten. So ungefähr waren die Straßen im damaligen Berlin beschaffen. Der damalige Besitzer des größten Teiles des inneren Stadtgebietes, nämlich *der preußische Staat*, dem die Pflicht der Instandhaltung der Straßen und der Brücken oblag, hatte indessen nicht die allermindeste Neigung, diese wahrhaft skandalösen Zustände in seiner Hauptstadt zu bessern. Trat den Berlinern die Schamröte ins Antlitz, wenn sie die wegwerfenden Äußerungen der Fremden über das jammervolle Straßenpflaster, die stinkenden Rinnsteine, die übelduftenden Flußläufe und Kanäle mit anhören und schweigend zustimmen mußten, so lachte sich der hartgesottene Fiskus ins Fäustchen und berief sich auf den alten Spruch: *„fiscus non erubescit"*, „der Fiskus errötet nicht". Das Straßenpflaster blieb nach wie vor erbärmlich und die zahlreichen Brücken, bis auf wenige lauter alte Holz- und Klappenbrücken, wurden eine nach der andern baufällig. Als dann nach vielen mühevollen, langwierigen Verhandlungen mit dem preußischen Fiskus endlich die Berliner Stadtverwaltung Herrin und Besitzerin des Straßenbodens wurde – das geschah während der Amtsführung des ausgezeichneten Oberbürgermeister Hobrecht in der Mitte der siebziger Jahre – da stürzten tatsächlich mehrere dieser fiskalischen Prachtbrücken unter der Last des Verkehrs zusammen. Fiskus hatte sie just zur rechten Zeit an die Stadtverwaltung übergeben. Von dem Zeitpunkte an schreibt sich der gründliche Wandel her, der auch in dieser Hinsicht in Berlin eingetreten ist. An die Stelle der früheren elenden Brücken, deren Mittelteile bei jedem durchgeschleusten Kahn geöffnet werden mußten und den sich stets steigernden Wagenverkehr empfindlich störten, traten dann feste, zum Teil sehr ansehnliche und künstlerisch ausgestattete Bauwerke, die sich mit allen Ehren sehen lassen durften.

Diesen Herrlichkeiten entsprach dann auch durchaus die Beleuchtung der Straßen und Plätze; den Lustgarten, den Schloßplatz, den Platz vor dem Zeughaus, der Oper, die Lindenpromenade bis hin zum Pariser Platz, der damals auch noch mit Feldsteinen gepflastert, ohne Schmuckanlagen war, nicht ausgenommen. In weiten Abständen voneinander standen einfache Eisenständer; das zur Beleuchtung verwendete Gas war schlecht gereinigt, hatte nur geringe Leuchtkraft. Zu zeitgemäßen Verbesserungen war aber die „englische“ Gesellschaft, der die Versorgung eines sehr großen Teiles des Stadtgebietes mit Leuchtgas vertragsmäßig zustand, ebensowenig bereitwillig wie der Fiskus zur Veranständigung des Straßen- und Brückenwesens. Die englischen Aktienbesitzer bezogen jahrzehntelang ihre ungeheuren Gewinnanteile, und die Berliner mochten zusehen, wie sie zu ihrem Rechte auf eine erträgliche Straßenbeleuchtung kamen. Auch in dieser Beziehung wurden erst Verbesserungen mühsam durchgedrückt, als die Stadtverwaltung durch die Erweiterung ihrer eigenen Gaswerke der englischen Verwaltung bessere Bedingungen abzuzwingen in die Lage kam. Diese hartnäckigen Kämpfe zwischen der Stadtverwaltung und der englischen Gasgesellschaft, die fast bis in unsere unmittelbare Gegenwart hineinreichen, machen einen gar sehr anziehenden und lehrreichen Abschnitt in der äußeren und inneren Entwickelungsgeschichte Berlins aus, auf dessen genauere Darstellung einzugehen es sich aus naheliegenden Gründen an dieser Stelle verbietet. Es sei daher mit diesen Andeutungen genug.

Und wie war es sonst mit den öffentlichen Plätzen der Hauptstadt bestellt? Der einzige Schmuckplatz war der nach Schinkelschem Plane angelegte Lustgarten, der zu der herrlichen Schauseite des Alten Museums den passenden Zugang schaffen sollte. Dann war noch eine winzige Grasfläche der Bauakademie vorgelagert. Das waren ungefähr die gärtnerischen Anlagen Berlins vor etwa sechzig Jahren. Außer der weltberühmten vierfachen Allee Unter den Linden traf man wohl in einigen Straßen einen recht spärlichen Baumbestand, so in dem oberen Teile der Jägerstraße, in der Breiten Straße, in der Lindenstraße, der Oranienburger Straße; einige Bäume führten auch am Dönhoffplatz ein recht verkümmertes Dasein. Im übrigen aber sah man damals in Berlin „nichts Grünes, keinen Baum“. Die einzige Oase inmitten der entsetzlichen Steinwüste bildete der Monbijou-Garten, der damals noch nicht so sehr durch Einbauten aller Art zusammengeschrumpft war, vielmehr das Aussehen einer prächtigen öffentlichen Parkanlage darbot. Dorthin flüchteten sich die Kinder und die Greise in den unerträglich schwülen Sommertagen, um ein wenig frische Luft zu schöpfen. Das Behagen war freilich nur von kurzer Dauer, denn mit dem sechsten Nachmittagsglockenschlage wurden die Türen zum Monbijou-Park unerbittlich geschlossen! Es wäre aber auch beim besten Willen nicht möglich gewesen, das elende Aussehen der großen Plätze durch Schmuckanlagen zu verschönern, denn auf den meisten derselben wurden an bestimmten Tagen Wochenmärkte abgehalten. Wem wäre es damals in den Sinn gekommen, gedeckte Markthallen zu errichten? Die offenen Märkte am Gendarmenmarkt, am Dönhoffplatz, am Neuen Markt, am Alexanderplatz, vor dem Rosentaler Tor gehörten zum Berliner Volksleben. Hier trieb der Berliner Straßenwitz seine kecksten Blüten. Die ersten Schritte zur Herbeiführung besserer, einer Großstadt würdigen, die öffentliche Gesundheitspflege und Sauberkeit fördernden Zustände auf diesem Gebiete wurden indessen von keiner städtischen oder staatlichen Verwaltung unternommen. Dazu hat ein kühner, nur allzu kühner, in weitausschauenden Plänen und gewaltigen Unternehmungen unermüdlich arbeitender Privatmann den Anstoß gegeben. Dr. Bethel Henry Strousberg hatte für Berlin eine ganze Reihe gewaltiger, dem öffentlichen Wohle dienender Anlagen geplant und zum Teil schon zur Ausführung gebracht. Der jetzige Zirkus Schumann war ursprünglich für eine große Markthalle bestimmt. Der in den siebziger Jahren erfolgte Zusammenbruch der Strousbergschen Unternehmungen setzte all den weitausschauenden Zielen dieses merkwürdigen Mannes, der eine seltsam geartete Mischung von einem Abenteurer und von einem neuzeitlichen Großunternehmer in sich vereinigte, ein jähes Ende. Die Pläne Strousbergs hat dann bekanntlich die Stadtverwaltung Berlins in mustergültiger Weise durchgeführt.

Den landschaftlichen Stolz des damaligen Berlin bildete mit bestem Anrecht der Tiergarten. Aber wie war es um diesen an und für sich prachtvollen Wald damals bestellt? Die staatliche Verwaltung begnügte sich auch hier mit dem Allernotwendigsten. Die innere Ausgestaltung, die Wegeanlagen, einige Schmuckplätze, wie der Floraplatz – nach einer im Rokokostil gemeißelten Sandsteinfigur so genannt; jetzt steht Touaillons Meisterschöpfung, die

Amazone, an ihrer Stelle – stammt von dem bewährten Gartenbaudirektor Lenné her; das alles ist auch im Laufe der Zeit im großen und ganzen unverändert erhalten geblieben. Wenigstens kann von durchgreifenden Neuerungen im Tiergarten während der langen Regierungszeit Wilhelms I. nicht die Rede sein. Alles Bestreben der Verwaltung war ausschließlich auf den möglichst unversehrt zu erhaltenden Baumbestand gerichtet. Alles übrige war im äußersten Maße vernachlässigt. Die großen, den Wald durchschneidenden Wege befanden sich in dem denkbar elendesten Zustande. Die Beleuchtung bestand in spärlichen Öllampen, die an Holzpfählen steckten. Die kleinen Rinnsale und Tümpel wurden nur selten gereinigt. Da sie ein kaum nennenswertes Gefälle hatten, trugen sie weniger zur Verschönerung der Anlage als zur Belästigung der Geruchsnerven der Spaziergänger bei. Die Senkstoffe moderten auf dem Grunde dieser Gewässer und wurden zu übelriechenden Gasen, die an die Oberfläche stiegen, wo sie durch die Verbindung mit der Luft unter leichten Lichterscheinungen zerplatzten. An warmen Sommerabenden konnten die Berliner die Gasexplosionen im Tiergarten sehr häufig beobachten und bestaunen. Im Gegensatze zu dem jetzigen Überreichtum von meistens sehr fragwürdigen Erzeugnissen der bildenden Kunst war der damalige Tiergarten bitterarm an bildnerischem Schmuck. Am Eingang der Lennéstraße stand die grauangestrichene Zinngußnachbildung der Diana aus dem Louvre, am Goldfischteich prangte die aus dem gleichen kostbaren Material hergestellte Nachbildung der knidischen Venus, dann fristete noch irgendwo ein lyraspielender Apollo aus Sandstein ein wenig beachtetes Dasein. Den einzig wertvollen Schmuck bildete damals das so ungemein stimmungsvoll in die Umgebung eingefügte Denkmal Friedrich Wilhelms III. Die seit seiner Aufstellung hingegangenen Jahrzehnte haben dieser herrlichen Schöpfung Meister Drakes nicht das mindeste von ihrer Schönheit abzuringen vermocht. Sie wird unangetastet bestehen bleiben, wenn „das Marmara-Meer“, wie der Berliner Witz die Siegesallee mit ihren fürchterlichen Standbilderkompagnien benannte, längst der verdienten Vergessenheit anheimgefallen ist.

Vorerst blieb im Tiergarten alles beim alten. Erst um die Mitte der siebziger Jahre trat auch hier, wie überall sonst in den äußeren und inneren Verhältnissen der Stadt, ein durchgreifender

Wandel ein. Die Bewässerungsanlagen wurden verbessert, die großen, durchführenden Wege wurden endlich mit einer leidlich anständigen Pflasterung versehen, die alten, elenden Brückenstege durch geschmackvolle, zum Teil recht zierliche ersetzt; die jämmerliche Ölbeleuchtung wich einer erträglicheren. An den großen Wegen spendeten bereits *Gasflammen* ihr trübes, rötliches Licht. Das bedeutete damals einen großen Fortschritt, für den sich die Berliner Bevölkerung sehr dankbar erwies. Einen wirklich künstlerischen Schmuck erhielt jedoch um die gleiche Zeit unser Tiergarten durch die prachtvolle Löwengruppe, ein Meisterwerk des Bildhauers Wolff, in den weitesten Kreisen unter dem Namen der „Tier-Wolff" bekannt. Die Wirkung dieses in echtem Material, in Bronze, hergestellten Kunstwerkes war eine ganz außerordentliche. Zu Tausenden und aber Tausenden strömte die Bevölkerung hinaus, um das neue im Tiergarten aufgestellte Wunder zu besehen und zu bestaunen. Die Wolffsche Löwengruppe bildete eine geraume Zeit das allgemeine Tagesgespräch. War es doch das erste und lange noch das einzige öffentliche Kunstwerk Berlins, das, lediglich einem rein künstlerischen Antriebe entsprungen, gar keinem anderen Zweck diente als eben dem, durch seine ergreifende Schönheit zu wirken, den verständnisinnigen Beschauer zum Verweilen zu zwingen, zu fesseln. Diese Wolffsche Löwengruppe im Tiergarten sollte einzig und allein als Kunstwerk für sich selbst und durch sich selbst sprechen und auf den Beschauer wirken.

Als viele, viele Jahre später ein ähnliches Meisterwerk, nämlich der Geygersche „Stier", draußen im Nordosten, in dem inzwischen neuerstandenen Humboldthain aufgestellt wurde, hat die Öffentlichkeit des in die Millionenstadt unvorbereitet hineingeratenen Neu-Berlin kaum davon Notiz genommen. Und noch heute dürften die wenigsten unter uns von dem Dasein dieses großartigen Kunstwerkes, das seit etwa 20 Jahren eine der schönsten öffentlichen Anlagen schmückt, eine Ahnung haben. Wie viele der jetzigen Berliner kennen wohl überhaupt den Humboldthain mit seiner geologischen Wand, seinem Vivarium, mit seinem an seltenen Arten so reichen Baumbestande? Das gäbe ganz sicher ein eigenes und gar nicht uninteressantes Kapitel, wenn sich jemand einmal die Mühe nehmen wollte, herauszubringen, wie viele West-Berliner jemals über den Spittelmarkt hinausgelangt, wie viele den Hackeschen Markt, den Alexanderplatz mit eigenen Augen gesehen, wie viele West-Berliner den schönen Friedrichshain, den so überaus malerischen Viktoria-Park vor dem Halleschen, den Schiller-Park im Norden oder den nicht minder prächtigen Treptower Park besucht haben? Unser heutiges Berlin ist auch in Wirklichkeit gar kein Stadtgebilde, sondern eine aneinandergefügte Anzahl von Stadtteilen, die zueinander gar keine innerlichen Beziehungen haben. Sie stehen nicht nur. weltenweit voneinander entfernt, sondern einander fast gänzlich verständnislos gegenüber. Es ist im Westen Berlins alles, alles grundanders als im Osten und im Nordosten! Zuweilen, wenn‘s unter den Massen zuckt und blitzt und unheimlich grollt, dann freilich kommt den West-West-Berlinern so eine dunkle Ahnung von einem unmittelbar in ihrer nächsten Nähe brodelnden Kessel, aus dem ganz eigenartig stechende Dünste aufsteigen. Diese beiden Kunstwerke waren um ihrer selbst willen geschaffen.

Aus allen übrigen öffentlichen Kunstwerken sprach ausschließlich der spezifisch preußische Staatsgedanke, wie er sich in den Gestalten seiner großen, unsterblichen Herrscher und Heerführer verkörperte. Der preußische Staat war unbestreitbar das Erzeugnis des Herrschergeschlechts. Der Veranschaulichung dieser geschichtlichen Tatsache sollten die öffentlichen Denkmäler dienen. Nur die beiden vor der Schinkelschen Bauakademie aufgestellten Denkmäler wiesen auf Bestrebungen des Friedens und dessen Förderer hin. Aber auch sie hingen auf das engste mit dem Staatsgedanken als solchem zusammen. Thaer, den das herrliche Bildwerk Rauchs verewigt, war der Begründer der neuzeitlichen Landwirtschaft, und in dem Denkmal Beuths von Kiß sollte der staatliche Dank an den Förderer des Gewerbefleißes seinen Ausdruck finden. Überall trat also bei den Denkmälern des damaligen Berlin der Staat als solcher, oder wie Friedrich IV. zu sagen pflegte, „der Racker von Staat“ in die sinnfällige Erscheinung. Denkmäler anderer Art suchte man in dem damaligen Berlin jedoch vergebens. Hier brachte erst die Hundertjahrfeier der Geburt Schillers die entscheidende Wendung. Berlin mußte sein Schiller-Denkmal haben. Das war eine Selbstverständlichkeit. Es galt dabei nicht allein, dem Unsterblichen den Zoll der Verehrung abzustatten. Der hatte es ja am Ende nicht nötig. Das Berliner Schiller-Denkmal sollte noch ein ganz anderes Zeugnis ablegen. Es sollte zugleich bekunden, daß mit dem

Jahre 1839 ein anderer Geist über das alte, unter dem Regiment des unglücklichen Königs in den Hintergrund gedrängte Preußen hereingebrochen war. Die reaktionäre Partei hatte die rechte Witterung und setzte der Durchführung des Schiller-Denkmals vor dem Schauspielhause allerlei versteckte, sehr geschickt ersonnene Widerstände entgegen. Offen den Gedanken zu bekämpfen, wagten die hochmögenden Herrschaften allerdings nicht. Man trat daher zunächst mit dem Plane eines Doppeldenkmals nach dem Weimarer Vorbilde hervor. Das sei allein der preußischen Landeshauptstadt würdig. Man kam dabei auch auf den auf Berlin zurückzuführenden Goethe-Kultus aus der Zeit der Rahel zurück. Das Goethe-Schiller-Denkmal für Berlin bildete eine ganze Weile den Unterhaltungsstoff in den gebildeten Gesellschaftskreisen und den Lesestoff in den Tageszeitungen. Da trat dann ganz unvermutet der Geheime Obertribunalsrat BIoemer, ein literarisch hochgebildeter Mann, mit einem ganz anderen Gedanken in die Öffentlichkeit. Wo bleibt Gotthold Ephraim Lessing? Gerade diesem unsterblichen Bahnbrecher unseres Schrifttums, der seine entscheidenden Entwicklungsjahre in dem Berlin des großen Königs verlebt habe, sei Berlin besonders verpflichtet, ihm vornehmlich habe es seine Dankesschuld abzutragen. Bloemer forderte also ganz folgerecht ein Drei-Dichter-Denkmal. Damit erhielt Berlin zugleich einen öffentlichen Schmuck, ein Schaustück, dessengleichen auf der ganzen weiten Welt nicht zu finden. Nun war der Wirrwarr vollkommen. Aus den nunmehr geöffneten Schleusen der Kritik ergossen sich unendliche Wassermassen. Das ursprüngliche Vorhaben schien eine Zeitlang ernstlich gefährdet. In gewissen Konventikeln, denen auch dazumal „die janze Richtung nicht paßte“, gab man sich schon der stillgehegten freudigen Hoffnung hin, der ganze Schiller-Denkmalsrummel werde spurlos verlaufen. Man hat es niemals so recht herausbringen können, ob der Obertribunalsrat mit seinem großartigen Dreidenkmalsplane der Schieber oder der Geschobene war. Allein die Berliner Stadtverwaltung ließ sich von all dem Zeitungs- und Flugschriftentreiben nicht im mindesten beirren. Sie blieb bei ihrem einmal gefaßten Beschlusse, ein Schiller-Standbild zu errichten, unerschütterlich fest. Ein Wettbewerb an die deutschen Bildhauer wurde ausgeschrieben. Die Beteiligung der Künstler übertraf alle Erwartungen. Die eingelieferten Modelle und Zeichnungen wurden im Uhrsaale und in der Apollo-Galerie in der Akademie ausgestellt. Das allgemeine Urteil sowohl wie das Gutachten der Sachverständigen, zu denen Männer wie Jakob Grimm, Adolf Menzel, Theodor Mommsen gehörten, entschied bekanntlich für Reinhold Begas. Der ursprüngliche Entwurf, eine großartige Brunnenanlage, mußte indessen nicht unbeträchtlich umgearbeitet werden, bis er die endgültige, jetzige Form erhalten konnte. Am 10. November 1859 fand die feierliche Grundsteinlegung statt. Eine Kundgebung wie diese hatte Berlin bisher noch nicht gesehen. Ein unbeschreiblicher Jubel, eine tiefe Ergriffenheit herrschte in der gesamten Bevölkerung. Es war ein Volkstag, ein Volksfest ohnegleichen. Der Grundstein und die vielen in ihm eingeschlossenen Urkunden ruhten, tief versenkt, im Erdreich. Ein schmuckloses Holzgitter umfriedete die Stelle, an der sich das Marmorbildnis Schillers erheben sollte. Aber Jahr auf Jahr verging, und das Holzgitter um den Grundstein blieb unverändert an der geweihten Stelle. Die sogenannte „neue Ära“ während der ersten Regierungsjahre König Wilhelms I. erschien und verschwand, das Ministerium Roon, Bismarck trieb zum Verfassungs- und Militärkonflikt mit dem Abgeordnetenhause. Wer gedachte noch unter den furchtbaren Erregungen jener Jahre des Schiller-Denkmals? Es kam der schleswig-holsteinsche Krieg vom Jahre 1864, der böhmische Feldzug vom Jahre 1866 – das Holzgitter um den Grundstein zum Schiller-Denkmal überdauerte auch diese gewaltigen Ereignisse. Es kam das Schicksalsjahr 1870, es kam Sedan, es kam der Frankfurter Friede. Das „Deutsche Reich“ war neu erstanden und auf unerschütterliche Grundlagen gestellt. An dem Holzgitter vor dem Schauspielhause schien auch dieses welterschütternde Ereignis spurlos vorübergehen zu sollen. Da regte sich denn doch so etwas wie ein Gefühl von Scham in der öffentlichen Meinung der Hauptstadt darüber, daß das Schiller-Denkmal noch immer nicht aufgestellt sei. Unter dem Einflusse der allgemeinen Begeisterung für Kaiser und Reich wurden endlich, nach beinahe zwölf Jahren, die Vorbereitungen zur Aufstellung des Schiller-Denkmals getroffen. Eines Tages war das schon zu einem Berliner Wahrzeichen gewordene Holzgitter verschwunden – ein Zeichen, daß es nunmehr Ernst würde mit der Ausstellung des Schiller-Denkmals. Die Arbeiten waren endlich abgeschlossen; das Denkmal stand auf dem Sockel; allein sichtbar vor aller Welt war es darum noch lange nicht. Ein Leinwandgezelt umschloß es noch monatelang. Man konnte sich lange Zeit nicht über den Tag der Enthüllung einigen! Endlich entschied der Kaiser, daß die feierliche Enthüllung des Schiller-Denkmals unmittelbar nach der des Denkmals Friedrich Wilhelms III. im Lustgarten erfolgen sollte. Und so geschah es denn auch wirklich. An einem prächtigen sonnigen Tage wurde das Schiller-Denkmal enthüllt. Das Kaiserpaar, der Kronprinz, die Kronprinzessin, der ganze Hofstaat sahen von einem Fenster der Seehandlung am Gendarmenmarkt der großartigen Feier zu. Solch unendliche Mühe hat es gekostet, bis endlich Berlin sein Schiller-Denkmal einweihen durfte. Ein bekannter Spruch eines sonst recht unbekannt gebliebenen spätrömischen Schriftstellers lautet: *habent sua fata libelli*. Angesichts der Leidensgeschichte dieses Berliner Schiller-Denkmals ist man versucht, diesen Spruch ein wenig zu verändern und auszurufen: *habent sua fata monumenta*! Und noch in letzter Stunde erhob sich eine unerwartete und just nicht die geringste Schwierigkeit. Wie sollte die Inschrift am Denkmalssockel lauten? „Dem Dichterfürsten Friedrich v. Schiller die Stadt Berlin" – „Dem Volksdichter" und dergleichen mehr wurde vorgeschlagen. Ein heftiger Streit tobte hin und her. Endlich erfolgte das erlösende Wort Jakob Grimms. Am liebsten gar keine, so lautete der Spruch des großen Gelehrten und Volksseelenempfinders. Soll aber durchaus eine Inschrift angebracht werden, dann aber kein anderes Wort als der Name Schiller. Es war sozusagen das weltberühmte Ei des Kolumbus.

Aber ganz ohne wohltätig nachwirkende Folgen war dieser Denkmalstreit nicht geblieben. Das Drei-Dichter-Denkmal war nun einmal der öffentlichen Erörterung soll man sagen preisgegeben oder anheimgefallen. Es war durch die nunmehr erfolgte Aufstellung des Schiller-Standbildes in seine Einzelbestandteile zerlegt. Die öffentliche Meinung war von dem Bloemerschen Gedanken unwiderstehlich angeregt und in diesem Betracht nicht mehr zu beruhigen. Wie steht es um das Goethe-Denkmal?, so lautete die hier und da in den hauptstädtischen Tagesblättern aufgeworfene Frage. Bis sie dann nach geraumer Zeit ihre glücklichste Lösung durch das im Tiergarten aufgestellte Meisterwerk Schapers finden sollte. Auch für dieses Denkmal war eine öffentliche Bewerbung ausgeschrieben. Eine Anzahl von Entwürfen war eingeliefert;

aber nur aus den allerwenigsten konnte eine Auswahl getroffen werden. Der weitaus größte Teil der zur Schau gestellten Entwürfe forderte geradezu die bekannte Spottlust der Berliner heraus, und Scholz vom „Kladderadatsch" feierte mit seinen Karikaturen über die Goethe-Modelle einen seiner nachhaltigsten Triumphe.

Am längsten mußte Gotthold Ephraim Lessing auf die ihm gebührende Ehrung in der deutschen Reichshauptstadt warten. Diesmal wurde von einem Wettbewerb abgesehen. Die Ausführung des Denkmals wurde vielmehr dem Bildhauer Lessing aus der Familie des Gefeierten übertragen. So sind denn im Laufe der Jahrzehnte die drei Dichterdenkmäler nach vielen, vielen Mühsalen in Berlin aufgestellt worden. Die Enthüllungsfeierlichkeiten im Tiergarten hielten sich in sehr bescheidenen Grenzen, Die begeisterte Stimmung am Enthüllungsfeste des Schiller-Denkmals war längst verflogen.

Mit diesen drei Dichterstandbildern im Tiergarten sollte es indessen sein Bewenden nicht haben. Größere Dinge waren noch geplant. Nach dem Vorbilde des Wiener Stadtparkes sollte unser Tiergarten auch zu einer Berliner Ruhmeshalle ausgestattet werden. Hier sollten den Berliner Künstlern, Dichtern, Musikern, Malern Ehrenzeichen errichtet werden. Ein Anfang ist bekanntlich mit dem Theodor-Fontane-Denkmal gemacht worden. Die weitere Ausführung des schönen Gedankens ist leider ins Stocken geraten. Die bittere Not jedoch, der unser unglückliches Vaterland infolge des verlorenen Weltkrieges für die nächsten Geschlechter entgegengeht, wird wohl dazu zwingen, auf derartige öffentliche Ehrengedenkzeichen und Schmuckstücke zu verzichten. Damals aber, in jenen glücklichen Tagen des unbegrenzt erscheinenden Aufstieges der deutschen Volkswirtschaft, der glanzvollen Stellung Deutschlands unter den Großmächten, ging das allgemeine Streben dahin, die so überraschend aufblühende Hauptstadt mit Denkmälern zu schmücken, um das Andenken an die großen Männer zu ehren, deren Wirken in der Hauptstadt nicht wenig zu ihrem strahlenden Glanze beigetragen hatte. An Reiterstandbildern für die preußischen Herrscher, an Bronze- und Marmordenkmälern für ruhmreiche Heerführer litt Berlin, wie schon oben angeführt, durchaus keinen Mangel. Jetzt sollte gewissermaßen für das lange, nur allzu lange zurückgestellte „Zivilverdienst" gesorgt werden. Zunächst galt es, die Ehrenschuld an das Andenken Alexander v. Humboldts abzutragen. Der Denkmalsplatz war gegeben, als der erste Gedanke an die Errichtung aufgetaucht war. Es konnte kein anderer in Frage kommen als der Universitätsgarten. Rudolf Virchow betrieb mit der ihm eigenen unermüdlichen Beharrlichkeit die Verwirklichung des edlen Vorhabens. Unmittelbar nach dem Dahinscheiden des weltberühmten Reisenden und Naturforschers wurde ein Aufruf erlassen, der auf der ganzen Erde den lebhaftesten Widerhall erregte. Die Spenden liefen von überallher reichlich ein. Allein es erging diesem Denkmal wie dem Schillers. Erst zwei Jahrzehnte sollten verstreichen, ehe die Aufstellung und die Enthüllung des von Reinhold Begas geschaffenen Standbildes ermöglicht werden konnte. Die Veröffentlichung der Briefe Alexander v. Humboldts an Varnhagen hatte nämlich in den höfischen Kreisen, in der gesamten reaktionären Partei eine unbeschreibliche Erbitterung hervorgerufen. Der königliche Kammerherr, der Ritter vom hohen Orden des Schwarzen Adlers, der Günstlings des Königs hatte mit einer beispiellosen Offenherzigkeit seinem vertrauten Freunde die ganze Erbärmlichkeit der Kamarilla, ihr verderbliches Treiben in allen inneren und äußeren Staatsangelegenheiten enthüllt. Humboldts ätzender Spott über die Ratgeber des Königs, sein Urteil über diesen unglücklichen, haltlosen Herrscher selbst traf die empfindlichsten Stellen der gesamten Staatsverwaltung. Ganz besonders erbittert war die Hofgeistlichkeit über diesen Gottesleugner, diesen Verächter von Krone und Altar, diesen Bewunderer der Ideen von 1789. Und diesem Manne sollte in Berlin, geradeüber dem königlichen Wohnhause, in unmittelbarer Nähe der Feldherrendenkmäler aus der Zeit der Freiheitskriege ein Denkmal errichtet werden? Das war ja noch unvergleichlich schlimmer als die Schiller-Denkmalsgeschichte! Es wurden daher alle Hebel angesetzt, um die Ausführung des verabscheuungswerten Vorhabens, das von dem nicht minder verabscheuungs-werten Demokraten Rudolf Virchow mit allen Mitteln betrieben wurde, nach Möglichkeit zu verhindern. Zum mindesten aufgeschoben mußte die Angelegenheit werden. Das gelang denn auch tatsächlich. Erst nach der Reichsgründung wurde die Enthüllung des viel angefochtenen Denkmals zugleich mit dem des unsterblichen Bruders Wilhelm durchgesetzt. Die Einweihung der beiden Humboldt-Denkmäler gestaltete sich zu einer großartigen Feier. Die ganze offizielle Welt Berlins beteiligte sich an ihr. Der alte Kaiser, der Hof, die Minister, die Generalität, das Professorenkollegium, die Mitglieder der Akademie der Wissenschaften, die Studentenschaft in vollem „Wichs“ verliehen der Feierlichkeit einen Glanz und eine Weihe, die noch lange in den Gemütern nachwirkte. Du Bois-Reymond hatte kurz vor Ausbruch des Deutsch-Französischen Krieges die Studenten als das geistige Leibgarderegiment der Hohenzollern bezeichnet. Jetzt hielten die beiden Brüder Wilhelm und Alexander v. Humboldt die Wacht vor dem mächtigen Bau, in dem das geistige Leibgarderegiment seine Exerzitien machte.

Und nun möge hier noch eines dritten Denkmals Erwähnung geschehen, an das sich gleichfalls erbittertste, langwierige Kämpfe knüpften, bevor es gelang, dessen Aufstellung in einem öffentlichen Park durchzuzwingen. Von dem Waldeck-Denkmal soll die Rede sein. Unter den Männern aus der achtundvierziger Sturmzeit hatte keiner den unversöhnlichen Haß der gesamten reaktionären Partei, die Hofkamarilla an der Spitze, in dem Grade auf sich gelenkt als der Obertribunalsrat Franz Leo Benedikt Waldeck. Er durfte mit bestem Anrecht als der Vater und Führer der preußischen Demokratie gelten. Die Verfassung, wie sie aus den Beratungen der Nationalversammlung hervorgegangen, war vornehmlich sein Werk. Die „Kreuzzeitung“ bezeichnete sie auch grimmig-spöttisch stets nur als die „Charte Waldeck“. Der berüchtigte Prozeß „Ohm-Goedsche-Piersig“, das „Bubenstück, ersonnen, um einen Ehrenmann zu verderben,“ ist der unvertilgbare Schandfleck, der an der reaktionären Regierung Preußens unter dem Ministerium Manteuffel für ewige Zeiten haftet. Ein unermeßlicher Jubel herrschte in Berlin und im ganzen Lande, als das freisprechende Urteil verkündet wurde. Bei diesem Hochverratsprozesse spielte auch der damalige allmächtige Polizeipräsident v. Hinkeldey eine große Rolle. Als er während der Verhandlung in seiner heftigen Aufwallung und vielleicht, um sein etwas andrängendes Gewissen zu beschwichtigen, mit der geballten Faust auf den Tisch schlug, da mußte er sich von dem Vorsitzenden die Rügeworte sagen lassen: „Herr von Hinckeldey, das schickt sich nicht!“ Schon vorher in höchstem Ansehen bei seinen politischen Gesinnungsgenossen, wegen seiner Unbeugsamkeit von den Feinden gefürchtet, wurde Waldeck seit jenem schmachvollen Prozesse geradezu wie ein politischer Heiliger und Märtyrer verehrt. Als er im Frühjahr 1870 von seiner ruhmreichen Laufbahn abberufen wurde – der Leiche des großen Volksmannes folgten Hunderttausende im Zuge, der eine Ausdehnung von dem katholischen Kirchhofe an der Liesenstraße, weit vor dem Oranienburger Tore, bis zur Potsdamer Straße 7, dem Wohnhause des Entschlafenen, hatte: bei dieser Gelegenheit entfaltete auch der Allgemeine deutsche Arbeiterverein unter dem Vorantritt seines Präsidenten Baptist Schweitzer zum erstenmal in Berlin sein rotes Banner! –, beschloß die Fortschrittspartei sofort, das Andenken Waldecks durch die Errichtung eines Denkmals offensichtlich zu verewigen. Die Wut im gegnerischen Lager über diese Frechheit der Berliner war grenzenlos. Nie und nimmer sollte dieser Denkmalsplan ausgeführt werden. Und wirklich gelang es den Umtrieben der unversöhnlich gebliebenen reaktionären Clique, die Aufstellung des Waldeck-Denkmals jahrzehntelang zu verhindern. Als dann endlich die landesherrliche Erlaubnis abgerungen war, durfte auch dann noch nicht die Bildsäule des von der, „Kreuzzeitung" und ihrer Gefolgschaft so bitter gehaßten Volksmannes an einem wirklich öffentlichen Platze aufgestellt werden. Man mußte sich damit zufriedengeben, das Waldeck-Standbild *innerhalb* des ehemaligen, an der Oranienstraße gelegenen Friedhofes aufgestellt zu sehen. Und so ist es bis auf den heutigen Tag geblieben. Wann wird endlich diese Schranke um das Waldeck-Denkmal fallen?

Die Leidensgeschichte der drei genannten Berliner Standbilder vom „Zivilverdienst" bildet einen recht bezeichnenden Abschnitt in der Entwicklungsgeschichte der aufstrebenden Hauptstadt des Deutschen Reiches, an dem man nicht gedankenlos vorübergehen soll!

Bei den übrigen Denkmälern, die im Laufe der letzten Jahrzehnte errichtet wurden, traten keine so heftigen Geburtswehen mehr hervor. Sie wurden, bis auf das Virchow-Denkmal, schmerzlos geboren. Um dieses mußte freilich wieder heftig gekämpft werden. Allerdings handelte es sich in diesem Falle nicht sowohl um politische als vielmehr um künstlerische Bedenken, die erst nach langwierigen Verhandlungen beseitigt werden konnten. Aller Wahrscheinlichkeit hat die Zeit der Berliner Denkmalsetzerei vorerst einen gewissen Abschluß erreicht. In dieser Hinsicht ist Berlin, um einen Bismarckschen Ausdruck zu gebrauchen, „saturiert". Das Standbild zu Ehren des Kriegsministers und Neuordners des preußischen Heeres Albrecht v. Roon wird das letzte seiner Art sein, das in Berlin aufgestellt wurde. Die Zeiten haben sich gewandelt und die Gesinnungen der Menschen in ihnen.

Ausstellungen

Nach dem staunenerregenden Entwicklungsgange Berlins seit dem Jahre 1866 und mehr noch seit der Reichsgründung war es nur eine ganz naturgemäße Folge, daß sich das Selbstbewußtsein der jüngsten unter den Millionenstädten der zivilisierten Welt gewaltig regte. Berlin begann sich mehr und mehr als Weltstadt zu fühlen, und zwar nicht sowohl in dem Sinne einer älteren Kalischschen Posse „Berlin *wird* Weltstadt" als vielmehr in der wirklichen Bedeutung des Wortes. Der Berliner der Bismarck-Zeit erfüllte sich mit dem Gedanken, die junge Hauptstadt des wiedererstandenen Deutschen Reiches *ist* zu einer Weltstadt emporgediehen, sie will als solche auch allgemein anerkannt sein. Aus diesem Gefühle heraus hat sich dann gleichfalls ganz ungezwungen der Wunsch nach einer Weltausstellung in Berlin eingestellt. Was in London, in Paris zu wiederholten Malen zustande gekommen, was sogar in Wien durchgeführt werden konnte, mußte sich doch auch in der beispiellos erkräftigten deutschen Reichshauptstadt ins Werk setzen lassen. Die Frage wurde eifrig in der Tagespresse, in verschiedenen Fachvereinen erörtert. Schließlich setzte sich die Ansicht durch, daß Berlin für eine Weltausstellung doch wohl nicht der geeignete Platz sei. Wohl aber wollte man der Welt zeigen, was Berliner Unternehmungsgeist, Berliner Arbeitsamkeit und Anstelligkeit auf allen Gebieten des gewerblichen Lebens zu leisten imstande sei. Keine Weltausstellung, aber eine Berliner Ausstellung, zu deren Besuch die Welt eingeladen wurde. Es lag kein geringes Selbstbewußtsein, kein kleiner Stolz in solch einer Absicht. Indem man sich in der gestellten Aufgabe beschränkte, trachtet man anderseits die Leistung selbst auf das höchste zu steigern. In diesem Sinne wurde der Plan zu der Berliner Gewerbeausstellung vom Jahre 1879 entworfen und unter Einhaltung eines hohen Maßstabes bei der Zulassung der Ausstellungsgegenstände auch durchgeführt. Die verschiedenen kaufmännischen, gewerblichen, volkswirtschaftlichen Vereine, die staatlichen und städtischen Behörden, die großen Unternehmer wetteiferten miteinander in hingehendster Weise, um mit ihren Erzeugnissen Ehre einzulegen und so der Ehre der jungen Reichshauptstadt volles Genüge zu tun. Der Erfolg der Ausstellung übertraf denn auch wirklich alle Erwartungen, und zwar nicht bloß in materieller, sondern in ideeller, wenn man will, in moralischer Beziehung. Der Besuch der Ausstellung überstieg auch die kühnsten Vorausschätzungen bei weitem. Nicht bloß aus dem Reiche strömten die Massen hierher, um die Ausstellung im Moabiter Gelände zu besichtigen, auch das Ausland entsandte ganze Scharen hierher. Alle aber waren des Lobes und der Anerkennung dessen voll, was Berliner Gewerbefleiß, Tüchtigkeit und Geschmack in dieser Ausstellung geleistet habe. In dieser Ausstellung von 1879 kam noch ganz der Geist, das Wesen des alten, in ernster, anspruchsloser, lediglich auf den Kern der Dinge hinarbeitenden Berlin zum Ausdruck. Die Ausstellung vom Jahre 1879 bildete gewissermaßen den glänzenden, sichtbaren Abschluß einer Entwickelung, die man als spezifisch-preußisch bezeichnen darf. Das war und blieb ihre Eigentümlichkeit; sie war in dieser Hinsicht nicht zu überbieten, denn sie war der vollendete Ausdruck *ihrer* Zeit und der sie beherrschenden Anschauungen und Ziele. Sie hat deshalb auch keine Wiederholung finden können. Die Ausstellung vom Jahre 1896 im Treptower Park war etwas ganz anderes als jene. Sie war auch als etwas ganz Andersartiges geplant und in einem ganz anderen Sinne ausgeführt. Jene war, wenn man so sagen darf, der Niederschlag einer Betätigung im Sinne des Zeitalters Wilhelms I., diese dagegen trug alle Züge des Zeitalters Wilhelms II. nur allzu deutlich zur Schau. Jene war in ihrer Beschränkung ein Meisterstück an Ausführung, übersichtlich in der Anordnung, gefällig in ihrer bescheidenen Ausgestaltung, dafür aber um so nachhaltiger in ihrer Wirkung. Diese war ein überladenes Prunkstück, aufdringlich in ihrem glitzernden Schimmer, schreiend, herausfordernd und trotz eines gewaltigen Aufgebotes von Anlockungsmitteln im wesentlichen ohne nennenswerten Eindruck. Man wurde geblendet, aber man blieb von dem bunten Spektakel innerlich unberührt. Es war ein sich selbst überlärmender Jahrmarkt.

Zwischen diese beiden Gewerbeausstellungen fallen zwei andere, die von den Leistungen einer auf wissenschaftlicher Grundlage aufgebauten Technik im neuesten Wortsinne Zeugnis ablegen sollten. Diesmal sollte indessen Berlin allein nicht die Kosten bestreiten, sondern die gesamte gebildete Welt sollte zum Wettbewerb auf einem bestimmt abgegrenzten Gebiete aufgefordert werden. Und so entstanden, nachdem der Gedanke einer Weltausstellung endgültig aufgegeben war, die Sonderausstellungen für öffentliche Gesundheitspflege und für Fischerei, die in den achtziger Jahren auf dem Gelände der Gewerbeausstellung von 1879 veranstaltet wurden. Diese beiden Ausstellungen bedeuten neue Entwicklungsstufen in dem Ausstellungswesen überhaupt. Berlin aber, beziehungsweise die städtischen, staatlichen und Reichsbehörden konnten mit vollem Anrecht stolz darauf sein, die Verwirklichung dieser Ausstellungsgedanken in die rechten Wege geleitet zu haben. Die Ausstellung für Gesundheitspflege war kurz vor ihrer Eröffnung durch ein Schadenfeuer fast ganz vernichtet worden, so daß sie von Grund aus wieder neu zusammengebracht werden mußte. Sie hat ganz außerordentlich viel zu der Ausgestaltung und Verbesserung der gesamten, die öffentliche und die häusliche Gesundheitspflege betreffenden Gesetze, Anordnungen und Einrichtungen beigetragen.

Die Fischereiausstellung war von Hause aus nach einem umfassenden Maßstab angelegt. Alles, was nur irgendwie mit diesem auf der gesamten Erde seit urältesten Zeiten betriebenen Gewerbe zusammenhing, sollte in seinem geschichtlich nachweisbaren Entwickelungsgange dargestellt werden. So mußte denn ein kaum übersehbares Gebiet der Kultur bearbeitet und in seinen Erzeugnissen von den ersten Anfängen bis hinauf zu den Ergebnissen der unmittelbaren Gegenwart zur Anschauung gebracht werden. Die musterhafte Anordnung in den verschiedenen Gruppen fand ungeteilte Anerkennung bei allen Fachleuten und erregte helle Bewunderung der in gewaltigen Massen herbeiströmenden Besucher des In- und Auslandes. Das Deutsche Reich aber zeigte sich bei diesen Gelegenheiten auch als ein tatkräftiger, opferwilliger Beschützer der friedlichen Arbeit und als vorbildliches Muster in der zusammenfassenden Organisation von Kräften nicht bloß für militärische, sondern für wissenschaftliche Zwecke und Ziele.

Der ehemalige Nollendorfplatz im Jahre 1885
Nach einem Aquarell von Fr. Skarbina

In diesem Betracht erwiesen sich diese beiden eben genannten Berliner Sonderausstellungen von großem Einflusse auf die Entwicklung der betreffenden wissenschaftlich-technischen und gewerblichen Gebiete; gleichzeitig trugen sie aber sehr viel zur Berichtigung der unter den Völkern verbreiteten irrigen Vorstellungen über das Wesen des neuen Deutschen Reiches bei. Und hierin lag die nicht zu unterschätzende politische, ja die allgemein-menschliche Bedeutung dieser Ausstellungen.

Einzelne Stadtteile

Der alte Westen

Nach dieser etwas länger geratenen Abschweifung nehmen wir die Darstellung des Stadtbildes wieder auf und sehen uns in der Gegend um das Potsdamer Tor etwas genauer um.

Das jetzige Tiergartenviertel, nachher der alte Westen genannt, war damals erst in seiner Entstehung begriffen. Alle an dem Rande des Tiergartens belegenen Grundstücke hatten eine ungeheure Tiefenausdehnung, sie erstreckten sich bis hin zum Landwehrkanal. Die spätere Kaiserin-Augusta-Straße entstand, als infolge der ins Ungeheure gestiegenen Bodenpreise die dortigen Besitzer sich zum Verkaufe ihrer Hinterländereien entschlossen hatten.

Der Leipziger Platz, damals wie noch bis auf den heutigen Tag der schönste der Innenstadt, zugleich einer der wenigen, der einen Nasenschmuck aufwies, hat sich in baulicher Hinsicht größtenteils unverändert erhalten. Nur an zwei Stellen hat ihm die neue Entwicklung Berlins ihre kennzeichnenden Spuren aufgeprägt. An die Stelle des schlichten Hauses Nr. 15, einstmals die Wohnstätte des Jungverheirateten Majors Helmuth v. Moltke, ist der Mosse-Palast getreten. Und an dem östlichen Abschlußstück, wo ehemals das vornehmste Wohnhaus des alten Berlin stand, erhebt sich jetzt der Messelsche Prachtbau des Kaufhauses Wertheim. Vor länger als einem halben Jahrhundert hatten in dem alten, in edlem Renaissancestil erbauten Hause der englische und der türkische Gesandte sowie die Oberhofmeisterin der Königin Augusta ihre Wohnsitze. Für jede einzelne war eine eigene Treppenanlage vorgesehcn. Einc andersartige Veränderung an dem schönen Platze trat mit der Aufstellung des bizarren Wrangel-Denkmals zutage. Der greise Generalfeldmarschall hatte sich dies Erinnerungszeichen beim Kaiser Wilhelm ausdrücklich ausgebeten, und so erhielt das Graf-Brandenburg-Denkmal sein lange vermißtes Gegenstück. Würden einmal diese beiden Bronzegestalten wieder verschwinden, die ursprüngliche ruhige Schönheit des Platzes träte dann nur um so sicherer hervor.

Man brauchte jedoch nur einen Schritt über die beiden Schinkelschen Torbauten am Westabschlusse des Leipziger Platzes hinauszutun, und das Bild war von Grund aus verändert. Unmittelbar neben dem großstädtischen Leipziger Platze war die hinter der lächerlichen Stadtmauer sich ausdehnende Raumfläche über alle Vorstellung ärmlich und vernachlässigt. Der alte Potsdamer Bahnhof war wie alle anderen Berliner Bahnhöfe eine erbärmliche „Bude". Einen anderen Ausdruck hat unsere reiche deutsche Sprache nicht zur Verfügung, um die baulichen Zustände der hauptstädtischen Bahnhöfe jener Zeit wahrheitsgemäß zu bezeichnen. Dem jämmerlichen Aussehen entsprachen die inneren Einrichtungen auf das vollkommenste. Im Wartesaal der dritten Klasse waren an den Wänden Bänke aus Kiefernholz angebracht; ein eiserner Ofen in der Mitte desselben spendete in den Wintermonaten die nötige Wärme; für prächtige Beleuchtung sorgten ein Paar frei in die Zimmerluft hinausflackernde Gasflammen. Im Wartesaal zweiter Klasse sah es schon vornehmer aus. Hier konnte man sich auf Stühlen und Bänken mit Rohrgeflecht niederlassen; hier hatten die Gasflammen schon Glaszylinder, hier stand auch schon ein weißer Kachelofen. In dem kleinen Wartesaal erster Klasse herrschte indessen eine sinnbetörende Prachtausstattung in Gestalt von Mahagonisesseln und Sofas, deren Polster mit knallrotem Plüsch überzogen waren. Von der Decke herab hing ein fünfarmiger Beleuchtungskörper mit Milchglaskugeln herab. Wer sich einmal unbefugterweise in dieses Heiligtum hineinwagte, hielt förmlich den Atem an vor Staunen über diesen Luxus. Und so wie hier war's auf dem Schlesischen, dem Stettiner, dem Anhaltschen Bahnhof. Auf diesem Bahnhof hat sich's einmal zugetragen, daß sich die Gemahlin des Kaisers Alexanders II. bei ihrem Gang nach dem Hofzuge in der Dunkelheit den allerhöchsten Fuß verstauchte. Ein Donnerstrahl zuckte auf die Verwaltung der Anhaltischen Eisenbahngesellschaft herab, und die Folge davon war, daß ein Ministerialbefehl erging, für die Abstellung der skandalös gewordenen Mißstände schleunigst Sorge zu tragen und einen Bahnhofsumbau in die Wege zu leiten. Dieser Unfall einer fremdländischen Fürstin hat nicht in letzter Linie dazu beigetragen, den aller Beschreibungen spottenden jämmerlichen

Berliner Bahnhofseinrichtungen ein rascheres Ende zu bereiten. Diese – allerdings dann auch nur um so gründlicher durchgeführten Umwandlungsarbeiten fielen in die Mitte der siebziger und achtziger Jahre. Als jedoch die neu erbauten weiten Bahnhöfe mit ihren kühn überspannten Eisen-Glashallen, den prächtigen Vorhallen, Wartesälen und allen sonstigen zweckmäßigen Einrichtungen endlich vollendet waren und die Verwaltungen der betreffenden Eisenbahngesellschaften zu dem Ende daher sehr tief in ihre Beutel hatten greifen müssen, da erschien der preußische Eisenbahnminister mit seiner Eisenbahnverstaatlichungsvorlage und steckte die ganzen neuerstandenen hauptstädtischen Herrlichkeiten, will sagen die ebenso prachtvollen wie zweckmäßigen Bahnhöfe nebst den gesamten riesigen Anlagen und Gebäuden um ein Billiges ein. Die Privaten Eisenbahngesellschaften machten keineswegs gute Miene zum bösen Spiel der Minister Thielen und Maybach. Sie mußten sich schließlich mit den angebotenen Abfindungssummen zufriedengeben. Sie konnten das auch, bei Lichte besehen. Die Allgemeinheit jedoch hatte keinerlei Grund, sich über den Übergang des privatgesellschaftlichen Eisenbahnbetriebs in den staatlichen irgendwie zu beklagen.

Vorerst jedoch stand, wie schon angedeutet, der alte Potsdamer Bahnhof außerhalb der Stadtmauer in seiner ganzen Winzigkeit und Ärmlichkeit da, wie er sich noch aus seiner Erbauungszeit vom Jahre 1842 her unangetastet forterhalten hatte. In seiner unmittelbaren Nachbarschaft, an derselben Stelle, an der jetzt sich das Siechensche Bierhaus in seiner ganzen, etwas herausfordernden Pracht erhebt, erblickte man damals ein in sehr bescheidenen Ausmaßen errichtetes einstöckiges Haus, das allen Berlinern aus jener Zeit noch bekannte Schreibersche mit seinen für die ländlichen Ankömmlinge besonders verlockend ausgestatteten Schaufenstern. Hier standen die derbgewebten Baumwollen- und Leinwandwaren, weiße und farbige, in Rollen nebeneinander aufgestellt. Es war alles auf den Geschmack der zur Stadt zum Einkauf kommenden Landleute berechnet. An diesem Schreiberschen Hause hafteten indessen noch ganz andere grundrechtliche Eigentümlichkeiten, die aus der bahnhöflichen Nachbarschaft sich ergaben und erst später bei Gelegenheit des erwähnten Neubaues sich recht empfindlich geltend machten. Der findige Baumeister hatte es aber verstanden, durch eine geschickt angebrachte Anlage einer Art von Zierhof die hoch hinauf geschraubten fiskalischen Rechtsansprüche völlig gegenstandslos zu machen. Der damalige Gegensatz jedoch zwischen dem völlig kleinstädtischen Aussehen der Gegend unmittelbar am Potsdamer Bahnhof und dem großstädtischen Glanze des Leipziger Platzes war wirklich mehr als überraschend; er war geradezu verblüffend. Weiter westwärts, vom Beginn der Potsdamer Straße bis zum Landwehrkanal. herrschte eine wahrhaft ländliche Stille, die sich mit jedem weiteren Schritt nach dem „Westen" zu steigerte. Wer fernab von dem „Stadtgewühl" in Ruhe leben wollte, der wählte seinen Wohnsitz hier in dieser weit vom Verkehr abgelegenen Straße, deren prächtige alte Bäume ihren besten Schmuck bildeten. Allen Häusern waren breite Vorgärten vorgelagert, die in ihren mehr volkstümlich gehaltenen, an die Kleinstadt erinnernden Blumenanordnungen und Lauben einen traulichen Anblick gewährten. Das waren jene Zeiten, von denen Helmerding, der berühmte Komiker des Wallner-Theaters, in einem Possenliedchen ausrufen konnte:

„Kommt man vor das Pi-Pa-Potsdamer Tor,
Kommt Berlin mir wie ein Blumengarten vor."

Zwischen dem Potsdamer Platz und der armseligen, schmalen Holzklappenbrücke über den Landwehrkanal zeigten sich bereits da-mals einige ansehnlichere Bauten. Die allermeisten waren jedoch über alle Maßen kläglich. Ein einziges Bauwerk hat sich in seiner ganzen ehemaligen Pracht bis auf diesen Tag erhalten. Viele Jahre hindurch erfreute sich die darin untergebrachte Frederichsche Speisewirtschaft eines überaus lebhaften Zuspruchs unter der besseren Berliner Bürgerschaft. Der berühmteste Gast war bis zu seinem Hinscheiden Adolf Menzel, der hier seine sehr ausgiebige Abendmahlzeit zu nehmen pflegte – er aß nämlich nur einmal täglich, dann aber freilich recht reichlich. Der unsterbliche Meister fand stets sein Tischchen am Fenster bereitgestellt, das für jeden anderen Gast als ein „Rührmichnichtan" galt. Der knurrige, kleine Herr mit dem gewaltig großen Kopfe, dem abweisend mürrischen Gesichtsausdruck wurde von allen Anwesenden mit einer förmlichen Scheu betrachtet. Der Wirt gab natürlich sein Allerbestes, um den Stolz seines Hauses, wie er Menzel stets benannte, zufriedenzustellen. Allerdings durfte er den ewig brummenden Künstler mit der wirtsmäßigen Verbeugung nicht bedienen. Derlei vertrug Adolf Menzel ganz und gar nicht. Wohl aber ließ er sich zuweilen mit „seinem" Kellner in eine längere Unterhaltung ein, die auf einen recht heiteren Ton abgestimmt sein mochte, wie man aus einem gelegentlichen Schmunzeln oder sogar aus einem hellen Auflachen Menzels entnehmen konnte. – Einer allgemeinen Beliebtheit erfreute sich der „Sommersche Salon" in der Potsdamer Straße Nr. 9 und der große, schöne dahinterliegende Garten. Hier spielte jeden Mittwoch und jeden Sonnabend die Liebigsche „Symphoniekapelle", damals die einzige in Berlin, die ausschließlich klassische Musik zu Gehör brachte. Der Eintrittspreis betrug *dreißig* Pfennig. Diese Liebigschen Symphoniekonzerte während der sechziger Jahre verliehen dem damaligen Berlin einen in kulturgeschichtlicher Hinsicht recht bemerkenswerten Zug. Sie fanden an verschiedenen Orten statt. Außer in Sommers Salon, wo sich namentlich zur schönen Jahreszeit die beste Gesellschaft einfand, musizierte der alte ehemalige Stabsoboist und spätere Rechnungsrat im Hauptsteueramt Liebig in der Tonhalle, einem Tanzsaal in der Friedrichstraße nahe am Oranienburger Tor und in der „Villa Colonna", gleichfalls einem nicht gerade von der erlesensten Gesellschaft besuchten Tanzsaal hinter den Kolonnaden an der Königstraße. Die aus etwa 40 Musikern bestehende Kapelle hatte der alte Liebig ausschließlich aus seinen ehemaligen militärischen Berufsgenossen nach und nach zusammengebracht und zusammengehalten. Sie waren nach abgeleisteter Militärdienstzeit mit dem Zivilversorgungsberechtigungsschein in den Subalterndienst getreten und pflegten in ihren dienstfreien Stunden der edlen musischen Kunst. Sie musizierten recht und schlecht unter der Führung des wackeren, freundlich dreinschauenden alten Liebig, dessen Gesichtszüge eine auffallende Ähnlichkeit mit denen Alexanders v. Humboldt auswiesen, und erfreuten ungezählte Tausende durch ihre braven Leistungen. Der Musikmeister leitete seine Mannen, indem er aus der vor ihm liegenden Violinstimme seine Zeichen gab. Es ging eben auch so. Zur Verallgemeinerung der Kenntnis unserer klassischen Orchestermusik haben diese Liebigschen Symphoniekonzerte ganz außerordentlich viel beigetragen. Die wenigen Überlebenden erinnern sich noch dankbar jener angenehmen und anregenden Stunden. Die Programme waren ein für allemal festgesetzt. Gut militärisch. Zwei Teile. Jeder bestand aus einer Ouvertüre und einer Symphonie. Auch die Sterne zweiter und dritter Ordnung kamen hier zur Geltung. Und das war nur zu billigen. Denn wieviel Schönes ist in den Werken auch dieser Komponisten enthalten, deren Namen selbst dem jetzt blühenden Geschlecht unbekannt geblieben sind! Da hörte man Werke von Anselm Weber, von Onslow, von Hesse, von Niels Gade, von Franz und Vinzenz Lachner, von Lindpaintner, von Spohr, von Ulrich, von Wuerst. Kurz, alle „die göttlichen Philister" – um eine Riehlsche Bezeichnung zu gebrauchen – durften ihre kleineren Lichter auch einmal leuchten lassen neben den großen und den allergrößten. Abgesehen von dem geselligen Leben und Treiben in „Sommers Salon" und dem sich anschließenden Garten ging es damals in der Potsdamer Straße recht still und beschaulich her. Von einem wirklichen Verkehr war keine Rede. In den wenig einladenden Häusern lebten ausschließlich geruhsame Menschen. In den Nebenstraßen herrschte eine wahre Friedhofsstille. Hierher hatte sich ein gut Teil der Gelehrtenwelt, der höheren Beamtenschaft zurückgezogen, um nur ja recht ungestört, fern von dem Getriebe der großen Stadt leben und arbeiten zu können. In der Linkstraße hatten, um Beispiele zu nennen, die Brüder Grimm ihre Wohnsitze aufgeschlagen; hier lebte auch August Boeckh, der berühmte Philologe, der Verfasser des epochemachenden Werkes vom „Staatshaushalt der Athener", und sein Schwiegersohn Rudolf Gneist. Die ganze Umgebung hieß das Geheimratsviertel.

Noch bis in die Mitte der siebziger Jahre waren selbst an diesem Teile der Potsdamer Straße weite Flächen unbebaut. Sie wurden als Hausgärten benutzt. So verfügte, um einen Fall herauszugreifen, der Oberbürgermeister Hobrecht, der in dem Haufe 124 zu ebener Erde wohnte, über einen ihm vertragsmäßig zustehenden Garten, dessen Ausdehnung groß genug war, um für die jetzigen vier- und fünfstöckigen Mietskasernen 125 und 126 die erforderlichen Bebauungsflächen herzugeben!

Vom Landwehrkanal westwärts trug die Potsdamer Straße ein ausgesprochen ländliches Aussehen. Sie war nicht gepflastert, sondern nur chauffiert, und die Grundstücke waren ausgesprochen kleinere oder mittlere bäuerische Besitzungen, auf denen

Gemüse aller Art, auch Kartoffeln gezogen wurden. Hier und da hatte sich allerdings bereits ein Landhaus eines begüterten Städters eingedrängt. Die „Seegersche Villa", ein prachtvoller Besitz des stadtbekannten Lotteriekollekteurs, wie die Vertreiber der Königlich preußischen Lotterielose amtlich bezeichnet wurden, nahm mit ihrem ausgedehnten Gartengelände den ganzen Flächenraum zwischen dem Kanal, der Potsdamer und der Flottwellstraße ein. Der später angelegte Durchgang, am Karlsbad, gehörte ursprünglich ebenfalls noch zu dieser Seegerschen Villa. Je weiter man diese westliche Hauptausgangsstraße aus der inneren Stadt hinaus verfolgte, desto „märkischer", um es mit einem Worte zu bezeichnen, nahm sie sich aus. Über die Lützowstraße hinaus hatte man nur sehr selten Gelegenheit oder Veranlassung, seine Schritte zu lenken. Es wäre denn, daß man sich zu einem „Ausflug" nach dem Botanischen Garten oder nach Schöneberg entschlossen hätte, um dort im „Schwarzen Adler" eine „kühle Blonde", nämlich ein Glas Weißbier, zu schlürfen und dabei alle Wonnen einer ländlichen Musikbande, einer Drehorgel über sich ergehen zu lassen oder an hohen Festtagen ein Militärkonzert zu hören. Zuweilen ließen auch Seiltänzer ihre halsbrecherischen Kunststücke dort sehen, und an schönen Sommerabenden wurden Feuerräder, Raketenschwärmer und ähnliche Wunder der Pyrotechnik abgebrannt. Kurz – es war einfach großartig. Schöneberg selbst entsprach in seiner dörflichen Anlage der vielverheißenden Benennung auch nicht im allermindesten. Es war ein häßliches und trotz der großen Wohlhabenheit seiner Bauernschaft in seinem Äußeren verwahrlostes Dorf. Von der baulichen Beschaffenheit des langhingestreckten Dorfes, von dem damaligen Zustande der Hauptstraße kann sich kein Mensch heutzutage auch nur die leiseste Vorstellung machen. Kein einziger unter allen Vororten Berlins hat eine derartig staunenswerte Entwicklung in verhältnismäßig kurzer Zeit aufzuweisen wie gerade Schöneberg. Aus einem elenden, von einigen hundert Bauern und Kätnern bewohnten Dorfe ist im Laufe weniger Jahrzehnte eine blühende Stadt von nahezu 200.000 Einwohnern geworden!

Nun wenden wir unsere Schritte wieder zurück zu dem damals im Entstehen begriffenen eigentlichen Tiergartenviertel, dem vornehmsten Stadtteil des damaligen und auch des heutigen Berlin. Die Bellevuestraße, das Endstück der großen, nach dem gleichnamigen

Schlosse hinweisenden Allee, bildete von der inneren Stadt her den eigentlichen Zugang zum Tiergartenviertel. Anfangs der sechziger Jahre zeigten sich die ersten Spuren einer reger werdenden Bautätigkeit. Aus jener Zeit stammt noch das bescheidene einstöckige, tief hinter die Straßenbauflucht zurücktretende Eckhaus an der Viktoriastraße, das von der Gräfin Babette Kalckreuth. geborene Meyer, bis zu ihrem anfangs dieses Jahrhunderts erfolgten Tode bewohnt wurde. Babette Meyer, die einzige Tochter des bekannten Berliner Stadtrats, war die letzte in der Reihe jener geistvollen Jüdinnen, die von den Tagen Moses Mendelssohns her bis weit in die Regierungszeit Friedrich Wilhelms IV. eine so bedeutsame Rolle in der höheren und höchsten Berliner Gesellschaft eingenommen haben. Babette Meyer war viele Jahre hindurch der gern gesehene Gast im Bismarckschen Hause. Sie gehörte sogar zu dem vertrauten Tischkreise des eisernen Kanzlers. Es ging damals vielfach die Rede, daß Lothar Bucher die erzgescheite, stattliche und sehr vermögende Stadtratstochter heimführen würde. Der père Josèphe[1] des Altreichskanzlers blieb aber bekanntlich unvermählt, und Babette Meyer gab dem berühmten gräflichen Maler ihre vielbegehrte Hand. Eine Zeitlang stockte die Entwickelung an diesem Teile Berlins wie überall in Preußen während der Ausgangszeit der Regierung des unglücklichen vierten Friedrich Wilhelm. Erst mit dem Eintritt der Regentschaft des Prinzen Wilhelm setzte eine erhöhte Lebensbetätigung auch auf diesem Gebiete ein. Die Vermählung seines Sohnes Friedrich Wilhelm mit der englischen Prinzessin Viktoria wurde auch für die Entwickelung Berlins zu einem bedeutsamen Ereignisse. Eine der schönsten unter den im neuen Tiergartenviertel entstehenden Straßen wurde auf den Namen Viktoria getauft. Die prächtige Platane an dem Schnittpunkt dieser und der Margarethenstraße ist bei der feierlichen Straßeneinweihung gepflanzt worden. Zu jener Zeit ist auch das in seinen Formen so anmutend wirkende Landhaus an jener Stelle, eine Schöpfung Stracks, erbaut worden. Unvergleichlich prunkvollere Bauten sind seitdem im Tiergartenviertel in die Höhe geschossen; schönere als dieser wohl kaum. Auch die schmächtige Matthäus-Kirche und das stimmungsvolle Pfarrhaus sind damals unter persönlicher Anteilnahme des Königs entstanden. Der originelle, derbwitzige Konsistorialrat Büchsel waltete hier mehrere

1 Friedrich August von Holstein, die „Graue Eminenz"

Jahrzehnte seines seelsorgerischen Amtes. Der Finanzminister von der Heydt, in den Hofkreisen „Goldonkelchen" genannt, mußte auf Büchsels unermüdliches Anliegen tief in die eigene Tasche greifen, um den Kirchbau zustandekommen zu lassen. Es soll dabei, wie die Gerüchte gingen, zu den drolligsten Szenen zwischen dem ungestümen Mahner und dem schwerreichen, aber bei all seiner Strenggläubigkeit etwas zaudernd spendenden Minister gekommen sein. Diese Matthäus-Kirche, in der sich allsonntäglich die vornehmste hauptstädtische Gesellschaft zum Gottesdienste einfand, war durch einige Jahrzehnte die einzige im ganzen Berliner Westen geblieben. Weshalb sie im Volksmunde die Polkakirche hieß, ist kaum zu ergründen.

Nur ganz allmählich gewann das Tiergartenviertel, insbesondere die Tiergartenstraße, ein mehr großstädtisches Ansehen. Der *erste sichtbare* Ruck nach vorwärts fiel in den Beginn der siebziger Jahre. Nach den beiden glorreichen Kriegen in Böhmen und in Frankreich, namentlich nach der Begründung des neuen Deutschen Reiches setzte indessen der Siebenmeilenstiefel in der Entwickelung ein.

Angelegt waren die kanalwärts abgehenden Straßen bis hin zur Hohenzollernstraße, allein bei weitem noch nicht ausgebaut. Hinter der Hohenzollernstraße jedoch war alles noch leer. Der „Albrechtshof" war eine Art Ackerwirtschaft, wohin der damalige Berliner Bürger seine Sonn- und Festtagsausflüge zu machen pflegte. Dort hatte alles noch ein völlig dörfliches Aussehen. Die Ausflügler brachten ihre Kuchen- und sonstigen Vorräte mit. In der Gartenwirtschaft gab es einen braungefärbten Trank, der nach der arabischen Bohne wohl Kaffee benannt wurde, sonst aber auch nicht entfernt an Mokka erinnerte. Eine besondere Leckerei war freilich „Schokolade mit Schlagsahne". Außerdem wurde ein dünnes, helles Bier verzapft und natürlich die „kühle Blonde", nämlich Weißbier, verschenkt, meistens mit einer „Strippe", das heißt mit einem Glase „Kümmel" oder „Nordhäuser". Solch eine „Weiße" bezeichnete der Berliner jener Zeit als eine „Fête"! An Speisen wurden Eier, Schinken, Wurst, Käse, Brot und Butter verabreicht. Ein Leierkastenmann, ein Drehorgelspieler, meist ein alter Soldat, sorgte für die Befriedigung der musikalischen Bedürfnisse. Bei dieser anspruchslosen Lebensweise herrschte ungebundene Fröhlichkeit und zuweilen recht derbe Lustigkeit, die indessen kaum einmal in Unanständigkeit oder in Roheit ausartete. Die feinere Welt gab sich in der Maeserschen Gartenwirtschaft zwischen der Regenten- und der Bendlerstraße ihr Stelldichein. Hier wurden auch größere Festlichkeiten veranstaltet. Bei einer solchen, einem Hochzeitsschmause, ist es einmal zu einem argen Skandal, einer Vergiftungsgeschichte, gekommen, die seinerzeit großes Aufsehen erregte. Seit diesem peinlichen Vorfall war es mit dem Glanze dieser Gartenwirtschaft endgültig vorbei. –

Die Häuser an der Tiergartenstraße waren in den denkbar einfachsten Formen errichtet. Nur zwei haben sich in unveränderter Gestalt bis auf unsere Tage erhalten: die an der Matthäikirchstraßenecke belegene Meyersche Villa. Sie war damals eine Berliner Sehenswürdigkeit! Und noch ein anderes in recht bescheidenen Formen erbautes Landhaus an der Tiergartenstraße weist auf längst vergangene Zeiten zurück: die Humblotsche Villa. Sie hat in dem literarischen Berlin eine gewisse Bedeutung gehabt. Hier hat einst Iffland gehaust; hier hat später Henriette Herz ihre Sommerfrische gehalten und unter der Anweisung Schleiermachers Platons Dialoge in der Ursprache gelesen. Hier verbrachte Ernst Kossack, der eigentliche Erfinder des Berliner Feuilletons, seine letzten Lebensjahre. Seine feinstzugespitzten „Berliner Federzeichnungen", die er regelmäßig an jedem Sonntage in der „Schlesischen Zeitung" veröffentlichte und dann gesammelt in zierlichen Heftchen erscheinen ließ, wurden damals mit ungeteiltem Beifall gelesen. Sie haben in ihrer witzigen Anmut, in ihrer scharf zutreffenden und dennoch niemals verletzenden Verspottung mancher Berliner gesellschaftlichen Gewohnheiten, in der Darstellung und Beurteilung mancher öffentlichen Vorkommnisse eine starke Ähnlichkeit mit den aus viel späterer Zeit stammenden berühmten „Wiener Spaziergängen" Daniel Spitzners. Ernst Kossacks „Berliner Federzeichnungen" hätten als Beiträge zur Kulturgeschichte jener Zeit ein besseres Schicksal verdient, als dauernder Vergessenheit anheimzufallen.

Überschritt man den Landwehrkanal, dann gelangte man wirklich ins Freie. Kaum die ersten Anzeichen großstädtischer Anlagen waren zu erblicken. Weit und breit Gartengelände, Ackerfelder. Der Ackerbürger Kielgan, der glückliche Besitzer der riesigen Ländereien jenseits der Lützowstraße, war weitvorausschauend genug, um dort, in der jetzigen Gegend der Kurfürstenstraße bis hin zum Nollendorfplatze und darüber hinaus, seinen Grundbesitz aufzuteilen, städtische Straßenzüge abzustecken und die Teilflächen für entstehende Häuserbauten vorzurichten. Andere Besitzer folgten dem kühnen Bahnbrecher, zerschlugen gleichfalls ihre Ländereien und gewannen auf diese Weise in kürzester Zeit wahrhaft riesige Vermögen. Damals wurden in Berlin zum erstenmal die wahren Kriegsgewinne eingeheimst, und zwar ohne jedweden Steuerabzug. Das war, wie es in Lortzings „Zar und Zimmermann“ heißt, eine köstliche Zeit für Landbesitzer vor den Toren Berlins. Sie strichen mühelos die ihnen selbst märchenhaft erscheinenden Gewinne ein, die nach den welterschütternden Schlägen von Sadowa und Sedan sich einstellten. Die ersten Kriegsgewinnler in Berlin waren nicht sowohl Börsenspekulanten oder Kriegsbedarfserzeuger als vielmehr bäuerliche Grundbesitzer! Und haargenau so wie im Westen erging's den Landbesitzern im Norden und ganz besonders im Nordosten, als für diese der Innenstadt vorgelagerten Außenteile die Stunde der lange vergebens ersehnten Entwicklung endlich schlagen sollte. Die in staunenswert kurzer Zeit entstandenen Riesenvermögen der alteingesessenen Berliner Bürgerfamilien, wie der Bötzows, Wollancks, Koblancks, der Cuvrys, Heckmanns, um nur einige Namen zu nennen, sind auf diese während des letzten Viertels des abgelaufenen Jahrhunderts ins Ungeheure emporgeschnellten Bodenpreise zurückzuführen. Eine sorgfältig geschriebene Darstellung der neuzeitlichen Berliner Reichtümer gäbe einen recht lehrreichen Beitrag zur neueren allgemeinen Kulturgeschichte ab.

Im Gegensatz zu dem dünnbevölkerten Westen waren die nördlichen, nordöstlichen und östlichen Stadtteile dicht, sogar sehr dicht besiedelt. Man konnte schon damals mit einem leider nur allzugut begründeten Anrecht von einer ebenso gesundheitsschädlichen als politisch gefährlichen Überbevölkerung in diesen Vierteln reden. Innerhalb der Stadtmauer war dort bereits jeder irgendwie verfügbare Flächenraum bebaut, so daß Außenquartiere angelegt werden mußten. Sie boten durchweg einen überaus traurigen Anblick in der trostlosen Einförmigkeit der Straßenanlagen, der Armseligkeit der Häuserbauten, der Unsauberkeit, der Ungepflegtheit des Straßenpflasters dar. Man stelle sich nur einmal jene Gegenden um die Garten-, Ackerstraße ohne die segensreichen Anlagen der Wasserleitung und der Kanalisation vor. Es ist mit Worten kaum wiederzugeben, wie es damals in jenen Stadtvierteln aussah. Ganz besonders übel beleumdet waren die Familienhäuser in der Ackerstraße, obwohl dort keineswegs etwa lichtscheues Gesindel sein Wesen trieb. Ganz im Gegenteil. Armut genug zeigte sich freilich in diesen Ein- und Zweizimmerwohnungen. Ja, vielfach herrschte nacktes Elend in diesen Heimstätten. Aber von verbrecherischem Auswurf der Großstadt keine Spur. Wer sich nicht ordnungsgemäß ausweisen konnte, erhielt überhaupt keinen Zulaß zu den Familienhäusern. Bekanntlich gibt es ja auch im Elend noch vielfache Abstufungen, Rang- und Standesunterschiede. Hier in den Familienhäusern lebten sozusagen die obersten Tausend der unteren Hunderttausend. Der alte Wrangel , der gefürchtete Kommandeur in den Marken, besuchte diese Familienhäuser zuweilen, unterhielt sich in seiner absichtlich angenommenen berlinischen Redeweise mit den Leuten und versprach dann, für die Abstellung ihrer Nöte nach Möglichkeit sorgen zu wollen. Um die Weihnachtszeit jedoch erschien der schnurrige alte Haudegen von 1813 dort regelmäßig, um seine nicht eben sehr reichlichen Spenden an die Kleinen zu verteilen. Dann umdrängte ihn die unbändige Kinderschar, die ihm unaufhörlich ihr „Vater Wrangel" zujubelte, daß er sich ihrer kaum erwehren konnte.

Ein ganz andersartiges Bild bot sich indessen dem betrachtenden Sinne am Oranienburger Tor dar. Hart am Notausgange der Friedrichstraße breitete sich ein riesiges, über die Maßen häßliches eingeschossiges Gebäude aus, die durch ihre wahrhaft klassische Aufschrift berühmt gewordene „Reitende Artillerie-Kaserne". Das war innerhalb der Stadtmauer. Einen Schritt darüber hinaus, und man las es anders. „A. Borsig" stand in Buchstaben aus gebranntem Ton über dem Eingang zum Verwaltungsgebäude, das durch eine schmucke Säulenhalle gegen die Flucht der „Chaussee"-Straße abgeschlossen war. Hier hatte die neue Zeit ihr weithin sichtbares gewaltiges Zeichen aufgerichtet. Hier war das Arbeiterviertel Berlins im neuzeitlichen Sinne erstanden. Hier wurde eine Maschinenwerkstatt nach der anderen errichtet, deren Erzeugnisse den Ruhm der preußischen Landeshauptstadt über alle Weltteile verbreiteten. Hier, in den weiten Arbeitsräumen der Borsig-, Schwartzkopff- und Pflügk-Anlagen wurden die Grundsteine zu der nachherigen Bedeutung Berlins für den Weltmarkt gelegt. Am bedeutsamsten für die hauptstädtische Entwickelung sollte indessen die Maschinenbauanstalt A. Borsig werden, und zwar durch die in ihr hergestellten

Lokomotiven. Der wagemutige Mann war mit dem gewaltigsten Nebenbuhler jenseits des Kanals auf dessen ureigenstem Gebiete in die Schranken getreten und hatte ihn in dem heißen Ringen geschlagen. Der erfolggekrönte August Borsig wurde durch seine technischen Siege über die gefürchtete englische Weltherrschaft im Lokomotivbau eine der volkstümlichsten Persönlichkeiten des damaligen Berlin, vielleicht die volkstümlichste. Sein Name wurde von den Berlinern jener Zeit mit einem Ausdruck von Freude und Stolz genannt. Und dies Gefühl übertrug sich in einem gewissen Sinne auf die Arbeiter seiner Wertstätten. Ein Borsigscher Fabrikarbeiter, ja, das war ein Mann, der sich schon in Ehren sehen lassen durfte. Als die tausendste Lokomotive blumengeschmückt die Werkstatt verlassen konnte, nahm die ganze Stadt an diesem Feste teil. Die Feier gestaltete sich zu einem wahren Volksfeste. In lithographischen Darstellungen wurde die Erinnerung an diese Ruhmestat festgehalten. Die Berliner Maschinenbauer, und unter diesen ganz besonders die der Borsigschen Lokomotivbauanstalten vor dem Oranienburger Tor, galten als die hervorragendsten Vertreter einer Arbeitsform, in der sich der neuzeitliche Gedanke so recht eigentlich verkörperte. Auf seine Maschinenbauer war der damalige Berliner wirklich stolz. In politischer Hinsicht bildeten sie gewissermaßen das Leibgarderegiment der Fortschrittspartei, deren Herrschaft in Berlin damals unbestritten war. Wie sich das alsdann im Laufe der späteren Jahrzehnte geändert, das des näheren zu erörtern und zu begründen liegt nicht in der Absicht dieser Darstellung. Damals, vor länger als einem Halbjahrhundert, verhielt es sich so, daß die Arbeiter, namentlich die Berliner Maschinenbauer, den Spuren Schultze-Delitzsch' folgten, dieses wahrhaft großen und schöpferisch gestaltenden Volksmannes – trotz alledem und alledem. Die eigenartig hervorragende Stellung der Berliner Maschinenbauarbeiterschaft fand denn auch in einem unzähligemal aufgeführten Volksstücke „Die Maschinenbauer von Berlin" von Weihrauch, in dem der weit über die Weichbildgrenze der Hauptstadt bekannte Komiker Haase seine rauschendsten Triumphe feierte, ihren kräftigsten Ausdruck. Weihrauchs Bühnenwerk kann mit bestem Anrecht als das Berliner Gegenstück zu Felix Pyats „Lumpensammler von Paris" angesprochen werden. Aber freilich, schon zu jener Zeit der anscheinend unerschütterten Herrschaft der Fortschrittspartei über die Berliner

Die Stechbahn

Nach einer kolorierten Lithographie 1835

Arbeiterschaft zeigten sich die ersten verdächtigen Anzeichen, daß ihr eine große Gefahr von links her drohe. Gerade in jene Zeit fiel ja die gewaltige agitatorische Tätigkeit Ferdinand Lassalles, die Gründung des Allgemeinen deutschen Arbeitervereins. Doch vorerst hatte er auf die äußerlich wahrnehmbare Umgestaltung des politischen Stadtbildes, wenn dieser Ausdruck erlaubt ist, noch gar keinen Einfluß. Arbeiterredner wie Tölcke mit dem Knüppel, Fritzsche, Foersterling machten wohl in Versammlungen viel Lärmens, indessen wurden sie keineswegs ernst genommen. Ihr rüdes Auftreten erregte eher Spott als Entrüstung. Für Unholde jedoch von dem Schlage eines Hasselmann oder des widerlich mißgestalteten Johannes Most war die Zeit noch nicht gekommen.

Die Königstadt

In den rechtsseitig der Spree gelegenen Stadtteilen spielte sich das eigentliche Geschäftsleben des damaligen Berlin ab. Hier aber bildete die Königstraße die Hauptschlagader des Gesamtverkehrs, der sich nur mühselig auf dem engen Fahrdamm abzuwickeln vermochte. Zu gewissen Tagesstunden herrschte hier ein sinnverwirrendes Treiben, hochbeladene Lastwagen aller Art rollten dann in dicht aufeinander gedrängten Reihen über das entsetzliche Pflaster. Eine Fahrordnung gab es kaum, die Polizeimannschaft genügte nicht entfernt, um ihren Dienstobliegenheiten nachzukommen. Zusammenstöße waren unvermeidlich, und jeden Augenblick stockte der Verkehr. Sobald die aneinandergeratenen Rollkutscher über die Schuldfrage in Beratung traten, wurden nicht sowohl diplomatische Noten als vielmehr Peitschenhiebe ausgetauscht. Derartige liebliche Straßenvorkommnisse gehörten zu den Volksbelustigungen jener Tage, bei denen der Berliner Humor seine saftigsten Schößlinge hervortrieb. Es blieb aber nicht immer bloß bei diesen anzüglichen Redensarten; oft genug setzte es wohl blutige Köpfe ab. Diese damaligen Lastwagenfahrer waren eine recht schwer zu leitende, zu Gewaltsamkeiten nur allzuleicht geneigte Menschenklasse. Sie stand in dem geraden Gegensatze zu dem gleichzeitigen Droschkenkutscher und dessen allen Stürmen trotzendem Gleichmut. Dieser Berliner Droschkenkutscher in seiner nichts weniger als zierlichen Kleidung, dieses klapprige Gefährt mit seinen verschlissenen, in grauer Vorzeit leuchtendrot schimmernden Plüschpolstern, dieser längst lebensüberdrüssig gewordene Gaul, der sich nur höchst widerwillig von der Stelle bringen ließ, das alles bildete eine Eigentümlichkeit im Straßenleben Berlins, die ihresgleichen in keiner anderen europäischen Großstadt hatte. Schön allerdings war diese Eigenart keineswegs, aber in ihrer Bodenständigkeit lag ihre Daseinsberechtigung, und in dem trockenen Humor, unter Umständen und im Bedarfsfalle in der witzigen Schlagfertigkeit, in der Durchschnittsgutmütigkeit dieses Berliner Rosselenkers lag das versöhnliche Moment. Fremde gerieten wohl über den Anblick dieser fragwürdigen Gestalten in eine gelinde Verzweiflung, indessen in dem Fürsten Pückler , dem weltberühmten Schöpfer des Muskauer Parkes, einem Lebenskünstler sondergleichen, hat die sonst überall verschriene Berliner Droschke und der allen Einflüssen einer verfeinerten Lebensart durchaus unzugängliche Lenker einen begeisterten Lobredner gefunden. Semilasso hatte eben an dieser unvergleichlichen Menschenart sein innerstes Behagen. Sie ist längst ausgestorben und führt nur noch in einzelnen Hosemannschen Zeichnungen ein ebenfalls bereits verbleichendes Erinnerungsdasein. Neben diesen sehr fragwürdigen öffentlichen Fuhrwerken kam die Zahl der privaten kaum in Betracht. Außer den Hofequipagen, den Wagen einzelner Gesandten und der wenigen landeseingesessenen Fürstlichkeiten, die hier haushielten, wie die Radziwills, Graf Roedern, Arnim-Boitzenburg, Schwerin, begegnete man in den Straßen allenfalls nur noch holperigen Mietwagen einiger vielbeschäftigten Ärzte und den, man wäre zu sagen versucht, aus vorgeschichtlicher Zeit stammenden Hochzeits- und Trauerkutschen. Die Zahl der begüterten Bürgerfamilien, die sich den Luxus eigenen Fuhrwerks gönnten, war, man möchte sagen, an den zehn Fingern fast zu bestimmen.

Der überraschend starke Verkehr in der Königstraße war indessen nicht sowohl durch den unmittelbar hier sich abwickelnden Großbetrieb an und für sich bedingt, als vielmehr durch einige andere rein örtliche Umstände veranlaßt Hier befand sich vor allem das Hauptpostamt, damals die einzige Brief- und Paketbeförderungseinrichtung in der inneren Stadt. Hier war auch die einzige Gerichtsstätte für das gesamte Zivilprozeßverfahren; am benachbarten Molkenmarkt lag das Kriminalgericht und mit ihm in engstem räumlichen Zusammenhange das Polizeipräsidium. Hier durch die Königstraße führte der Weg zu der großen, in der Neuen Friedrichstraße belegenen Kadettenanstalt und zu dem in der Klosterstraße recht notdürftig untergebrachten Polytechnikum, der späteren Technischen Hochschule. Bedenkt man dann noch, daß an der Burgstraße zwei große Bildungsanstalten, nämlich das Joachimsthaler Gymnasium und die Kriegsakademie, ihren Sitz hatten, dann erklärt sich der damalige gewaltige Alltagsverkehr in diesem Stadtteile Berlins wohl ganz ohne weiteres von selbst. Viele, viele Tausende waren eben ihrer Berufspflichten wegen allein schon genötigt, ihren Weg durch jene Straßen zu nehmen. Gleichwohl machte das Gesamtbild keinen irgendwie großstädtischen Eindruck. Dazu fehlte der entsprechende Rahmen. Der bauliche Eindruck dieses ganzen Stadtteils war ein äußerst dürftiger. Noch steht ja die alte, elende Baracke auf dem Molkenmarkt in ihrer unangetasteten Pracht da. Hier hauste der gefürchtete Berliner Polizeipräsident v. Hinckeldey und viel später der gar nicht gefürchtete dicke, kurzatmige Herr v. Madai. Auch das an das ehemalige Polizeipräsidium anstoßende Kriminalgerichtsgebäude hat sich in seiner ganzen architektonischen Pracht erhalten. In unmittelbarer Nachbarschaft dieser baulichen Stadtzierden befanden sich die großen Mühlen, die einer Schrulle Friedrich Wilhelms IV. die Formen einer mittelalterlichen Burg über sich ergehen lassen mußten. Zu solch einem Bauwerke gehörte dann naturgemäß auch ein trotzig in die Luft hinausragendes Turmgemäuer! Bei der viel später erfolgten Neuregelung des Flußlaufes und der wegen der Schifffahrt notwendig gewordenen Senkung des Wasserspiegels entstand an dieser Stelle eine ungemein kunstvolle Brückenanlage, die die Bewunderung aller Fachmänner erregte. Damals verschwand auch der alte „Mühlendamm" und der daselbst blühende Trödelkram in alten Kleidern. Die Mühlenburg jedoch wurde zum Hauptsparkassenbau der Stadt Berlin umgewandelt.

Von hier zum „Spittelmarkt" ist nur ein kleiner Sprung. Der alte, unregelmäßige, häßliche Platz hat durch die Niederlegung der entsetzlich verwahrlosten Spittelkirche wohl sein altes Wahrzeichen eingebüßt, sonst aber an Schönheit nichts gewonnen. Es sei denn, man hielte den inzwischen dort aufgestellten Spindlerbrunnen für einen Schmuck! Er ist im übrigen so unansehnlich geblieben, wie er vor einem halben Jahrhundert und länger gewesen; nur daß er sich zu einer der gewaltigsten Verkehrssammelstellen des neuzeitlichen Berlin entwickelt hat. An der Südostseite freilich hat sich durch die Beseitigung der Sparwald-Brücke, durch die Anlage der Beuth- und Seidelstraße eine für die Verbindung der inneren mit der Luisenstadt und dem sogenannten Köpenicker Viertel ungemein wichtige Veränderung vollzogen. Im übrigen zeigen die in den Spittelmarkt einmündenden schmalen, unscheinbaren Straßen und die sie durchkreuzenden Gassen und Gäßchen zum allergrößten Teil das unveränderte Aussehen von ehedem. Hier hat sich noch ein gutes Stück Alt-Berlin unangetastet erhalten. Es hat auch keineswegs den Anschein, als ob dieser Teil des Stadtkerns von Berlin seinen altertümlichen Anstrich jemals verlieren sollte.

Das alte Berliner Rathaus mit seiner aus grauer Vorzeit stammenden „Gerichtslaube", einem schändlich verwahrlosten Turm, machte einen geradezu kläglichen Eindruck. Nicht anders war's mit dem Hauptpostamt bestellt. Und das Stadtgericht konnte ebensowenig irgendeinen Anspruch auf künstlerische Bedeutung erheben. Es war die rechtschaffene Schreibstubenkaserne. Ein wenig anständiger stellte sich die Schauseite der an der südöstlichen Seite der Neuen Friedrichstraße belegenen Kadettenanstalt dar. Allein das weitgestreckte Bauwert stand an der verkehrsärmsten Stelle, wohin sich nur selten der Fuß eines Wanderers verirrte. Von einem baukünstlerischen Wert konnte indessen auch hier keine Rede sein. Die riesigen, an die Kadettenanstalt sich anschließenden Kasernenbauten und sonstigen militärischen Anlagen waren selbst nach den damaligen Maßstäben in ihrer Häßlichkeit und durch ihre Verwahrlosung nur als abscheulich und als der Landeshauptstadt unwürdig zu bezeichnen. Und sah es etwa besser im nahegelegenen städtischen Waisenhause an der Stralauer Brücke aus? Wohin man blicken mochte, überall äußerste Dürftigkeit. Bei allen aus jener und aus früheren Zeiten stammenden öffentlichen Bauten, mochten sie staatlichen oder städtischen Zwecken dienen, war der Gesichtspunkt einzig und allein entscheidend, den erforderlichen

Bedürfnissen mit einem möglichst geringen Kostenaufwand Genüge zu tun. Um auch den Anforderungen der Schönheit bei derartigen öffentlichen Bauten zu entsprechen, dafür hatte das damalige Preußen keine Mittel zur Verfügung. Die einzige Ausnahme bildete der Bau des Neuen Museums, der Unsummen verschlang. Es soll niemals zur allgemeinen Kunde gelangt sein, wie viele Talermillionen an diese Stülersche Bauanlage aufgewandt werden mußten. Hier allein herrschte eine Verschwendung, wie sie nur noch in München an den dortigen Kunstbauten unter Ludwig I. an der Tagesordnung war. An diesem Neuen Museum erschöpfte sich der Goldschatz des „absoluten" Staates Preußen in solchem Maße, daß dem „konstitutionellen" eine ganze geraume Weile die Mittel versagt blieben, um seinerseits etwas für die Verschönerung der Hauptstadt beitragen zu können. Die ganze nachmärzliche Regierungszeit Friedrich Wilhelms IV. war in dieser Beziehung ebenso unfruchtbar, wie sie in der rein politischen sich als unheilvoll erwies. Bis in die sechziger Jahre änderte sich nichts an dem alten kleinlichdürftigen Bilde der inneren Stadt. Es blieb alles wie zuvor. Das städtische Arbeitshaus am Alexanderplatz, im Volksmunde der Ochsenkopf genannt, hat sich in seiner ganzen unaussprechlichen Scheußlichkeit sogar noch bis hinter die Zeit von der politischen und wirtschaftlichen Weltwende von Sedan erhalten!

Der erste kraftvolle Anstoß zur Verschönerung des Bildes der inneren Stadt ging indessen weder vom Staate noch von der Stadt aus, sondern von der Berliner Kaufmannschaft. Das alte, unansehnliche Börsengebäude am Lustgarten, unmittelbar an die ehemaligen Ruinen des niemals vollendeten Riesendomes angelehnt, war bei weitem nicht mehr hinreichend, um dem im Laufe der Jahrzehnte gewaltig gesteigerten Verkehr zu genügen. Ein Neubau war unvermeidlich notwendig geworden. Er sollte in einem der Bedeutung des neu erstehenden Berlin entsprechenden Größenverhältnis ausgeführt werden. Auch den Anforderungen der Schönheit sollte endlich einmal in dem entsetzlich nüchternen Berlin entsprochen werden. Geradeüber dem alten, am rechten Spreeufer in der Burgstraße, an den Stellen, wo bisher die kasernenmäßigen Bauwerke der Kriegsakademie und des Joachimsthaler Gymnasiums nicht gerade zur Verschönerung des Stadtbildes beitrugen, sollte sich ein in echtem Material herzustellender Palast erheben. Er sollte vor aller Welt Zeugnis ablegen von der zu Macht und dem Ansehen neben dem Racker von Staat gelangten bürgerlichen, kaufmännischen Betriebsamkeit und Unternehmungslust. Einen auch nur an Bedeutung diesem ähnlichen Bauauftrag hatte bisher nur eben der Staat zu erteilen vermocht. Jetzt erschien zum erstenmal eine bürgerliche Korporation, die Ältesten der Berliner Kaufmannschaft, als Bauherrin, und zwar als Bauherrin in großem Stile. Es sollte einmal ein Ende gemacht werden mit der bisherigen üblichen Knauserei. Diesmal sollte der letzte Groschen nicht am Taler fehlen. So entstand der prachtvolle Börsenbau als ein Wahrzeichen einer neu hereingebrochenen Zeit, als der Ausdruck eines selbstbewußt gewordenen Bürgersinns. Einen derartig umfangreichen, in echtem Haustein ausgeführten Bau hatte Berlin bis in diese sechziger Jahre nicht gekannt, und erst mit dem Eintritt der gewaltigen Entwickelung Berlins nach der Begründung des neuen Deutschen Reiches hat dieses von der Berliner Kaufmannschaft gegebene Beispiel dann eine allerdings sehr weit reichende Nachahmung gefunden.

Fast gleichzeitig war auch die Berliner Stadtverwaltung endlich, aus ihrem Schlummerzustand erwacht und mit dem Entschlusse eines Rathausbaues hervorgetreten. Das seit Jahrzehnten Versäumte sollte nun wirklich eingeholt werden. Die Vorgeschichte dieses Rathausbaues war langwierig, schmerzhaft und reich an den mannigfachsten unliebsamen Überraschungen. Mehr als einmal schien die Ausführung recht ernsthaft gefährdet, und als die wichtige Angelegenheit wenigstens grundsätzlich entschieden, der mühselige Instanzenlauf beendet war, entspann sich ein äußerst heftiger Kampf darüber, wem die Ausführung des preisgekrönten Entwurfes zu übertragen sei. Kurz, nur unter den allerschwersten Wehen konnte das Werk erstehen. Und als es erstanden war, da hub der erbitterte Streit um das „Rote Haus“ erst recht an und war kaum zu beruhigen. Einen malerischen Anblick gewährte indessen das noch von einem gewaltigen Gerüst verdeckte Eckstück des Rathauses beim Einzug des Heeres nach dem siebentägigen böhmischen Feldzug des Sommers 1866. In dem weltberühmt gewordenen Aquarellbilde Adolf Menzels, das er im Auftrage der Stadt entworfen, ist dieser Moment für alle späteren Zeiten festgehalten worden. Der unsterbliche Meister hat dann aber für das von phantastischer Laune, Witz, Humor sprudelnde Erzeugnis seiner vergeistigten und doch so wirklichkeitsgetreuen Kunst eine Vergütigung von 10.000 Talern erhalten. Das war bis dahin in der Stadtverwaltung Berlins noch niemals vorgekommen. Es hat auch viel Lärmens gemacht „auf der Gassen“. Das wundervolle Blatt selbst wurde dem siegreichen und nunmehr nach den Jahren des vorangegangenen schweren Militär- und Verfassungskonflikts mit dem Abgeordnetenhause von der Berliner Bevölkerung wieder umjubelten Herrscher als Erinnerungszeichen von der Stadtverwaltung überreicht. Es war viele Jahrzehnte hindurch im Palais des alten Kaisers aufgestellt.

Nun stand der gewaltige Rathausbau in seiner eigenartigen Formung da; ganz unvermittelt in der damaligen und auch in seiner jetzigen Umgebung. Er wirkt nach wie vor wie eine grelle Dissonanz. Aber er ist nun einmal da und behauptet sich in seiner ganzen, ungemindert schroffen Unverträglichkeit mit dem Gesamtbilde der Innenstadt, die sich im übrigen noch für eine ganz geraume Weile in ihrer bisherigen kleinlichen Mißgestalt forterhielt. Die Umbildung setzte hier verhältnismäßig spät ein, als bereits die Gegend um den Hausvogtei- und Dönhoffplatz ihre Umwandlung aus einer Wohn- in eine ausschließliche Großgeschäftsstätte größenteils vollzogen hatte. Dann freilich erfolgte die Umwandlung in den Hauptstraßen der Königstadt nur um so gründlicher. Kaum ein Stein ist auf dem andern geblieben. Aus der alten Königstadt ist während der achtziger und neunziger Jahre so etwas wie die Londoner City geworden. Die ehemalige Bevölkerung schwand mehr und mehr dahin; die Wohnhäuser wurden niedergerissen und zu reinen Geschäftshäusern umgeschaffen. Ehedem blühte hier der Kleinhandel. Stadtbekannt war beispielshalber das Geschäft N. Israel. In dem dreifenstrigen zweistöckigen Hause waren Leinwand-, Baumwollen-und Schwarzwollstoffe zu haben. Hier versorgte sich der Berliner mit dem benötigten Wäschebedarf. Vergleicht man nun in Gedanken jenes schlichte Häuschen, das gleichwohl damals eine Berliner Sehenswürdigkeit war, mit dem jetzt dort erstandenen Riesenkaufhaus, dann gewinnt man einen zutreffenden Maßstab für die in einer verhältnismäßig kurzen Zeit eingetretene staunenswerte und staunenerregende Entwickelung Neu-Berlins. Vom kulturgeschichtlichen Standpunkte aus betrachtet ist es eigentlich zu bedauern, daß jenes geschäftliche Stammhäuschen in der Spandauer Straße so ganz spurlos verschwunden! Und genau so wie

Die neu erbaute Königsbrücke zu Berlin

hier verhielt es sich mit dem „Manufactur-Waaren-Geschäft" von Rudolf Hertzog in der Breiten Straße. Hier kauften die behäbigen Berliner Bürgerfrauen ihre Kleiderstoffe. Herrmann Gersons Warenhaus – das erste in seiner Art in Berlin, in seiner ursprünglichen Gestalt ein wirklich bauliches Schmuckkästchen, nach dem Entwürfe von Gropius – bildete dagegen das Stelldichein der reichen und vornehmen Damenwelt. Aus dem ganz unscheinbaren, aber mit den kostbarsten Seidenstoffen vollgepfropften Heeseschen Laden neben der alten Münze in der Unterwasserstraße versorgten sich die Berlinerinnen für ihren Bedarf an Gesellschaftskleidern; bei Heese die Braut- und Hochzeitskleider zu kaufen, das gehörte so gewissermaßen zum guten Gesellschaftsbrauche. Alles hatte dazumal in dem kleinbürgerlichen Berlin seine bekannte und altbewährte Stätte. Und sonderbar genug: gerade an diesen von altersher gewohnten Stätten erhielten sie sich in dem allgemeinen Vertrauen unerschüttert. Mochten noch so viele neue und durch ihre glanzvollen Auslagen verlockenden Geschäfte erstehen, die Kundschaft hielt den schlichten alten die Treue. Aber der Versuch, es den neuen Bewerbern gleich zu tun, endete oft unheilvoll. Solange der alte, unscheinbare Heesesche Seidenwarenladen dort an der gewohnten Straßenecke neben der alten Münze seinen niedrigen, engen Eingang hatte, drängten sich die Kauflustigen. Als dann der Ausflug in das großstädtische Wesen gewagt und ein „Seidenwaren-Basar" in der Leipziger Straße eröffnet wurde, da erlosch der Glanz dieses altberlinischen Hauses sehr bald und für immer. Jedermann kannte die bewährten Bezugsstellen und lenkte seine Schritte dorthin. Seinen Kaffee kaufte „man" bei Lutze in der Poststraße, seine Lederwaren bei Ackermann in der Königstraße oder bei Mossner Unter den Linden. In dieser Werkstatt wurden die Prinzen Wilhelm, der spätere Kaiser, und sein Bruder Karl in die Geheimnisse des Buchbinderhandwerks eingeweiht. (Der später zu großem Ansehen aufgestiegene Reitereiführer v. Mossner entstammte dieser Altberliner Bürgerfamilie.) Wem's nach Leckerbissen gelüstete, für den wußte Deicke in der Königstraße oder Heumann in der Jägerstraße guten Rat. Der feinste, großkörnige, hellgraue, ungesalzene Astrachaner Kaviar war für zwei Taler das Pfund zu haben. Die besten Zigarren und Tabake fand „man" in großer Auswahl bei Brunzlow, Prätorius, Ermeler, Gerold. Für feinste, natürlich englische oder niederländische Herrenkleiderstoffe sorgte das berühmte Geschäftshaus Koeppen u. Schier. Es hat sich bis auf den heutigen Tag an derselben Stelle, an der Ecke der König- und Burgstraße, in dem unverändert gebliebenen einfachen, alten Hause erhalten. Den gesamten Buch-, Musikalien- und Kunsthandel hielten die weitberühmten Verlagshäuser Schlesinger, Bote u. Bock, die großen Sortimenter Asher, Schneider, Unter den Linden, Gesellius in der Königstraße, Amsler u. Ruthardt, Sachse in der Jägerstraße fest in ihren Händen. Sie haben sich allesamt bis auf das Sachsesche Haus, in dem die ersten herrlichen Menzel-Werke, unter anderem Künstlers Erdenwallen, erschienen – die Mappe kostete ganze zwei Taler! – in ihren rühmlichen Stellungen allen Wandlungen der Zeiten zum Trotz behauptet. Solche bodenständige Geschäftshäuser sind in Berlin verhältnismäßig nur noch selten anzutreffen. Daß sich unsere Apotheken in den alten Stadtteilen sehr lange, zum Teil durch mehrere Jahrhunderte erhalten konnten, hatte in der Ausnahmegesetzgebung für diese Betriebe seinen alleinigen Grund.

Die ältesten unter den lebenden Berlinern erinnern sich noch der Zeiten, da die Königstadt hauptsächlich für den Fremdenverkehr – und nicht bloß für den kaufmännischen – in Betracht kam. Das „Hotel de Hambourg“ in der Heiligegeiststraße war das bevorzugte Absteigequartier aller nach Berlin zu Gastspielen hergereisten Bühnenkünstler, Der Eigentümer des Gasthofes, Fritz Schmelzer, war stolz darauf, die berühmtesten Bühnenkünstler der Welt zu seinen regelmäßig wiederkehrenden Gästen zu zählen. Er sorgte für sie mit einer wahrhaft hausväterlichen Aufmerksamkeit, und sie dankten ihm in herzlichen, ja überschwänglichen Zuschriften, mit denen sie ihre als „ewige“ Erinnerungszeichen gespendeten Bildnisse schmückten. Das Schmelzersche Gastzimmer erhielt im Laufe der Jahre ein Bildnissammlung von Bühnenberühmtheiten aus aller Herren Ländern, derengleichen kaum irgendwo anzutreffen sein dürfte. Wo mögen diese Kostbarkeiten wohl geblieben sein? Denn jenes einstmals so vielgenannte Gasthaus ist wie die allermeisten anderen in der alten Königstadt längst dahingegangen. Sie sind beinahe samt und sonders dem Umwandlungsvorgang, der im letzten Viertel des vergangenen Jahrhunderts einsetzte, zum Opfer gefallen. Diesseits des Alexanderplatzes gibt es jetzt kaum noch ein nennenswertes Gasthaus.

Verschwunden ist vor allem auch der Berliner Wollmarkt in seiner ursprünglichen Ausgestaltung. Er war damals, bis in die Mitte der sechziger Jahre ein wahres Volksfest. Die Gutsbesitzer kamen in Scharen, von ihren Gutsaufsehern begleitet, in die Stadt und ließen es sich da recht wohl sein. Der „Wollonkel" war ein sehr gern gesehener Gast, denn er ließ ordentlich was drauf gehen. Besonders lebhaft war das geschäftliche Treiben in den südöstlichen Teilen, der Kloster- und Neuen Friedrichstraße. Hier war ein großer Teil der Wollzufuhren auf Bretterunterlagen aufgestapelt, da die vorhandenen Speicherräume für die zum Verkauf eingebrachten Warenmassen nicht zureichten. Daß die Jugend bei diesem Meßtreiben auch reichlich auf ihre Kosten kam. kann man sich unschwer vorstellen. Es herrschte neben dem ernsten Geschäft Fröhlichkeit und Ungebundenheit. Das war eben auch die Zeit, da unsere hochkonservativen Grundbesitzer samt und sonders dem Freihandel anhingen. Sie brauchten den ungehinderten Verkehr mit dem Auslande, um dorthin ihre Erzeugnisse möglichst vorteilhaft absetzen zu können, und anderseits waren sie bei den: damaligen Stande unserer Industrie auf die billigste Einfuhr von englischen landwirtschaftlichen Maschinen angewiesen. Es war also nur folgerichtig, daß sich unsere damaligen politisch-konservativen Grundbesitzer wirtschaftlich mit ihren politisch-liberalen Gegnern zusammenfanden und auf Cobdens Freihandelsdogma willig eingingen. Das war auch die Zeit, da der fortschrittliche Abgeordnete Julius Faucher seine wirtschaftlichen Auseinandersetzungen in der „Kreuz-Zeitung" veröffentlichen konnte. Mutet einen das nicht heutzutage wie „ein Märchen aus alten Zeiten" an? Der Übergang aus der spießbürgerlichen Engbrüstigkeit in die großstädtische Weite vollzog sich hier in dem Spandauer Viertel der alten Königstadt unter ganz anderen Bedingungen und Voraussetzungen wie beispielshalber in der Friedrichstadt, namentlich in der Gegend zwischen der Oberwallstraße, dem Hausvogteiplatz, der Leipziger Straße. Hier wurden die alten, elenden Baracken niedergerissen und neue, üppig ausgestattete Kaufhäuser an deren Stelle errichtet. Ein verhältnismäßig einfacher Umwandlungsvorgang. Ganz und gar verschieden davon gestalteten sich die Dinge drüben in dem Kernteile Berlins. Zunächst hatte es den Anschein, als sollte die Altstadt überhaupt und endgültig ihre bisherige Bedeutung einbüßen. Wurde doch eine ganze Anzahl bedeutender staatlicher Bildungsanstalten in andere, westlich gelegene Stadtteile oder gar weit hinaus in einzelne mächtig aufstrebende Vororte verlegt. Die Kadettenanstalt mit ihren vielen Hunderten von Zöglingen, ihrem Lehrerbestand siedelte nach Lichterfelde über, aus dem Polytechnikum, das in der Klosterstraße in völlig unzureichenden Räumen untergebracht war. entstand die großartige Anlage der Technischen Hochschule, eine Meisterschöpfung Lucäs, in Charlottenburg. Ebenso mußten die Kriegsakademie und das ihr unmittelbar benachbarte Joachimsthaler Gymnasium mit seinem Schülerinternat aus der Burgstraße entfernt werden. Es trat also zunächst eine nicht unbeträchtliche Entvölkerung in der Königstadt ein. Aber ungleich einschneidender war die durchgreifende Veränderung in dem Charakter der Bevölkerung selbst, die sich als eine notwendige Folge der Entfernung so vieler an Bildung und gesellschaftlicher Stellung hervorragenden Elemente ergeben mußte. Die alte Königstadt verödete sozusagen in geistiger Beziehung, und mit der äußerlichen Umgestaltung ging es vorerst bis in die Jahre nach den Feldzügen von 1866 und 1870 fast gar nicht vorwärts. Das Schicksal der alten Königstadt schien ein für allemal entschieden zu sein. Da trat plötzlich eine Wendung ein, wie sie auch die kühnste Vorstellung nicht für möglich gehalten hätte. Der Gedanke einer Durchquerung des Stadtgebietes vom Nordosten, nach dem Westen vermittels einer Bahnanlage, die ihresgleichen in keiner europäischen Großstadt hatte, war in den Köpfen einiger Eisenbahntechniker aufgetaucht und ging unverhältnismäßig rasch seiner Verwirklichung entgegen. Deshalb so rasch, weil die militärische Wichtigkeit eines solchen Verbindungsstückes des großen Schienenweges vom äußersten Nordostzipfel Preußens bis hin nach dem Rhein und der Westgrenze des Reiches mit entscheidend war für die möglichst schleunige Inangriffnahme und Durchführung des riesigen Unternehmens. Zunächst geriet der ganze hauptstädtische Grundstücksmarkt in eine bis dahin ungeahnte Erregung. Enteignungen mußten überall an den Straßenzügen durchgekämpft werden, an denen die zu erbauende Stadtbahn ihren Weg nehmen sollte. Gewaltige Kapitalien mußten flüssig gemacht werden, die Pleßnersche Aktiengesellschaft wurde begründet, um die Anlage als Privatbahn auszuführen. Die Gesellschaft war ihrer Aufgabe nicht gewachsen, sie ist darüber zugrunde gegangen. Das verkrachte Aktienunternehmen ist dann auf den preußischen Staat übergegangen, der nunmehr den Stadtbahnbau in einer Weise vollendete, daß er für alle späteren ähnlichen Unternehmungen, namentlich für Paris, vorbildlich wurde. Für die Umgestaltung des Stadtbildes, namentlich für die alte Königstadt, wurde diese Stadtbahnanlage von geradezu grundstürzender Bedeutung. Manche erinnerungsreiche Stätte hat der schonungslosen Spitzhacke weichen müssen, mancher prachtvolle schattige Garten wurde dem Untergange geweiht, Flußläufe, wie der Königsgraben, wurden zugeschüttet, die kaum neu fertiggestellte Königsbrücke mußte wieder abgetragen werden, kurz, ein Stück Alt-Berlin nach dem andern ging hier und überall, wo sich die Stadtbahn durchbohrte, unwiederbringlich verloren. Es sei hier nur an das Gropiussche Panorama in der Georgenstraße erinnert. Aber auch der Schandfleck der Königstadt, die verrufenste Gasse Berlins, „die Königsmauer", ist durch den Stadtbahnbau vertilgt worden. Von dieser Greuelstätte, in der sich der Abschaum des Abschaums der weiblichen Bevölkerung Berlins zusammengefunden und sein entsetzliches Dasein fristete, macht sich unser lebendes Geschlecht wirklich keine Vorstellung.

Aber nicht bloß als verbindendes Mittelstück des großen, das Reich durchquerenden Schienenweges kommt dieser gewaltigen Stadtbahnanlage ihre militärische Bedeutung zu. Sie erhielt auch für die regelmäßige Versorgung des zur Millionenstadt heranwachsenden Berliner Gemeindewesens mit Lebensmitteln aller Art eine ganz besondere Wichtigkeit. Als nämlich die Stadtverwaltung an die Umwandlung des bisherigen äußerst ungeordneten Marktverkehrs herantrat und an Stelle der offenen Wochenmärkte geschlossene, zweckmäßig eingerichtete Hallen in verschiedene Stadtviertel verlegte, da stellte sich die Notwendigkeit der Erbauung einer großen Zentralhalle heraus, von der aus die übrigen Verkaufsstätten mit den erforderlichen Vorräten versorgt werden konnten. So ergab sich als weitere Folgerung, diese Zentral-Markthalle in unmittelbare Verbindung mit der Stadtbahn zu bringen. Und so entstand denn die musterhafte Anschlußgleisanlage an die Stadtbahn, von der aus die Zufuhren in die Zentralmarkthallen an der Neuen Friedrichstraße auf die einfachste Weise hinübergeschafft werden konnten. Daß nun aber durch die Neueinrichtungen das bisherige Aussehen jenes alten Straßenzuges von Grund aus sich ändern mußte, war wiederum nur eine unausweichliche Folgerung, die sich aus den neu sich bildenden Verkehrsverhältnissen ergab. So trug denn diese Stadtbahn ganz unmittelbar das ihrige dazu bei, daß die neu entstehende Weltstadt Berlin nicht nur außerordentlich reichlich, sondern auch außerordentlich wohlfeil mit auskömmlichen Mengen von Lebens- und Genußmitteln versehen werden konnte. Und auch diese organische Verbindung des von außen her in das Stadtinnere ein-ge-drungenen Schienenweges mit der Hauptstapelstelle für die Lebensmittelversorgung einer Großstadt ist vorbildlich für ähnliche Anlagen geworden. Nur daß die hierzu erforderlichen örtlichen Vorbedingungen hier in Berlin günstiger lagen, als dies meistens anderwärts der Fall war.

Ein dritter, nicht minder gewaltsamer Vorstoß in den nordöstlichen Stadtteil erfolgte im letzten Viertel des abgelaufenen Jahrhunderts von Westen her. Der nächste Anlaß war durch den Neubau des Domes gegeben, der sich in ungleich bescheideneren Ausmessungen an der Stelle des von Friedrich Wilhelm IV. geplanten erheben sollte. Eine Änderung der Baufluchtlinie war unbedingt notwendig geworden. Eine Straße zwischen der südöstlichen Schmalfront des Domes und dem gegenüberliegenden vorspringenden ältesten Schloßteile mußte angelegt werden. Eine einfache Erwägung ergab, daß diese Verlängerung der Lindenpromenade über das sogenannte *Forum Fridericianum*, den Lustgarten, hinaus, nicht an dem Spreelauf Halt machen konnte. Der Straßenzug vom Brandenburger Tor her mußte vielmehr über den Fluß hinüber fortgesetzt werden durch den jenseits der Spree gelegenen Stadtteil bis nach dem Osten hin zum Schönhauser Tor. So erstand nach und nach die in edelstem Material erbaute, aber mit überschwerem Prunk beladene Kaiser-Wilhelm-Brücke und die gleichnamige Straße. Um die für sie vorbestimmte Breite zu gewinnen, mußten alte, schmale, aber für das damalige Geschäftsleben keineswegs bedeutungslose Straßen, unter anderen die Papenstraße, völlig niedergelegt werden. Aber ungleich schmerzlicher wurde der Verlust des größten Berliner Theatergebäudes – eine der umfangreichsten Bühnenanlagen Europas –, nämlich des Viktoriatheaters, in der Münzstraße empfunden. Der ungeheure Bau umfaßte zwei vollkommen selbständige Zuschauerräume und die zugehörigen Bühnenhäuser, die unter Umständen zu einem einzigen Riesensaal verbunden werden konnten. Bei Gelegenheit einer Uhlandfeier ist denn das auch geschehen. Die beiden vereinigten Zuschauerräume und die sie verbindenden Bühnen, auf denen die Sängerscharen und die Musiker aufgestellt waren, boten einen Anblick dar, wie er sich später niemals in solch einer überwältigenden Größe hier in Berlin wieder zeigte. Selbst die berühmten Subskriptionsbälle im Opernhaus reichten nicht entfernt an die Großartigkeit jenes Schauspieles heran, das die nach vielen Tausenden zählende Zuschauermenge in den amphitheatralisch aufsteigenden Sperrsitzreihen und in vierfach übereinander sich erhebenden Rängen gewährte. Jene Festvorstellung an einem Sonntagmittag ist allen damaligen Teilnehmern unauslöschlich in der Erinnerung geblieben. Sie ist aber auch noch eines anderen höchst peinlichen Vorfalles wegen aufzeichnenswert. Eugen d'Albert, unter den nachlisztischen Klavierkünstlern unbedingt der Ersten einer, gehörte zu den hervorragendsten Mitwirkenden. Er hatte sich Schumanns „Karneval" als Vortragsstück gewählt. Aber die überlange Dauer dieses in krauser, romantischer Phantastik schwelgenden Tonwerkes rief bei dem anwesenden greisen Herrscher Zeichen eines kaum verhehlten Unbehagens hervor. Es entstand eine arge Verlegenheit – d'Albert, der jugendliche Stürmer auf dem Instrumente, mußte seinen Vortrag abbrechen!

Das Viktoriatheater hat kaum drei Jahrzehnte bestanden. Es hatte von Anfang an mit den allerschwersten wirtschaftlichen Nöten zu kämpfen. Das Unternehmen war auch wirklich nach einem für das damalige Berlin viel zu großen Maßstabe angelegt. Gleichwohl hat es sich in der Berliner Theatergeschichte einen ehrenvollen Platz errungen. Zunächst feierte hier eine große italienische Operngesellschaft unter der Leitung Lorinis Triumphe, wie solche seit den Tagen einer Henriette Sonntag, einer Jenny Lind nicht zu verzeichnen gewesen. Aber was war das auch für eine erlesene Künstlerschar, die sich da auf der Bühne in der Münzstraße zusammengefunden! Die Geschwister Marchisio, delle Sedie, Adelina Patti, Desirée Artôt, ihr späterer Gatte Padilla, der gewaltige Tenorist Caryon, Zelia Trebelli, deren unerschöpflicher Kontra-Alt nicht seinesgleichen hatte! Alle Welt schwelgte vor Wonne über die musikalischen und die rein darstellerischen Leistungen dieser Truppe, die selbst solche längst abgestandene italienische Opernschmarren wie „Semiramide", „Tancredi", oder „Lucrezia Borgia" noch als möglich erscheinen ließen. Doch ungleich bedeutsamer ist eine andere Erinnerung, die sich an dieses Theater knüpft. Auf dieser Bühne wurde unter der Leitung des für die „Wagner-Sache“ begeisterten und unermüdlich tätigen Angelo Neumann, des vielbewährten Direktors des Deutschen Landestheaters in Prag, der „Ring des Nibelungen“ in der Bayreuther Besetzung den Berlinern zum erstenmal vorgeführt. Das waren Bühnenvorstellungen von einer solchen Nachhaltigkeit in der Wirkung auf die Zuhörerschaft, wie sie sich stärker kaum bei irgendeinem anderen Anlaß gezeigt hatte. Das Wagnis Angelo Neumanns war geglückt. Berlin war nunmehr endgültig für das Riesenwerk des Bayreuther Meisters gewonnen. Dann aber, nach diesem glänzenden Erfolge, ging es mit dem Viktoriatheater sehr rasch bergab. Es fristete sein Dasein nur noch durch Vorführung von Ausstattungsstücken aller Art, von blendenden Balletten, bis es völlig vom Erdboden verschwand. Doch auch mit der Kaiser-Wilhelm-Straße wollte es trotz aller aufgewendeten Mittel nicht vorwärtsgehen. Sie blieb in der Entwicklung stecken, und ist nichts weniger als „die“ Prachtstraße des Ostens vom alten Berlin geworden. Im Gegenteil. Sie hat an baulicher Schönheit auch nicht die leiseste Spur aufzuweisen. Unter solchen Umständen hat von der Durchführung des ursprünglichen Planes, die Kaiser-Wilhelm-Straße in die Schönhauser Allee ausmünden zu lassen, endgültig Abstand genommen werden müssen. Dieser Stadtteil scheint eben nicht im großstädtischen Wortsinne entwicklungsfähig zu sein. Weshalb nicht? Das mögen Volkswirtschaftler oder Volkspsychologen beantworten. Bei der viel später erfolgten Niederlegung des benachbarten sogenannten „Scheunenviertels“ hat die Stadtverwaltung sehr zum Schaden der Steuerzahler die gleiche traurige Erfahrung machen müssen. Der mächtige Theaterbau am Bülowplatz nimmt sich inmitten der verödeten Umgebung recht wie ein Gespenst aus. Und jetzt ist kaum eine Hoffnung vorhanden, daß sich die Zustände in jener verwahrlosten Gegend jemals zum Besseren wenden könnten! Gewisse Entwickelungsmöglichkeiten lassen sich eben nicht erzwingen!

Am meisten zur Umgestaltung des inneren Stadtbildes hat dann in den letzten Jahrzehnten des vergangenen Jahrhunderts die Durchschienung der Straßen zur Herstellung einer rascheren Verbindung zwischen den gewaltig sich ausdehnenden Stadtteilen untereinander und mit dem Stadtkern beigetragen. Im Herbst 1880 wurde die Straßenbahn durch die Leipziger Straße gelegt. Der Betrieb wurde zunächst durch Pferde eingesetzt, die in einem behaglichen Zeitmaß ihrem Ziele zustrebten. Damals sangen die Berliner ihr gutmütig-spöttelndes Liedchen: „Ach, wie ist‘s gemütlich auf der Pferdebahn.“ Recht bezeichnend für gewisse zu jener Zeit herrschende Anschauungen war das Polizeiverbot der Decksitze für die weibliche Bevölkerung. Erst die große Gewerbeausstellung vom Jahre 1896 hat diese zopfige Verordnung hinfällig werden lassen. Die Berliner Frauenwelt kümmerte sich ganz einfach nicht mehr um das Verbot, stieg vielmehr ganz munter die Wagentreppe zu den Decksitzen hinauf, die gestrenge Sittenwächterin am Molkenmarkt mußte sich wohl oder übel drein fügen – und das öffentliche Anstandsgefühl hat unter *diesem* Frauenemanzipationsakt nicht das allermindeste gelitten. „Sollts ‘ne Menschenseele glauben?“ Und noch eine andere recht kennzeichnende Anordnung muß hier erwähnt werden die indessen nicht von der Staatsaufsichtsbehörde, sondern von der Verwaltung der Pferdebahn unter Zustimmung des Polizeipräsidiums ausgegangen war; nämlich die Verdoppelung der Fahrpreise an den Sonn- und Festtagen! Lange hat freilich dieser dem sozialen Volksempfinden widersprechende Tarif sich nicht behaupten können. Den Abschluß in der Entwicklung dieser Verkehrseinrichtung brachte dann die Elektrisierung des Straßenbahnbetriebes gegen Ende des vorigen Jahrhunderts. Hierbei haben Männer wie der unsterbliche Werner Siemens und Emil Rathenau entscheidend eingegriffen. Der erstere durch seine weltberühmt gewordenen elektrotechnischen Erfindungen, der andere durch sein hervorragendes Verwaltungsgeschick und durch seine hinreißende Tatkraft. Über die Art der Stromzuleitung, ob unterirdisch, ob überirdisch, ist damals in Fachzeitschriften und in der Tagespresse viel gestritten worden. Die Entscheidung fiel schließlich zugunsten der überirdischen Stromzufuhr aus. Das Straßenbild hat dadurch nicht gewonnen; aber den Anforderungen der Betriebssicherheit mußte eben unter allen Umständen entsprochen weiden.

Nur an einer einzigen Stelle, an dem vornehmsten Stadtteile zwischen der Königgrätzer und der Dorotheenstraße sollte mit aller Gewalt die unterirdische Stromzuleitung ertrotzt werden, Wilhelm II. nötigte mit seinem üblichen: *„Sic volo, sic jubeo, stat pro ratione*

Das Viktoria-Theater in der Münzstraße
Nach einer kolorierten Lithographie von 1859

voluntas“ die Straßenbahngesellschaft zur Herstellung jener unterirdischen Stromzuleitung. Eine ungeheure Summe wurde aufgewendet, um der kaiserlichen Willenskundgebung „an Stelle der Vernunft“ Genüge zu tun. Kaum war die schwierige und ungemein kostspielige Anlage vollendet, da mußte sie auch schon wieder ausgeschaltet werden, denn die unterirdische Stromzuleitung war nicht aufrechtzuerhalten. „Ein großer Aufwand schmählich ward vertan.“ Wie im kleinen so vielfach auch im großen! Für Wilhelms II. Betätigungsweise ist dieser an und für sich bedeutungslose Vorgang doch in hohen: Maße kennzeichnend. *Exempla docent* lautet ein alter Spruch. Leider haben in den späteren Schicksalsstunden die „Beispiele“ ihre heilsame „Belehrung“ nicht auszuüben vermocht.

Die Friedrichstadt

Der westwärts der Spree belegene Stadtteil wies einen nur sehr mäßig entwickelten Geschäftsverkehr auf. Selbst die Friedrichstraße konnte in dieser Hinsicht einen Vergleich mit der Königstraße auch nicht annähernd aushalten. Zwischen der Dorotheen- und der Mohrenstraße sah man wohl eine beträchtliche Zahl von Verkaufsläden; aber es war meistens minderwertiges Gut feil, und von einer irgendwie geschmackvollen Anordnung in den Schaufenstern war schon vollends keine Rede. Einzig der Bankverkehr spielte sich schon damals hauptsächlich in der vornehmen, stillen Behrenstraße und in einem Teile der Jägerstraße ab. Indessen hatte gerade diese Verkehrsform keinen Einfluß auf das eigentliche, sinnfällige Straßenleben. Ein Blick auf die Stadtkarte zeigt, daß sämtliche von Ost nach West verlaufenden Straßen dieses Stadtteils, mit Ausnahme der Leipziger, keinen rechten Ausgangspunkt und kein Ende haben. Sie hören sozusagen nur auf, weil sich ihnen ein unübersteigbares Hindernis entgegenstellt. Die Behrenstraße verläuft sich zwischen der Hinterseite des Opernhauses und der Hedwigskirche, deren Kuppel, damals einfach durch Ziegel eingedeckt, noch keine prächtige Laterne mit dem sie krönenden goldenen Strahlenkreuz aufzuweisen hatte. Hinter der schmucklosen Hedwigskirche standen ein unscheinbares Pfarrhaus und eine katholische Volksschule, ebenso dürftig in der äußeren Anlage und in der inneren Ausstattung wie alle übrigen damaligen Volksbildungsanstalten. Doch eine Eigentümlichkeit hatte gerade *diese* Volksschule vor ihren Schwesteranstalten voraus. An der Schulfront zur Französischen Straße lag zu ebener Erde der Eingang zu einem dürftigen Buchlädchen, in welchem ein Lehrer Bücher feilhielt, namentlich Gebetbücher, Breviere, unansehnliche kleine Heiligenbildchen und einige wenige Werke besonders beliebter katholischer Volksschriftsteller. Was ist jetzt dort an die Stelle dieser ehemaligen Armseligkeiten getreten? Ein stattliches, in echtem Material und in edlen Formen errichtetes Pfarrhaus, dessengleichen keine andere hauptstädtische Gemeinde sich rühmen kann. Und aus dem winzig kleinen Buchlädchen ist eine großartige Zweigniederlassung des gewaltigen katholischen Herderschen Buchverlages in Freiburg geworden. Es gibt zurzeit in unserem neuzeitlichen Berlin kaum ein Buchsortiment, das reicher ausgestattet wäre. Hier an dieser Stelle tritt dem rückschauenden Beobachter eine nach einer ganz bestimmten Richtung vollzogene Entwickelung Berlins in der greifbarsten Form entgegen, hier, nahe an der Oberwallstraße, hörte die Französische Straße auf. Es folgte ein schmutziger, enger Straßenstreifen, der sich bis zum Werderschen Markt erstreckte. Erst als dann viel später eine neue Straßenflucht abgesteckt wurde, konnte auch die Französische Straße in angemessener Breite bis zu dem genannten Markt verlängert werden. Dann erfolgte auch der Umbau der allzu dürftigen und für den inzwischen sehr stark angestiegenen Verkehr längst nicht mehr genügenden Spreebrücke. An eine feste, massive Brücke war auch in den siebziger Jahren noch lange nicht zu denken. Aber es war wenigstens eine einigermaßen brauchbare Verbindung zwischen der Friedrich- und der Königstadt hergestellt. Bei diesem Umwandlungsvorgang mußte eine Lieblingsstätte der Zeitungsleser im alten Berlin geopfert werden. Zwischen der „Stechbahn“ und der Schloßfreiheit stand nämlich der „Glaspavillon“ der Jostyschen Konditorei, ein Raum, der etwa 40 bis 50 Besucher fassen konnte. Hier fanden sich die eifrigen Leser zusammen, um „in Ruhe“ ihre „Times“ oder das „Journal des Débats“ oder das „Journal amusant“ mit allem Behagen in sich aufzunehmen. Die Jostysche Konditorei war wohl die einzige in Berlin, die jene großen ausländischen Blätter ihren Gästen zur Verfügung stellte. Mit der alten Stechbahn verschwand auch die Jostysche Konditorei, um in nächster Nähe, an der Schloßfreiheit, eine zweite, nur kurze Glanzzeit zu erleben. Erst als dann auch gegen Ende des vorigen Jahrhunderts die Herrlichkeit der Schloßfreiheit dahinschwinden mußte, um Raum für das fragwürdige Nationaldenkmal an dieser Stelle zu gewinnen, da mußte auch die beliebteste unter den Alt-Berliner traulichen Konditoreien endgültig nach dem Westen auswandern. Der neue Josty am Potsdamer Platz und der alte hatten indessen nichts mehr miteinander gemein als den Namen.

Andere direkte Verbindungen zwischen den beiden diesseits und jenseits der Spree gelegenen wichtigsten Stadtteilen sind vielfach angeregt, sogar schon in den Stadtplan eingezeichnet worden; weiter sind sie indessen nie und nirgends gediehen. In dem südlichen Teile der Friedrichstadt, besonders zwischen der Lindenpromenade und der Leipziger Straße, stockte die Entwickelung eine geraume Weile, selbst noch nach den gewaltigen Ereignissen von 1866 und 1870. Vorerst rückte und rührte sich so gut wie nichts. Die Jägerstraße behielt von der Oberwallstraße bis zur Markgrafenstraße ihren ruhigen, vornehmen Charakter. Hier versorgte sich die modische Berliner Frauenwelt mit den verschiedenartigen Luxusgegenständen, die von Paris, London oder Wien her bezogen wurden. Hier hatte auch eine der größten Kunsthandlungen, die Sachsesche, ihren Sitz von alters her. Als ihr Besitzer den kühnen Plan eines Saalbaues mit Oberlicht für Gemäldeausstellungen verwirklichte, sprach „ganz Berlin" wochenlang von diesem „Ereignis". Jenseits des Gendarmenmarktes ging es mit der Vornehmheit der Jägerstraße schon sehr merklich abwärts, um dann weiter westwärts bis hin zur Kanonier- und Mauerstraße ins gerade Gegenteil umzuschlagen. In diesen Querstraßen von der Französischen bis zur Leipziger und darüber hinaus nistete ein Gesindel, das dem an der Königsmauer nicht viel nachgab. Mit am schlimmsten sah es in der Taubenstraße aus, die als Sackgasse am Hausvogteiplatz endete. Ein schmaler, widerlich-schmutziger Durchgang, „der Bullenwinkel" genannt, bildete die Verbindung zwischen der abscheulichen Straße und dem häßlichen, verwahrlosten Platz, der lediglich wegen des aus der Zeit der Demagogenriecherei und der Burschenschaftsverfolgung her berüchtigten Gefängnisses einen nicht gerade beneidenswerten weltgeschichtlichen Ruf erlangt hatte. Hier in der Hausvogtei hat bekanntlich auch Fritz Reuter einen Teil der ihm durch den elenden Dambach zuerkannten Strafhaft absitzen müssen. Im Beginn der sechziger Jahre waren die Erinnerungen an diese schmachvolle Zeit der Karlsbader Beschlüsse und deren unheilvolle Nachwirkungen auf unser gesamtes preußisches Universitätsleben unter der Berliner Studentenschaft noch recht lebendig. Jetzt ist an der Stelle dieses ehemaligen eingeschossigen Polizeigewahrsams der prunkvolle Erweiterungsbau der Reichsbank errichtet worden. Die Umwandlung der alten, stillen, verkehrsarmen Friedrichstadt setzte im Laufe der siebziger Jahre kräftigst gerade an diesen ebengenannten Stellen ein. Das sogenannte „Konfektionsviertel" entstand, das Aussehen und Charakter der ganzen Stadtgegend von Grund aus und binnen kürzester Zeit verändern sollte; so gründlich, daß ein Wiedererkennen kaum noch möglich war. Der Durchbruch der Taubenstraße zum Hausvoigteiplatz beseitigte den abscheulichen „Bullenwinkel", und darauf erfolgte sehr bald die Umgestaltung des Platzes selbst. Am erstaunlichsten war jedoch die Veränderung, die mit dem Dönhoffplatz vor sich ging.

„Wenn heut' ein Geist daniederstiege" aus elysischen Gefilden, um an diesem Stück Berliner Erde Rast zu machen, er würde sich verwundert die Augen reiben und fragen: Ist das der alte Dönhoffplatz, ist er's denn wirklich? Da ist ja keine Spur mehr von dem alten Platzbilde vorhanden. Da ist ja kein Stein auf dem andern geblieben. Wo ist vor allem das Wahrzeichen, die speiende Katze mit dem Sandsteinobelisken hinter ihn? Wohin ist das ehemalige Palais Hardenberg entschwunden, einer der wenigen Herrensitze in Alt-Berlin, der noch aus der Zeit der Grandseigneurs des *Ancien régime* stammte? Unverändert hat sich eigentlich nur die Flächengröße des Dönhoffplatzes erhalten. Aber diese mehrere Morgen weite Bodenfläche sah abscheulich genug aus. Zwei elend aufgeschotterte Diagonalwege teilten den ansehnlichen Raum in vier unregelmäßige Dreiecke. Im Schnittpunkte stand ein nach Schinkelscher Zeichnung in Eisen gegossener neunarmiger Gaskandelaber. Er hat jetzt, nachdem er lange Jahre irgendwo in einer Rumpelkammer verkramt gelegen, seine Wiederauferstehung vor der ehemaligen Bauakademie (bekanntlich auch ein Werk des großen Berliner Baumeisters) erlebt.

Dieser Kandelaber bildete neben der schon angedeuteten speienden Löwenkatze den eigentlichen künstlerischen Schmuck des Platzes. Freilich „zierten" ihn auch etliche Bäume! Aber fragt mich nur nicht wie… Sie standen da sozusagen ohne rechten Sinn und Verstand; so gleichsam aus Versehen, als hätte man sie nur eben so von ungefähr da stehen lassen. Sie fristeten wirklich ein elendes Dasein; kümmerte sich doch keine Menschenseele um sie. Sie störten in ihrem damaligen Zustande eigentlich nur den Markt, der allwöchentlich zweimal hier abgehalten wurde. Dieser „Marcht" war der besuchteste in der ganzen Stadt.

Hier versorgten sich die wohlhabenden Berliner Hausfrauen, ihre behäbigen Köchinnen zur Seite, mit Gemüsen, Früchten, Geflügel aller Art. Hier walteten unter Ungetümen von Schirmständern die durch ihre Zungenfertigkeit, ihre unnachahmliche Anmut in Haltung, Gebärde und züchtiger Sprachbilderpracht berühmt gewesenen Händlerinnen, mit denen in einen Streit sich einzulassen nicht eben ungefährlich war. Gleichwohl bildeten die Marktweiber am Dönhoffplatz das Elitekorps dieser Huldinnen. Wer dem Gelüste nach einer Bekanntschaft mit den von der Kultur nur spärlich oder gar nicht beleckten Marktweibern nicht zu widerstehen vermochte, der mußte schon vors Rosenthaler Tor oder nach dem Neuen Markte sich hinbemühen. Dort waren die eigentlichen Originalgestalten in ihrer ungehobelten, derben Kraft haufenweise beieinander; echteste Teniers oder Ostades. Wehe dem, den sie unter ihr Zungenkreuzfeuer nahmen. Ihre Respektlosigkeit hatte geradezu einen imposanten Charakter. Ganz besonders „malerisch" jedoch nahmen sich diese Marktgrazien an stürmisch-regnerischen Herbsttagen oder zur Winterszeit neben ihren schwelenden Kohlenfeuern aus. Daß unter solchen Verhältnissen das Aussehen eines öffentlichen Platzes übel und verwahrlost bleiben mußte, kann nicht weiter wundernehmen. Diese mißlichen Zustände machten erst besseren Platz, als die Stadt-verwaltung dazu überging, die öffentlichen Märkte abzuschaffen und Markthallen zu bauen. Dadurch erst wurde eine Entwicklungsmöglichkeit für die Plätze im Stadtinnern geschaffen, von der dann auch der Dönhoffplatz, wenn auch verhältnismäßig erst spät, betroffen wurde.

Nun aber zurück zu den vier Häuserreihen, die den weiten Platz umrahmen. Von den alten Baulichkeiten hat sich nur eine einzige an der Südostseite erhalten; alles übrige ist verschwunden, um riesigen Kaufhäusern Platz zu machen. Da ist zunächst des Palastbaues zu gedenken, in dem der Staatskanzler Hardenberg – der grimmige Junker v. d. Marwitz nannte ihn nur den „Vezier" – die Geschicke Preußens lenkte. Dieser Hardenberg-Palast wurde nach der Revolution von 1848 dem preußischen Abgeordnetenhaus überwiesen. Keine Erinnerungsspur an seine ehemalige Bestimmung ist vorhanden. Keine Tafel, keine Inschrift erzählt den nachfolgenden Geschlechtern, daß gerade an dieser denkwürdigen Stätte sich eines der wichtigsten Stücke aus der innerpolitischen Geschichte unseres preußischen Vaterlandes abgespielt. Hier hatte nämlich später das preußische Abgeordnetenhaus einen Sitzungsraum zugewiesen erhalten, der in seiner kärglichen Ausstattung seinesgleichen nicht auf der ganzen zivilisierten Erde hatte. Er war während des Revolutionsjahres binnen wenigen Wochen zusammengezimmert. Eine elende Halle, aus Fachwerkmauern notdürftig errichtet, mit erbärmlichen Sitzreihen für die Herren Volksvertreter versehen, in der nicht einmal für eine auch nur einigermaßen ausreichende Beleuchtung Vorsorge getroffen war – so sah die erste Unterkunftstätte für die preußische Volksvertretung aus. In gewissen Kreisen hielt man ja bekanntlich den ganzen konstitutionellen Schwindel für einen rasch verschwindenden Zwischenfall in der preußischen Geschichte, und diese Auffassung fand in der äußerlichen Ausgestaltung des Sitzungssaales – Windthorst bezeichnete ihn viel später mit Vorliebe mit dem derbstudentischen Worte „Bude" – ihren denkbar drastischsten Ausdruck. Dieses bauliche Provisorium sah wirklich so aus, als wäre es nur für eine ganz kurze Benutzungszeit berechnet gewesen. Gleichwohl hat es nahezu vier Jahrzehnte vorgehalten. Hier hat das Ministerium Manteuffel mit seiner Landratskammer während der Reaktionszeit gehaust. Hier zog die Morgenröte der neuen liberalen Ära so vielverheißend unter dem Ministerium Auerswald-Schwerin-Patow auf, um nur zu rasch hinter dem drohenden Gewölk zu verschwinden, aus dem gar bald die gewaltigen Gestalten Albrecht Roon und Otto v. Bismarck-Schönhausen in ihrer ganzen Schärfe hervortreten sollten. Hier spielten sich die unser gesamtes Staats- und Volksleben von Grund aufwühlenden Szenen des Verfassungskonfliktes der sechziger und die nicht minder aufregenden parlamentarischen Vorkommnisse des Kulturkampfes während der siebziger Jahre ab. Dazumal, während des Verfassungskonfliktes, trug Herr v. Bismarck noch Zivilkleider; dazumal war er noch schlank von Figur, geschmeidig und elegant, aber grimmigernst und von schneidigem Spott in seinem Antlitz, daß man unwillkürlich Grauen vor ihm empfinden konnte. Zogen sich aber die überhitzten Sitzungen bedenklich in die Länge und senkten sich die Schatten auf den dunkelnden Raum herab, dann brachten die Diener einige grünbeschirmte Öllampen in den Saal, die sie vor die Präsidenten, die Stenographen, die Schriftführer und vor die Ministersessel hinsetzten. Auf der Journalistentribüne jedoch behalf sich Dr. Oldenberg, der damals wohl die gesamte deutsche Presse mit seinen ausgezeichneten Parlamentsberichten versorgte, mit einer Lichtkerze! An regnerischen Tagen aber kam es gar nicht selten vor, daß es durch das leckgewordene Oberlicht in den Saal hinein und auf die Köpfe der Volksvertreter herabrieselte! Ist das nicht auch ein charakteristisches Stück politischer Kulturgeschichte aus jener dahingeschwundenen, aber für immer denkwürdig bleibenden Zeit?

Sobald aber die Gedanken in jenem Sitzungssaale gar nicht mehr friedlich beieinander wohnen mochten und die erhitzten Gemüter sich ein wenig nach Erholung sehnten, da brauchten sie nur einige Schritte in die unmittelbare Nachbarschaft zu tun und sich nach einem Raum hinbegeben, in dem sich die Sachen nicht im allermindesten hart stießen. Im Gegenteil. Dort war's stets mollig und behaglich. An das kampferfüllte Haus der Abgeordneten stieß das Haus, in dem die allen Berlinern wohlbekannte Weinhandlung von J. H. D. Becker Söhne ihre behagliche Probierstube seit langer Zeit eingerichtet hatte, hierher flüchteten sich die Volksvertreter, um bei einer edlen Röte sich für eine Weile aller Sorgen und aller parlamentarischen Kämpfe zu entledigen. Hier konnte man die Wortführer der Fortschrittspartei, die Ziegler, die Schultze, die Behrendt, die Hennig, die Hoverbeck beieinander sitzen, diskutieren oder über Zieglersche Sarkasmen lachen hören. Hier traf man indessen auch eine Gesellschaft ganz anderen Schlages, die sich jeden Mittag an ihrem runden Stammtisch zusammenfand, um eine erheiternde Morgensprache zu halten. Damals hatten nämlich ganz ernsthafte, fleißige Bürger, nicht bloß flotte Studenten, noch Zeit übrig für einen Frühschoppen. Das hat sich nun alles, zum mindesten für die jetzigen Kaufleute in dieser Stadtgegend, sehr geändert. Damals konnte man hier in dieser Weinstube heiterste Stunden unter frohen Gesellen verbringen. Es waren kecke Burschen darunter, die mit ihren scharfen Urteilen über Gott und die Welt nicht zurückhielten und damit nur die Meinung Goethes von dem verwegenen Geschlechte bekräftigten, das dort an der Spree herrschen müsse.

Ein urdrolliges Original jener Tafelrunde war ein Fleischermeister H. Wegen seiner grotesken Gestalt, nicht minder wegen seiner urwüchsigen Redeweise, die von Europens Höflichkeit durchaus nicht übertüncht war, gehörte er zu den stadtbekanntesten Figuren. Jedermann kannte den alten H. mit seinen X-Beinen, dem bizarr-häßlichen Gesicht, aus dem zwei große hellgraue Augen hinter mächtigen Brillengläsern hervorblitzten. Wehe dem, der sich in seiner Hörweite über ihn zu mokieren Lust gehabt hätte. Eine sehr amüsante Geschichte aus seinem Leben, eine Begegnung mit Friedrich Wilhelm IV., hat sich lange, lange Zeit in der Erinnerung erhalten. Der König weilte zur Kur in Karlsbad. Aus seinen Spaziergängen fiel ihm die wahrhaft abenteuerliche Erscheinung des alten H. auf, der jedoch augenscheinlich dem Könige aus dem Wege ging. Wer mochte der drollige Kauz wohl sein? Der Flügeladjutant brachte es denn auch sehr bald heraus und erzählte dem Könige, was er über diesen klassisch-groben Berliner Fleischermeister in Erfahrung gebracht. Friedrich Wilhelm hatte damals, es war vor dem Revolutionsjahre, noch seine ungetrübte, sprudelnde, witzige Laune, und so kam ihm denn die Lust an, seinen derben Berliner Mitbürger von Angesicht zu Angesicht kennen zu lernen. Das hatte aber seine Schwierigkeiten, denn der schlaue Bursche war nicht so leicht zu stellen. Als aber eines Tages ein Ausweichen ganz unmöglich war, der alte H. jedoch dennoch Miene machte zu entschlüpfen, redete ihn der König mit den Worten an: „Als Ihr Landesherr befehle ich Ihnen, Herr H., stehen zu bleiben." Unser H., starr vor Entsetzen, entblößte in tiefster Ehrfurcht das Haupt, bleibt natürlich stehen, faßt sich schnell von dem ersten überstandenen Schreck und bricht in die geflügelten Worte aus: „Uzen, Majestät, laß ick mir nich!" Man kann sich die drastische Wirkung dieser grandiosen Äußerung auf den König vorstellen, der über solche Urwüchsigkeiten ja bekanntlich eine große Freude empfand. Viele, viele Jahre hindurch hatte sich diese derbe Redensart des alten, längst vermoderten H. in gewissen Berliner Kreisen lebendig erhalten. Nun ist alles bis auf die letzte

Spur dahingeschwunden, das Geschlecht und die trauliche Stätte, in der es gehaust. Da, wo ehedem die genannte Weinstube ihre lustige Zechergesellschaft zu harmloser Geselligkeit vereinte, sind später die Reichshallen erstanden. Andere Zeiten, andere Erheiterungsformen, andere Vergnügungsgewohnheiten, und die Gegenwart lächelt über unsere Erinnerungssentimentalitäten, wie vermutlich das zukünftige Geschlecht es mit den späteren halten wird.

In der Südwestecke zur Leipziger Straße stand zu jener Zeit und noch lange, lange später ein breitbehäbiger Bau, „Kiskalts Hotel zur Stadt London“: in einem gewissen Sinne das andere Wahrzeichen – außer dem schon genannten Hardenbergschen Palais – des Platzes. Dieses Hotel erfreute sich weit und breit des besten Rufes. Es wurde vorzugsweise von Kaufleuten, namentlich von Reisenden aufgesucht, die dort den Ton ausschließlich angaben. Nur selten, daß ein nichtkaufmännisch abgestempeltes Menschenkind sich dort hinein, in den nach der Leipziger Straße hinausgelegenen Speisesaal, wagte. Wer's jedoch riskierte, der hatte es nicht zu bereuen. Küche und Keller waren auf das trefflichste bestellt: die Tischunterhaltung lebhaft, ungezwungen, auf ihre Art recht unterhaltend und sogar nach einer gewissen Richtungsebene hin sehr witzig. Hier speiste man noch in des Wortes eigenster Bedeutung an der Wirtstafel. Der Hausbesitzer nämlich ließ es sich nicht nehmen, mit feierlichem Ernste die Suppe an seine Gäste zu verteilen und sich dann, nachdem dieses wichtige Geschäft vollendet, an die Spitze der Tafel zu setzen und mit vernehmlicher Stimme allen eine gesegnete Mahlzeit zu wünschen. Das Ganze hatte einen anheimelnden, beinahe patriarchalischen Stil. Und dieses Menü! (Speisekarte oder Speisenfolge zu schreiben, war damals noch nicht Brauch.) Man hätte die Methode des Börneschen Eßkünstlers befolgen müssen, um sich mit den herumgereichten Schüsseln in ein einigermaßen einträgliches Verhältnis zu bringen. Und für diese kulinarischen Prachtstücke zahlte „der Abonnent“ – auch diese Hotelmenschensorte ist schon längst ausgestorben – sage und schreibe: siebzehn und einen halben Silbergroschen! Der gewöhnliche Sterbliche hatte allerdings zweiundzwanzig und einen halben Silbergroschen zu erlegen... Dementsprechend verhielten sich dann auch die Preise für bessere und besten „Röten“.

Noch über ihren Tod hinaus hatten die letzten Besitzer dieses Hotels für ihre ältesten Stammgäste letztwillig gesorgt. Auch hier hat schließlich das gefräßige Warenhaus alles bis auf die letzte Erinnerungsspur verschlungen.

Wir können indessen von diesem erinnerungsreichen Platze nicht Abschied nehmen, ohne noch einer anderen Stätte zu gedenken, an der sich Berliner Bürger damals allabendlich zu einem unterhaltsamen Trunk zusammenfanden: „Donnys Bierhaus". Hier traf man außer wackeren Gewerksleuten noch manchen Achtundvierziger. Hier gab es zuweilen politische Erörterungen, die für loyale Gemüter entsetzenerregend gewesen sein mochten. Die hervorragendste Persönlichkeit unter den Donnys-Gästen, von den Gegnern nicht minder geachtet wie von den Anhängern geliebt, war jedoch Guido Weiß, der unbeugsame Bekenner und Verkünder jener demokratischen Weltanschauung, die auf den großen Namen Johann Jacoby eingeschworen war. Hier saß Guido Weiß inmitten seiner alten Freunde, umgeben von einer Anzahl junger Schriftsteller und Journalisten, die mit Begeisterung an den Lippen ihres Meisters hingen. Und ein Meister des geschriebenen Wortes war er allerdings, desgleichen die damalige und die spätere Journalistik nur sehr wenige in ihren Reihen aufzuweisen hatte. Guido Weiß, der Begründer der demokratischen Tageszeitung „Die Zukunft", war ein scharfgeschnittener Charakterkopf, ein echter Demokrat, der freilich auf die feinsten Formen im Leben wie in der Journalistik hielt. Die wenigen, die sich noch aus jener Zeit in unsere Gegenwart hinübergerettet, werden sich in Dankbarkeit dieses geistvollen, scharfsinnigen und wortspitzen Schriftstellers erinnern.

Wie war es aber damals um die Leipziger Straße bestellt? Wer an der Formulierung rein technischer Sätze sein Genüge findet, der kann das Ergebnis der mit den Sinnesorganen wahrnehmbaren Umwandlung Berlins im Laufe des letzten Halbjahrhunderts dahin zusammenfassen, daß aus der stillen, kleinbürgerlichen, aus ein- und zweistöckigen, entsetzlich gleichförmig gebauten Häusern bestehenden preußischen Hauptstadt ein drei-, vier- und mehrstöckiges Häusermeer geworden ist, in dem die Wogen eines riesenhaften, betäubenden Menschen- und Wagenverkehrs unablässig gegeneinanderschlagen. Dieser schroffe Gegensatz in dem äußerlichen Bilde Berlins von ehedem und von jetzt tritt nirgendwo anders so sinnfällig zutage als in dem der Leipziger Straße. Damals erschien sie wie ein behäbig-stilles Stadtidyll, in welchem der gutsituierte

Bürger sein behagliches Dasein dahinlebte. Dabei war die Straße als solche, Fahrbahn wie Bürgersteig, in solch einem primitiven Zustand, wie er auch nur annähernd jetzt nirgendwo mehr, auch nicht in den entlegensten Teilen des Nordens oder des Ostens, anzutreffen ist. Das Pflaster war einfach entsetzlich. Zu beiden Seiten des Fahrdammes halbmetertiefe Rinnsteine, in denen sich trübe, übelduftende Wassermassen träge dahinwälzten, die von zahllosen vollgefressenen Ratten wimmelten. Vor jedem Hause lag ein Bohlenbrett, daß zum Überschreiten des Rinnsteins benutzt wurde. Ein prachtvoller Anblick, der sich bei eintretenden Regengüssen noch beträchtlich verlieblichte. Die Hausabwässer flossen einfach in die offenen Rinnsteine, die auch die Regenwässer willig aufnahmen. Wie dann bei sommerlichen Niederschlägen oder bei Winterfrösten und Schneefällen sich solch eine Berliner Straße ausnahm, davon hat die Gegenwart auch nicht annähernd eine Vorstellung. Der äußeren Verfassung der Straße völlig entsprechend war dann auch die Beleuchtung. So elend, so kärglich wie damals die Leipziger Straße ist jetzt keine noch so armselige Gasse in der äußersten Stadtperipherie durch schmauchige Gasflämmchen erleuchtet.

Nicht viel besser als um die Straße an und für sich stand es um die beiden sie einsäumenden Häuserreihen. Nüchtern, schmucklos reihte sich ein einstöckiges Haus an das andere, hier und da wurde die langweilige Linie in der Luft durch einen zweistöckigen Bau unterbrochen. Einige dieser architektonischen Prachtreste haben sich, wenngleich ein wenig ausstaffiert, bis in unsere Gegenwart hinein erhalten, so unter anderen das Häuschen, in dem sich jetzt der berühmte Musikalienverlag von Bote u. Bock befindet. Auch unmittelbar an der Friedrichstraßenecke ist noch solch ein Inventarstück aus dem Kleinbürger-Berlin übrig. Ein einziger modern-großstädtischer vierstöckiger Hausbau, eine richtige Mietskaserne, warf indessen schon damals als erstes Merkzeichen einer heranbrechenden neuen Entwicklungsstufe Berlins seinen Schatten sozusagen voraus. Das war das Spindlersche Haus an der Markgrafenstraßenecke. Damals nahm es sich in seiner Umgebung wie ein richtiger Wolkenkratzer aus. Dieses Haus ist auch insofern für die Entwicklungsgeschichte der Leipziger Straße bemerkenswert, als hier zum erstenmal das ebenerdige Geschoß gleich in seiner Anlage zu Verkaufsläden ausgebaut war. Damals kostete solch ein Laden ganze 600 Taler: ein

Mietspreis, der sich im Laufe der Begebenheiten nach und nach auf nicht weniger als 18.000 Mark erhöhte. Man geht übrigens nicht fehl in der Schätzung, wenn man die gleiche Steigerung der Mietspreise für die ganze Leipziger Straße annimmt. „Damals war's Zeit, Grundstücke zu kaufen," pflegte später ein Berliner Börsenoriginal, wenngleich im Hinblick auf ganz andere Veränderungen im sozialen Leben der aufstrebenden Hauptstadt, wehmütig auszurufen.

Breit, behäbig, in schönen architektonischen Verhältnissen errichtet, den Reichtum seines Besitzers gleich auf den ersten Anblick deutlich ankündigend, imponierte jedem Beschauer das Haus des Bankiers und Weingroßhändlers F. W. Krause. Es beherrschte durch seine mächtige, beruhigend wirkende Fassade die gesamte Ostpartie der Straße, wie das im Grunde genommen noch heute der Fall ist. Das architektonische Gegenstück hierzu bildete damals nicht sowohl die an einen Kasernenbau erinnernde riesige Front des Kriegsministeriums, als vielmehr das Abraham Mendelssohnsche Haus Leipziger Straße 3, in welchem das Herrenhaus später seine Sitzungen abhielt. Dieses ehemalige Mendelssohnsche Haus wird für immer seinen Platz in der Geschichte Berlins behalten. Hier fanden sich alle literarischen, Wissenschaftlichen und künstlerischen Berühmtheiten der Hauptstadt zusammen, hier führte Felix Mendelssohn zum erstenmal seine unsterblich gewordene Musik zum „Sommernachtstraum" auf, hier in dem an das vornehme palastartige Wohnhaus sich anschließenden Park wurde auf Alexander v. Humboldts Betreiben das erste vollkommen eisenfreie Beobachtungshäuschen für erdmagnetische Erscheinungen errichtet. Als das ansehnliche, palastähnliche Bürgerhaus in den Staatsbesitz überging, wurde es zunächst als Unterkunftsstätte für den neuen Reichstag umgebaut. Hier spielten sich die unvergeßlichen Beratungen über die Verfassung des neuen Deutschen Reiches und dessen wichtigste Grundgesetze ab. Zwischen dieses Haus und das Kriegsministerium schoben sich die häßlichen Baulichkeiten der königlichen Porzellanmanufaktur, in der dann später die im Entstehen begriffenen kunstgewerblichen Sammlungen, die ursprünglich durch die Mittel von Privatleuten und eines eigens begründeten Vereins beschafft wurden, vorübergehend in notdürftig hergerichteten Räumen ihre Unterkunft finden sollten, bis sie dann endgültig in den Staatsbesitz übergingen und in dem schöngegliederten

Gropiusschen Museumsbau ihre dauernde Aufstellung erhielten. Den westlichen Abschluß an dieser Seite bildeten die schönen Vatkeschen und Vierschen Häuser mit ihren in gräzisierten Formen gehaltenen Fronten. Sie sind beide längst in staatlichen Besitz übergegangen. Die Ecke gegenüber, also da, wo das Messelsche architektonische Prachtstück immer von neuem den Blick des Beschauers fesselt, stand das vornehmste Privathaus des damaligen Berlin, Es war zu Wohnzwecken für Gesandte und in ähnlicher sozialer Stellung lebende Mieter bestimmt. Später bewohnte ein in vielen künstlerischen Kreisen gekannter Berliner Kaufmann die herrlichen, nach dem Leipziger Platz hinausgehenden Räumlichkeiten zu ebener Erde und schließlich wurden sie in ein italienisches Restaurant umgewandelt. Wie spöttelte einst die Berliner Sibylle, Rahel Varnhagen? „In Berlin wird alles sehr bald ruppig" – den Nachsatz wollen wir hier lieber nicht wiederholen.

Lenken wir nunmehr unsere Schritte wieder nach dem ostwärts gelegenen Teile der Leipziger Straße zurück, dann stoßen wir, fast unmittelbar am Dönhoffplatz, neben dem ehemaligen Hotel Kißkalt zur Stadt London, auf ein Haus, an das man nur mit einem gewissen Grausen zurückdenken kann. Hier nämlich befand sich eines der berüchtigsten öffentlichen Tanzlokale von Berlin – die „Musenhalle". Als Student wollte man natürlich das Leben und Treiben der Hauptstadt gründlich kennen lernen. Man wagte also auch einmal einen Gang dorthin. Nun, noch nach einem halben Jahrhundert, sei's schamhaft bekannt, auch die höchst gespannten Erwartungen verblaßten zu Schatten vor der abscheulichen Wirklichkeit, die hier sich in ihrer unbeschreiblichen Widerlichkeit aufdrängte. Man bekam einen fürchterlichen moralischen Kater beim Anblick dieser Mänaden, und man errötete bis in die Haarwurzeln sozusagen über all das widerliche Treiben in diesen überfüllten, stickigen, niedrigen Räumen. Leibhaftig taucht der Besitzer dieser Spelunke in der Erinnerung wieder auf, wie er, einen Stecken in der Hand, auf seinem Lehnstuhl hockte – der Wackere war nämlich halb gelähmt – und mit gierigen, brennend lüsternen Blicken die stets neu einströmenden Huldinnen musterte. Er glich aufs Haar dem jüngeren, bartlosen Wollüstling aus dem weltbekannten Rembrandtschen Susannengemälde. Dasselbe breitbrutale Kinn, dieselbe gemeinplatte Nase, die gleiche bockgeile Visage! Entsetzlich, auch nur daran zu denken. Als es mit dem würdigen Alten zu Ende gegangen, da hatten die Söhne nichts Eiligeres zu tun, als diesem Greuel ein Ende zu machen. Aus der ehedem so berüchtigten „Musenhalle" entstand das „Konzerthaus", in welchem Bilse seine militärisch gedrillten Musiker allabendlich zu neuen Taten antreten ließ. Diese Bilseschen populären Konzerte haben ihrer Zeit gar nicht wenig zur Verbreiterung der musikalischen Kenntnisse unter dem sogenannten gebildeten Mittelstand Berlins beigetragen. Ganz unbedingt gebührt dem „Konzerthaus" in der Leipziger Straße bei einer Rückschau auf die kulturgeschichtliche Entwickelung Berlins eine Erwähnung, und zwar nicht an unterster Stelle. Hier hat auch Richard Wagner seine ersten, unvergleichlich eindrucksvollen Konzerte veranstaltet. Hier sind die großen Feste des Berliner Künstlervereins gefeiert worden. Hier wurden aber auch mächtige politische Kämpfe ausgesuchten und eindringliche Demonstrationen aller Art in Szene gesetzt, die für die Entwickelung unseres Parteiwesens von nachhaltiger Bedeutung geworden sind. Die Glanzzeit dieses Konzerthauses fiel in die siebziger und achtziger Jahre.Dann erlosch sehr bald sein Schimmer. Schließlich wurde der Konzertsaal und das unscheinbare Vorderhaus an der Leipziger Straße niedergelegt, um einem Neubau Platz zu machen. Allein auch diesem Bauwerk war keine Lebensdauer beschieden. Das moderne Warenhaus verschlang es erbarmungslos mit seiner weiteren Umgebung. Doch haben wir ungewollt mit diesen Bemerkungen schon in die spätere Entwickelung hinübergegriffen.

Vorerst blieb das Aussehen dieser Straße, die sich zu einer Hauptverkehrsader des modernen Berlin herausbildete und alle ihre Nebenbuhlerinnen bei weitem überflügelte, noch eine ganze Weile fast unverändert. Erst nach den die gesamte europäische Welt betäubenden Ereignissen vom Jahre 1866 kam auch in die äußerliche Entwickelung Berlins ein rascheres Tempo. Die bis dahin nur sehr träge sich bekundende Bautätigkeit nahm urplötzlich eine vorher kaum geahnte Lebhaftigkeit an. Man begann vielfach, an den alten, elenden Baracken herumzuflicken; man verwandelte die zu ebener Erde belegenen Wohnräume in Verkaufsläden, man setzte neue Stockwerke auf, man „verschönerte" die Fassaden durch aufgekleckste gipserne Geschmacklosigkeiten schlimmster Sorte. Endlich entschloß man sich an vielen Stellen zu radikalerem Vorgehen, indem man einfach das alte Häusergerümpel niederriß und neue Bauten errichtete. Ganz vereinzelt wagte dann auch ein ganz besonders mutiger Unternehmer, das erste Stockwerk – damals hartnäckig und mit grundsätzlicher Verachtung der Grammatik „Belletage" benannt – für Geschäftszwecke einzurichten. Parallel mit diesem Umwandlungsvorgang lief ein anderer. Der bisherige Ziegelputzbau büßte allmählich seine Alleinherrschaft ein; die Verwertung von Hausteinen kam immer mehr in Aufnahme. Der steigende allgemeine Wohlstand machte sich auch in dieser Hinsicht bemerkbar. Zum erstenmal wurde in der Leipziger Straße während der übelberüchtigten „Gründerzeit" ein Haus mit einer reinen Rotsandsteinfassade erbaut. Dieser bis dahin unerhörte Luxus erregte dazumal kein geringes Aufsehen. Aber es währte dann nicht mehr lange, daß auch diese steinerne Pracht vor solchen Neubauten wie das Equitablehaus und das New Yorker Versicherungshaus völlig verbleichen mußte. An beiden Bauwerken wurden die edelsten Steinarten, Ornamente in echter Bronze, venezianische Glasmosaiken in üppig-verschwenderischem, allzu aufdringlichem Maße angewendet In dieser Hinsicht haben die genannten beiden Bauwerke, die von amerikanischen Gesellschaften errichtet wurden, unseres Wissens später keine Nachahmungen mehr gefunden.

Den schärfsten Entwicklungsruck erfuhr indessen die Leipziger Straße durch die so um den Herbst des Jahres 1880 durchgeführte Durchschienung für den Pferdebahnbetrieb. Da war es mit der idyllischen Ruhe, mit der Vornehmheit, mit der Bewohnbarkeit dieser Straße endgültig aus und vorbei. Eine neue Zeit war hereingebrochen, die von der alten nichts mehr wissen wollte und die daher gründlichst mit ihren sich nur noch mühselig hinfristenden Resten aufräumte. Die Epoche der Riesenwarenhäuser setzte ein und brachte den architektonischen Entwicklungsprozeß der Straße zu einem definitiven Abschluß. Die Leipziger Straße ist in ihrer jetzigen Ausgestaltung so gut wie fertig; an ihrem Charakter kann ein neu hinzutretendes Geschäftshaus kaum noch etwas ändern. Dabei ist ein Umstand ganz besonders hervorhebenswert. Mit dem Entstehen der Warenhäuser hat sich die Zahl der großen Spezialgeschäftshäuser überraschend vermehrt. Man braucht ja nur auf die letzten zehn Jahre zurückzublicken, um sich diesen Umwandlungsvorgang in allen seinen Einzelheiten zu vergegenwärtigen. Auch in diesem Betracht ist ein Entwickelungsabschluß eingetreten, denn es ist nun einmal dafür gesorgt, daß auch diese Sorte von Bäumen – sozusagen – nicht in den Himmel wachse! Was wurde nicht alles befürchtet für die Leipziger Straße, befürchtet, als das erste Warenhaus hier im Entstehen begriffen war! Und was war die Folge? Die gleichzeitige Vermehrung der Spezialgeschäfte, die einander in der Pracht ihrer Auslagen, in der Großartigkeit ihrer Einrichtungen fortdauernd zu überbieten verstehen. Wer jetzt durch die Leipziger Straße schlendert, kann an ihren Schaufenstern einen ordentlichen Lernkursus über das gegenwärtige Kunstgewerbe in seinem weitesten Umfange praktisch durchmachen. Das hätte man einem Berliner aus der vorjüngsten Generation vorhersagen sollen! Man wäre verlacht und verspottet worden; denn an „unbegrenzte Möglichkeiten" für Berlin hatte kein Mensch damals gedacht.

„Unter den Linden"

„Bewundert viel und viel gescholten" – diese Worte Helenens, mit denen sie sich selber auf der Szene vorstellt, sie können recht gut auch als Merkwort für unsere weltbekannt gewordene Lindenpromenade gelten. Ja und in Wahrheit, sie sind viel bewundert und viel gescholten, diese „Berliner Linden", und gescholten vielleicht noch mehr als bewundert. Wie keine andere unter den Straßen der preußischen Hauptstadt genießen die „Linden" seit langen Zeiten eines literarischen, wenngleich keines stets schmeichelhaften Rufes. Man kennt die Spöttereien Börnes, Heines, Saphirs und Kossacks über die Linden und deren gewohnheitsmäßige Pflastervertreter zur Genüge. Als ihr eigentliches Wahrzeichen hat sich die Kranzlersche Ecke bis auf den heutigen Tag fast in ihrer ursprünglichen Eigenart unverändert erhalten. Sie bildet gewissermaßen den ruhenden Pol in der Erscheinungen Flucht Die langbeinigen Gardeoffiziere freilich waren schon vor einem halben Jahrhundert von der schmächtigen Straßenterrasse verschwunden. An deren Stelle ist dann eine andere Menschenrasse getreten, zwar weniger hochmütig, aber darum nicht liebenswürdiger. Unterste Börsenschicht, Vermittler aller Art und sonst noch was; so ungefähr die Menschenart, deren Gruß sich schon Heine „unter den Linden“ verbat. Diese hat sich ihr Stuhlrecht dort ersessen. Dazu kommen noch einige Fremde und biedere Ankömmlinge aus der Provinz, die unter allen Umständen bei Kranzler Kaffee oder Eis schlürfen müssen, um davon zu Hause wieder erzählen zu können. Im übrigen hat sich das Aussehen und der öffentliche wirtschaftliche Charakter dieser Straßen-Promenade, die bis in das letzte Jahrzehnt die einzige in Berlin geblieben, nicht im mindesten verändert. Äußerlich betrachtet ist sie allerdings die vornehmste, aber dafür auch eine der langweiligsten Straßen Berlins geblieben. Dieses Schicksal teilt sie mit jedem bloß äußerlich vornehmen Wesen. Sogar die vierfache Baumreihe, ihr an und für sich herrlicher Schmuck nimmt sich steiflangweilig aus. Die ungeheure Straßenbreite imponiert gewaltig; aber es fehlt für gewöhnlich an dem belebenden Menschenstrom, an dem wirklich großstädtischen Verkehr. Gleichwohl hat man diesem neuberlinischen Schreckgespenst eines der schönsten Schinkelschen Bauwerke, die Säulendurchfahrt nebst den sich anschließenden palastähnlichen Häusern zur Neuen Wilhelmstraße rücksichtslos geopfert. Das war eine der schlimmsten Zerstörungstaten, durch die sich die neue Entwicklungsepoche ankündigte. Davon abgesehen hat sich das Äußere der Lindenpromenade sowohl in baulicher wie in geschäftlicher Hinsicht verhältnismäßig recht lange in seiner altpreußischen Anspruchslosigkeit und Unscheinbarkeit erhalten. Die Linden schienen in einen förmlichen Dornröschenschlaf verfallen zu fein. Es rückte und rührte sich dort lange Zeit nichts von der Stelle. Erst nach dem französischen Kriege begann es auch hier sich zu regen, und die unglückselige Passage, eines der schmerzensreichsten Kinder aus der übelberufenen Gründerzeit, verkündete den Beginn einer sich durchbrechenden neuen Entwicklung der Linden. Der im „modernsten Zeitgeschmack“ errichtete Neubau verschlang manches einfache, ehrlich-geschmacklose Haus, das dort unangetastet seit Friedrichs des Großen Zeiten gestanden. Unter anderem das Heunsche Restaurant. Wirt und Gäste stellten eine gesellschaftliche Eigentümlichkeit Berlins aus den sechziger Jahren dar. Beide bildeten gewissermaßen eine Art von Familie. Vater Heun waltete seines Amtes mit einer beinahe patriarchalischen Würde. Wenn er so vor der dampfenden Suppenterrine stand, aus der er mit der Silberkelle die Teller füllte, hätte ein Fremder in dem ernsthaft dreinschauenden alten Herrn eher den Vorsteher einer Erziehungsanstalt als einen gewerbsmäßigen Speisehauswirt vermuten können. War indessen die Suppe ausgeteilt, dann setzte sich Vater Heun zu seinen näheren Bekannten am Stammtisch und nahm dort regelmäßig seine Mittagsmahlzeit ein. Das gab dem Ganzen einen anheimelnden Charakter. Die Gesellschaft setzte sich zumeist aus Studenten, jungen Ärzten, Schauspielern zusammen. Man aß für den Preis von „sechs Silberjroschen" sehr anständig; nach Tisch wurde viel Schach gespielt. Auch dabei tat Vater Heun rechtschaffen mit. Da kam es denn zuweilen vor, daß Vater Heun, sobald eine Partie ungebührlich lange sich hinzog und die Gewinnaussichten für ihn nicht sonderlich standen, seinen studentischen Gegner liebevoll ermahnte, nicht zu lange in seinem Wirtshause zu verweilen und besser ins Kolleg zu gehen. Man lächelte über solchen wohlgemeinten Rat, denn Vater Heun durfte sich manches seinen jungen Freunden gegenüber erlauben. Er hat übrigens mehr als einem Bruder Studio seine Hilfe in der Not nicht versagt.

Auf dieser südlichen Seite, der Palaisseite, im Gegensatz zur gegenüberliegenden, der Akademieseite, befanden sich damals die vornehmsten Hotels: Meinhard, Petersburg und du Nord. Sie lagen zwischen dem sogenannten Niederländischen Palais, das unmittelbar an das Haus des Prinzen von Preußen, des späteren Königs Wilhelm I., angrenzte, und der Friedrichstraße. Dort pflegten die reichen und vornehmen Fremden abzusteigen; auch viele Abgeordnete nahmen dort für die Dauer der Session ihren Aufenthalt. An der Wirtstafel, namentlich im Hotel Petersburg, konnte man regelmäßig sehr viele höhere Militärs und Ministerialbeamte antreffen. Da ging es natürlich ganz anders zu als bei Vater Heun. Hier atmete alles eine gewisse feierliche, gemessene, vornehme Zurückhaltung und standesgemäße Langweiligkeit, die sogar der sehr gute Rotspon, ja nicht einmal der Sekt zu überwältigen imstande war. Es dürfte die Leser sicherlich zu erfahren interessieren, daß damals das üppige, vortrefflich zubereitete Mittagsmahl im Abonnement 17 ½ bis 20 „Silberjroschen" kostete! Für einen Taler erhielt man eine wirklich edle Röte, und für zwei Taler konnten sich die Sektfreunde an dem perlenden Getränk erlaben. Wo seid ihr hin, ihr schönen und in diesem Betrachte guten Zeiten? Das alles ist verschwunden, versunken, und keine Spur kündet mehr von dieser Vergangenheit. Einzig das Hotel Royal an der Wilhelmstraßenecke hat sich in seiner hocharistokratischen Eigenart unverändert erhalten. Auch die vornehmeren, in französischem Stile gehaltenen Restaurants von Aims und von Langlet, damals die Treffpunkte der feinen Welt, sie sind längst bis auf die Namen von dem jetzt blühenden Geschlechte vergessen. Derartig still behagliche, in ihrer Einfachheit wirklich fein geführte Speisehäuser kennt man in unserem neuen Riesen-Berlin überhaupt nicht mehr. Für derlei erquickliche Wirtschaften ist kein Platz mehr vorhanden.

Aber auch gewissen robuster gearteten Wirtschaften, die während der siebziger Jahre hier an dieser Lindenseite erstanden, war keine lange Daseinsdauer beschieden. Adolf Landvogt, der seinen schauspielerischen Beruf gegen den einträglicheren eines Bierwirtes vertauschte, hatte hier eine Kneipe Unter den Linden 16/17 eröffnet, die sich von Anfang an eines sehr lebhaften Zuspruchs erfreute. Seine ausgebreitete Künstlerbekanntschaft sorgte dafür, daß das Haus nie leer wurde. Im Mittelpunkte der Gesellschaft stand Albert Niemann. dazumal auf der Höhe seines grandiosen künstlerischen Wirkens und Könnens. Bei Landvogt traf sich alles, was zur Bühne, zur Presse und zur Börse in irgendeiner Beziehung stand. Die Gesellschaft war außerordentlich belebt und anregend, und noch jetzt gedenkt man sehr gern der leidenschaftlichen Unterhandlungen über alle möglichen künstlerischen und politischen Zeitfragen, die sich zuweilen bis tief in die Nacht hinzogen Denn kam man erst mit Albert Niemann in eine derartige Erörterung, dann war ein Ende des Streites nicht abzusehen. Wie auf der Szene war er auch am Biertisch ein gewaltiger Recke, der das Müdewerden ebensowenig gelernt hatte wie Siegfried das Fürchten. Adolf Landvogts Wirtschaft hatte auch insofern eine gewisse Bedeutung für die Entwicklung des Berliner Schankwesens als dort zuerst das vortreffliche Drehersche Gebräu verzapft und wenigstens in der ersten Zeit eine nicht minder preisliche wirkliche Wiener Küche eingeführt wurde. Mit dem patriarchalisch würdevollen alten Heun freilich hatte Adolf Landvogt, der auf seine männliche Schönheit nicht wenig stolz war, auch nicht das allermindeste gemein. Jener repräsentierte den klassischen Typus eines Wirtes vom alten Schlage; dieser dagegen verkörperte in sich die neue Zeit und die neue Eleganz.

Wer von dem immer mehr überhandnehmenden neumodischen Kneipenfirlefanz ein für allemal nichts wissen wollte, der lenkte seine Schritte damals wie heute noch zu Habel. Hier hatte sich seit beinahe einem Jahrhundert nichts in dem Wirtschaftswesen geändert. Tische, Stühle, Gemälde, Lithographien – alles war aus den Väter- und Großvätertagen überkommen, und manche kulturgeschichtliche Kuriosität ist dort noch heute an den Wänden zu sehen, die den gelbsten Neid der Sammler zu erregen vermochte. In der Vorderstube, nach den Linden zu, ging es sehr vornehm her; an gewissen Stunden konnte man sicher hier fast ausschließlich höhere Militärs treffen, die zu einer Morgensprache zusammenkamen. Im Hinterstübchen war's ungleich lebendiger. Hier trank der alte Kommerzienrat – das war damals noch eine seltene Auszeichnung – mit seinen engeren Freunden und Jagdgenossen seinen Frühschoppen. Hier war der Generalpostmeister Stephan – der Postbismarck, wie er scherzweise genannt wurde – mit einigen seiner Vertrautesten ein gern gesehener Stammgast. Der geniale Leiter unseres neuen Reichspostwesens, der unsterbliche Begründer des Weltpostvereins, war aber auch ein glänzender Erzähler, der so leicht vor keiner derben Jägergeschichte zurückschreckte. Er verstand Spaß, versetzte manchen spöttischen Hieb und lachte herzlich, wenn auch einmal der Gegner ordentlich parierte. Von einem Tische zum anderen sprühten damals die Stichelreden und die kleinen boshaften Anspielungen. Eines Tages jedoch wurde es ernst. Stephan hatte für den inneren Postdienst ein „Verdeutschungswörterbuch" herstellen lassen, in welchem sich manche sprachliche Seltsamkeit vorfand. Den Sinn mancher Umdeutschungen konnte man tatsächlich erst aus dem gebräuchlichen Fremdworte finden. Das wurde nun weidlich durchgehechelt. Stephan vermochte nicht länger an sich zu halten. Er brauste in hellstem Zorn auf; der Spott habe sein Ende, er müsse sich derlei allen Ernstes verbitten; vor allem aber sollten die Herren es erst selber besser zu machen versuchen. Darauf erhob sich einer der so grimmig Apostrophierten und sagte ungefähr folgendes: „Weshalb fangen Exzellenz denn nicht bei sich selber an? An Ihrem Titel, an Ihrem Namen sei nicht eine Silbe deutsch." Stephan stutzte. Man hielt ihm anstatt einer direkten Antwort nur die Worte entgegen: „Exzellenz, Generalpostmeister Dr. Stephan."

„Nun? Wie wollen Sie denn das ins Deutsche übertragen?" fragte er.

„Das wird sich finden."

Die Szene endete vorläufig mit einem ganz deutlichen Mißklang. Wir steckten die Köpfe zusammen, berieten hin. und her. Endlich hatten wir die Lösung der Aufgabe gefunden und sandten einen in vorschriftsmäßigem Format gefalteten Brief an den Postgewaltigen mit folgender Aufschrift: „An Seine Erhobenheit, den Reichsobersendamtsleiter Gelahrten Kranz" – Stephan, aus dem Griechischen Stephanos, bedeutet ja Kranz –. Tags darauf erschien Stephan und lachte äußerst vergnügt. „Das haben die Herren ja ganz famos gemacht Aber stellen Sie sich doch einmal vor, daß ich mich im Reichstag zum Wort melde, und Präsident Simson erteilt es mir und sagt in seiner würdevollen Weise: „Der Herr Reichsobersendamtsleiter hat das Wort." Was würde wohl zunächst erfolgen?"

„Ein allseitiges, wahrhaft homerisches Gelächter auf allen Bänken des Hohen Hauses" – war die Antwort, in die Stephan heiter einstimmte. Die Nutzanwendung ergab sich natürlich von selbst. Und damit war denn auch jede Verstimmung verflogen; doch das bekannte Phlegma war darum trotzdem nicht geblieben. Nun, man verkehrte nach wie vor, wie sich eben ergab, unbefangen und heiter von Tisch zu Tisch hinüber.

Zur äußeren Entwicklungsgeschichte unserer „Linden" gehört dieses kleine Vorkommnis doch wohl eigentlich nicht, aber vielleicht läßt es der freundliche Leser als einen harmlosen Beitrag zur Kennzeichnung einer gewissen gesellschaftlichen oder geselligen Umgangsform aus einer lange entschwundenen Zeit gelten.

Nicht bloß für die Befriedigung der groben Magenbedürfnisse war hier auf der Palaisseite der Lindenpromenade hinlänglich je nach der Verschiedenheit des verfügbaren Geldbeutels gesorgt. Auch der geistige und der ästhetische Nahrungshunger – das *nutrimentum spiritus*, wie die Überschrift der alten Bibliothek, „die Kommode" im Volksmunde genannt, lautete – konnte hier auf die mannigfaltigste Weise gestillt werden. Hier nämlich hatte eine ganze Reihe ansehnlicher Buch-, Kunst- und Musikalienhandlungen von altersher ihre Stätte aufgeschlagen. Gleich in unmittelbarer Nähe des Palais traf man auf die berühmte Schlesingersche Musikalienhandlung. Einige Stufen führten zu ihr hinauf. Der Verkaufsladen zeigte eine vornehm-klassische Einrichtung. Hatte doch kein Geringerer als der große Schinkel die Zeichnungen für die Wandregale, die Tische und Pulte entworfen, die durchweg in feinstem Mahagoniholz ausgeführt waren. Dort waltete indessen seines Ausgeberamtes der alte Buchhalter H..., ein Urberliner Original. Er erinnerte in Figur, Gesichtsschnitt und mit seiner dicken Hornbrille frappant an den berühmten Geschichtschreiber und späteren Präsidenten der französischen Republik Adolph Thiers. Der alte H... war ein lebendiges Lexikon der musikalischen Literatur, das man nur beliebig aufzuschlagen brauchte, um sofort eine untrügliche Auskunft zu finden. Er war aber auch die wandelnde musikalische Chronik des damaligen Berlin, und er öffnete gern und oft seinen Erinnerungsschatz, den man gelegentlich tüchtig ausholte. Er hatte noch Karl Maria v. Weber gekannt, dessen „Freischütz" bei Schlesinger ja verlegt war. Er wußte von Spontini manche ergötzliche Schnurre zu erzählen, und wie leuchtete sein schelmisch-kluges Auge auf, wenn er auf die Zeiten der Henriette Sonntag, der Jenny Lind zu sprechen kam, oder wenn er Berlin im Liszt-Fieberdelirium schilderte. Er war auf seine Weise ein – unbewußter Humorist. Und er war die Gefälligkeit, die Menschenfreundlichkeit selbst. Gar manchen musikalischen Kunstgenuß verdankte man seinem unerschöpflichen Wohlwollen. Hier sprach auch Meyerbeer zuweilen vor. Sobald der alte Herr „Generalmusikdirektor" die Ladentür geöffnet hatte, da war der damals schon recht behäbige H. ... mit jugendlicher Elastizität von seinem Bock heruntergeeilt, um den weltberühmten Komponisten ehrerbietigst zu begrüßen. Dann war für den sonst so freundlich-mitteilsamen Buchhalter die ganze übrige Welt einfach nicht mehr vorhanden. Meyerbeer machte trotz seiner etwas saloppen Haltung den Eindruck eines vollendeten Hofmannes. Er sprach sehr leise, und um seinen feingeschnittenen Mund spielte zuweilen ein ironisches Lächeln. Sobald er zur Tür hinaus war, sagte der alte H. ...: „Na, er hat's dick hinter den Ohren!" Mehr aber war aus ihm nicht herauszubekommen, denn er war bei all seiner Redseligkeit ungemein diskret, und nun gar Meyerbeer gegenüber, für den er eine ganz unbegrenzte Verehrung hatte. Gleichwohl witterte der alte H. ganz richtig heraus, daß das aufgehende Gestirn Richard Wagners seinem angebeteten „Generalmusikdirektor" gefährlich werden könnte. So etwas bemerkte er aber nur streng „unter vier Augen"; wenn er wollte, konnte er nämlich stumm sein wie das Grab. Wer weiß heute noch was von diesem prächtigen, durch und durch originellen, grundgütigen alten H. ..., der damals in den musikalischen Kreisen gar keine unbedeutende Stellung eingenommen? Weiter westwärts bemerkte man die nicht minder angesehene Buch- und Musikalienhandlung von Bote u. Bock. Sie repräsentierte der obengenannten gegenüber schon entschieden den nach damaligen Begriffen „modernen“ Standpunkt. Das eigentliche literarische Wahrzeichen der Linden bildete indessen die Ashersche Buchhandlung. Sie war in ihrer Art eine Sehenswürdigkeit Berlins. Die Reichhaltigkeit ihres Büchervorrats aus allen Kulturländern war in hohem Grade imponierend und war die natürliche Veranlassung, daß sich hier die Bücherfreunde aus allen Schichten der Gesellschaft zusammenfanden. Hier konnte man aber auch die ganze vornehme Bücherkundschaft treffen. Gelehrte, Diplomaten, Fremde von Ruf gingen hier täglich aus und ein. Der damalige Hauptvertreter der angesehensten Berliner Sortimentsbuchhandlung war aber auch einer der größten Bücherkenner seiner Zeit, ein wirklicher Bücherantiquar, Albert Cohn, der gelehrte Verfasser von „Shakespeare in Germany“. Er war sozusagen das untrügliche Orakel in allen Angelegenheiten, welche die Buchkunde betrafen. Und welche unvergleichlichen bibliographischen Schätze, welche handschriftlichen Kostbarkeiten nannte er nicht sein Eigentum! War er gut gelaunt, dann lüftete er seine ängstlich gehüteten Kästen; dann sah man Dinge, daß einem wirklich die Augen übergehen konnten. Ganze Goethesche Briefwechsel, ganze Folgen von Werther-Drucken, allerseltenste Erstausgaben der Romantiker, und das alles lückenlos! Das bißchen Buchkunde, das man so aufgeschnappt hat, verdankt unsereiner den gelegentlichen Bemerkungen dieses um seines Sammlerglückes vielbeneideten Berliner Buchhändlers. Auch er gehörte zu den markantesten Persönlichkeiten des damaligen Berlin. Er hat übrigens dafür gesorgt, daß sein Name im Angedenken seiner Vaterstadt nicht erlöschen wird; denn er hat sein erhebliches Vermögen der Stadt Berlin hinterlassen, damit aus den Erträgnissen Volksbibliotheken errichtet würden. Bei all seiner kaufmännischen Geriebenheit hatte er im Grunde genommen doch einen stark entwickelten literarisch-idealen Sinn; das hat er eben durch sein Vermächtnis bekundet. Überaus belustigend war es, ihn von seinen bibliographischen Entdeckungsreisen erzählen zu hören. Einen Buchhändler seines Schlages hat es in Berlin nicht wieder gegeben.

Und nun schlendern wir gemächlichen Schrittes hinüber zur nördlichen Seite der Lindenpromenade, zur Akademieseite. Sie war damals, wie auch heute noch, die weniger belebte. Weshalb? Das ist nicht zu ergründen. Laune der Berliner Volksseele. Trotzdem war just hier die besuchteste Konditorei und Zeitungslesehalle jener Zeit. Der Name „Spargnagani" gehörte zu den bekanntesten in Berlin. Hier war das Hauptquartier der gefürchteten Zeitungstiger, deren Pranken stets ein halbes Dutzend Tagesblätter und darüber fest umkrallt hielten. Entsetzlich für die übrigen, ebenfalls Zeitungshungrigen! Besonders lebendig taucht in der Erinnerung die hagere Gestalt eines Kaufmanns S. aus der Spandauer Straße auf. Er war der Allerschlimmsten einer. Wenn er so den Leitartikel der „Nationalzeitung" vor sich halblaut hinbrummelte und den Inhalt durch seine Gesten, seine Handbewegungen kritisch nachmusterte, dann konnte man sich des Lachens kaum erwehren. S. war natürlich ein unentwegter Achtundvierziger; sein politischer Abgott war Johann Jakoby. War ein Kammerbeschluß nicht nach seinem Sinn – und das waren sie alle ohne Ausnahme – dann rief er emphatisch aus: *„ruere in servitium!"* So viel Tacitus wußten dazumal viel Berliner. Ob sonst noch was von diesem grimmigen Cäsarenverächter jenen guten Leutchen bekannt gewesen sein mochte – darüber schweigt die bekannte Sängerhöflichkeit. In dem Kampf zwischen den allmählich rückständig gewordenen altberlinischen Konditoreien, die fast ausschließlich Engadinern gehörten, und den neuaufkommenden Cafés nach dem Wiener Muster hatte Spargnagani mit am längsten Widerstand geleistet. Schließlich streckte auch er seine – Kaffee- und Schokoladentassen. Die behaglichen Räume der Konditorei Spargnaganis übernahm im Beginn der siebziger Jahre Rudolf Dressel, der sie zu einem für jene Zeit prachtvollen Restaurant umbauen ließ. Der Name dieses Wirtes, ein Muster von Zuvorkommenheit gegen seine Gäste, zugleich ein an drolligen Einfällen schlagfertigem Witz unerschöpflicher Plauderer, hat sich lange im Gedächtnis seiner zahlreichen Freunde und Bekannten erhalten. „Dressel" war eine Zeitlang die Losung aller derjenigen, die sich in Berlin an erlesenen Getränken und Speisen gütlich tun und dabei „ganz Berlin" mitgenießen wollten. Die stadtbekannten Größen des Theaters, der Literatur, der Parlamente, der Aristokratie, der Börse konnte man sicher sein bei Dressel zu treffen. Am lustigsten ging's jedoch in dem dem allgemeinen Verkehr unzugänglichen Trinkstübchen zu, das die Vertrautesten der Dressel-Gemeinde alltäglich um die Mittagsstunde zu löblichem Tun vereinigt sah. Hier gaben Lebrun, der ausgezeichnete Charakterdarsteller und Leiter des Wallner-Theaters, und sein getreuer Knappe Hugo Müller den Ton an, in den Ernst Dohm, Albert Niemann, Franz Betz und manche andere kräftig einstimmten. Hier wurde über manche Gruppe der in den Vorderräumen ahnungslos Zechenden zuweilen der ätzendste Spott ergossen. Da war Ernst Dohm in seinem wahren Elemente. Wenn er in seiner unerschütterlichen Gleichgültigkeit gegen die Umgebung die bissigsten Bemerkungen über die „Matadore" da vorn zum besten gab, löste er wahre Lachsalven aus, während seine Gesichtszüge undurchdringlich ruhig blieben. Dressel selbst hat auch einmal die Bühne betreten, und zwar in einer Posse am Wallner-Theater, in der er sich selbst, den Wirt seines eigenen Restaurants, darstellte. Die Zuhörerschaft brach beim Anblick dieses ihres Lieblings von den Linden her in eine nicht endenwollende Heiterkeit aus. Dressel aber sagte: einmal und nie wieder. Eine derartige lecke Harmlosigkeit, wenn man so sagen darf, war auch nur in dem Berlin jener Zeit möglich und durchführbar.

Die Zeit der altberlinischen Konditoreien mit ihren beschränkten Gastzimmern, ihren kümmerlich ausgestatteten Zeitungsbeständen ging bedenklich ihrem Ende entgegen. Die bisherige Alleinherrschaft der Engadiner Zuckerbäcker geriet allmählich ins Schwanken. Das Wiener Kaffeehaus verdrängte nach und nach die Berliner Konditorei und vor dem neu aufgehenden Gestirn Bauer verblichen die altgefeierten sehr bald zu wesenlosen Schatten. Dieser Wiener Kaffeewirt rächte auf seine Weise Königgrätz an den preußischen Siegern. Zunächst waren die Berliner Konditoren wie betäubt von dem Schlage, den ihnen dieser lecke Eindringling versetzt hatte. Erst der alte Mühling vom Hotel de Rome faßte sich ein Herz, baute sein altberühmtes Haus von Grund aus um, versah es mit allen neuzeitlichen Einrichtungen und somit auch mit einem wirklich vornehm ausgestatteten Café. Es war Zeit seines Bestehens der Sammelpunkt der besten damaligen Berliner Gesellschaft. Regelmäßig nach ihren Donnerstagsitzungen fanden sich dort unsere Akademiker zusammen. Und wenn die Hochberühmten zuweilen trotz ihrer Würde ein helles Lachen nicht zu unterdrücken vermochten, dann konnte man sicher sein, daß der so überaus witzige Physiker Dove eine seiner schnurrigen Einfälle zum besten gegeben hatte.

An dem alten, einfach-vornehmen, zweigeschossigen Akademiegebäude mit der berühmten Uhr über dem Portal angelangt, nach welcher ausnahmslos jeder Vorübergehende seine Taschenuhr richtete, beschließen wir unsere Erinnerungswanderung. Hier fanden in dem schmalen, langen, nach dem Hofe hin gelegenen Saale die Sitzungen unserer Akademiker statt, denen zu gewissen Gelegenheiten regelmäßig König Wilhelm und Gemahlin beizuwohnen pflegten. In diesem überaus schmucklosen und dennoch würdevollen Raum lauschte man in atemloser Spannung den feinstgeschliffenen Vorträgen du Bois-Reymonds, der mit spitzigsten Sarkasmen gespickten Rede Mommsens, den würdig-ernsten Abhandlungen Trendelenburgs. Hier saßen sie alle, die großen, unvergänglichen Ruhmeszierden unserer Akademie, die Helmholtz, Virchow, Ehrenberg, Dove, Haupt, Ranke, Boeckh, Kummer, Weierstraß, Siemens, Hoffmann, Kronecker, Pringsheim, die beiden Grimm und *last not least* Helmuth Moltke – eine unvergleichliche Gruppe prachtvoller Charakterköpfe, die noch in der Erinnerung einem die Augen hell aufleuchten machen. Hier fanden auch alljährlich die „akademischen Kunstausstellungen“ statt, die damals noch nicht zu den riesigen Bildermagazinen unserer Zeit ausgeartet waren. In jenen Sälen schlenderte es sich wohltuend und behaglich herum. Die bunte Bildermasse verwirrte einem noch nicht die Sinne. Und von „Aufmachung“ war nun schon ganz und gar nicht die Rede. So was war nämlich damals noch gar nicht erfunden. Rückte endlich die Weihnachtszeit heran, dann gab es im Apollosaale wirklich erlesene Kunstgenüsse. Zu Transparentgemälden, die sich natürlich auf die Legende bezogen, sang der unsichtbare Domchor alte italienische oder deutsche *à capella*-Stücke. Es mochte ja wohl ein klein wenig „sentimentalisch“ sein; allein die Zusammenwirkung von Gemälde und Ton in dieser eigenartigen Verbindung war eine ungemein wohltuende, und wie man sich denken kann, eine bleibende. Einzelne dieser Gelegenheitsschöpfungen sind dann als wirkliche Gemälde ausgeführt und den Museen einverleibt worden: so unter anderem „die Erweckung von Jairi Töchterlein“ von Gustav Richter.

Das glanzvollste Schauspiel vor dem Akademiegebäude, an dessen Seitenflügel sich die Kaserne der Gardedukorps und der

Marstall unmittelbar anschlossen – eine Vereinigung, die Voltaires Spott zu der Inschrift *Musis et mulis* veranlaßte – bildete jedoch die Frühlingsparade der Berliner Garnison. Hier und zu beiden Seiten der Linden, über den Platz vor der Universität, hin zum Lustgarten standen die Truppen aller Waffengattungen, um von ihrem obersten Kriegsherrn gemustert zu werden. Hier, vor dem Friedrichsstandbild, hielt auch König Wilhelm die denkwürdige Parade über die aus dem Schleswig-Holsteinschen Kriege zurückkehrenden österreichischen Regimenter ab. Die Berliner konnten sich von dem Erstaunen über den fremdartigen Anblick gar nicht erholen, den ihnen der König in der weißen, kurzen, knappanliegenden österreichischen Uniformjacke und dem Käppi darbot. Wenn die Erinnerung nicht täuscht, war diese Heerschau die letzte, welche der König von Preußen unter den Linden abgehalten hat.

Das Bild blieb indessen unvollständig, wollten wir nicht noch mit einigen Worten der Wilhelmstraße gedenken. Sie war von der Lindenpromenade an bis hin zum Wilhelmplatze die eigentliche Palaststraße der Stadt. Um den schweren altmodischen Staatskarossen die Möglichkeit des Dahinrollens über das entsetzliche Pflaster zu gewähren, war ein Doppelgleis aus Granitplatten in den Fahrdamm eingelegt. Zu jedem der Paläste führte eine Auffahrtrampe. Das gab diesem Straßenbilde ein ganz besonders kennzeichnendes Gepräge. Nur der Palast der Familie Radziwill, das jetzige Reichskanzlerpalais. und das sogenannte Reimersche Haus, das spätere Hausministerium, bedurften dieser Rampen nicht, weil die Wagen durch Ehrenhöfe bis vor die Eingangspforten gelangen konnten. In dem unscheinbaren, einstöckigen Hause zwischen dem „Palais de Radziwill“ und dem Deckerschen Verlagsgebäude, das später in preußischen Staatsbesitz überging, waren die Geschäftsräume des Auswärtigen Amtes und die Wohnung des Ministerpräsidenten untergebracht. Hier hat Otto v. Bismarck-Schönhausen seine Pläne geschmiedet, die Preußen-Deutschland auf die Sonnenhöhe der Macht und des Ansehens in der Welt zu versetzen bestimmt waren. Zu welcher Nachtstunde auch immer man durch die stille Wilhelmstraße gehen mochte, stets waren die Geschäftsräume erhellt. Auf jedem Tische stand eine brennende Argandsche Öllampe mit der grünlackierten Blechkappe. Der eiserne Kanzler soll diese Beleuchtungsart, des milden, gleichmäßigen, nicht hitzenden Lichtes wegen für die bei geistigen Arbeiten zuträglichste gehalten haben. Zu jener Zeit gab es im Auswärtigen Amte nämlich keine Amtsstunden – aber die Herren Räte mußten stets eines Winkes oder Befehls des Allgewaltigen gewärtig sein. „Bereit sein“ war damals die Losung im Auswärtigen Amte. Daraufhin war alles zugeschnitten. Mit dem Ende der Bismarckschen Kanzlerschaft wurde dann auch die altmodische Argandsche außer Dienst gestellt – und noch gar manches andere leider dazu. Hier, dem Wilhelmplatz gegenüber, stand das gräflich Voßsche Palais, ein verschlissenes Denkmal aus der Rokokozeit. Zwei alte, ledige Damen hielten in den weiten, verödeten Räumen Haus. Die ehemalige schimmernde Pracht war längst dahingeschwunden. Die Mittel zur standesgemäßen Aufrechterhaltung des Herrensitzes und des riesigen Parkes waren nicht mehr vorhanden. Das herrliche Anwesen verfiel zusehends. Aber die vornehmen alten Damen mochten sich von der Last dieses Besitzes nicht trennen. Da nahte während der Gründerzeit der Verführer und bot für Haus und Park eine runde Million Taler. Die Besitzerinnen wollten zuerst von der ganzen Geschichte nichts wissen. Sie faßten die Sache kaum und lehnten zunächst das Angebot ab. Erst nach langwierigen Verhandlungen konnte das Geschäft erledigt und die Voßstraße angelegt werden. Ein Mauerrest an dieser Straße ist als letzte Spur des ehemaligen Voßschen Palais bis auf diese Tage erhalten geblieben. Das Geschäft erwies sich übrigens für alle Teilhaber als ein sehr glänzendes. Als nämlich sämtliche Teilstücke des riesigen Areals verkauft waren und die Anteilscheine eingelöst werden konnten, erhielt jeder Zeichner das Dreifache des eingezeichneten Betrages, und der Übernehmer hatte ebenfalls sein Schäfchen dabei ins Trockene zu bringen gewußt.

Geselliges Leben

In der Familie

Bis in den Anfang der siebziger Jahre war Berlin, wenn man so sagen darf, eine „häusliche“ Stadt. Das abgeschlossene Familienleben war vorherrschend und vollzog sich vielfach noch in gemessenen, beinahe patriarchalischen Formen. Der Verkehrston zwischen Eltern und Kindern, besonders zwischen Vater und Sohn, blieb bei aller Herzlichkeit auf den der unbedingten Ehrerbietung abgestimmt. Es heißt ja auch bekanntlich in den zehn Geboten: „Ehre deinen Vater und deine Mutter.“ Der Familienzusammenhang war ein ausgesprochen starker. Die Wohnungseinrichtung äußerst einfach, ebenso wie die Wirtschaft. Das Mahagonimöbel mit rotem oder grünem Plüsch überzogen, der geblümte Teppich unter dem Tisch, ein orientalischer Teppich war damals in Berlin nicht aufzutreiben, die Bilder der Eltern und nächsten Verwandten über der Sofawand, die außerdem noch ein kleiner länglichrunder Spiegel zierte, eine drei-, höchstens fünfarmige Gaskrone mit mattgeschliffenen Glaskugeln, ein Bücherschrank mit den Werken der „Klassiker“, dem Brockhausschen Konversationslexikon, Beckers oder Schlossers Weltgeschichte– das machte so ungefähr das Durchschnittswohnzimmer einer damaligen Berliner Mittelstandsfamilie aus. In der „guten“ Stube hingen einige Lithographien, wenn‘s hoch kam einige Kupferstiche an den Wänden, in reicheren Häusern auch wohl in Öl gemalte Bildnisse des Hausherrn, der Gattin, zuweilen auch die der Eltern. Ein sonstiges Ölgemälde als rein künstlerischer Wandschmuck war in dem damaligen Berlin eine sehr große Seltenheit. Als in einem der reichsten und gebildetsten Bürgerhäuser das berühmte Knaussche Bild „Die Taufe“ um den für die Verhältnisse jener Zeit ganz gewaltigen Preis von zehntausend Talern angekauft wurde, da gab es ein Aufsehen in der Stadt. In den Zeitungen wurde das Ereignis verkündet, der erwachende Berliner Kunstsinn in hohen Tönen gepriesen. Wochenlang bildete dieser Bilderkauf das öffentliche Gespräch. In der „guten“ Stube stand dann noch das unvermeidliche Pianino oder der Bechstein-Flügel: an der Fensterwand hatte der „Trumeau“ seinen herkömmlichen Platz, die Fenster selbst zeigten Tüllgardinen und „Lambrequins“ – der höchste Stolz der braven Berliner Mittelstandsfrau aus jener Zeit. Ein runder Blumentisch vollendete dann die gleißende Pracht dieses geheiligten Raumes, der sich nur öffnete, sobald „Besuch“ kam oder Gäste erwartet wurden, dessen Plüschmöbel im Sommer durch Kattun-Überzüge geschützt wurden und der zur Winterszeit nur am Gesellschaftsabende nicht ungeheizt blieb. Eine Wohnung mit einer Badeeinrichtung gehörte zu den Sehenswürdigkeiten. Selbst das Palais des Königs „Unter den Linden“ entbehrte eines Badezimmers, so daß der hohe Herr genötigt war, sein Bad aus dem gegenüberliegenden „Hotel de Rom“ sich in das Palais schaffen zu lassen.

Das Mittagessen war einfach. Der Hausherr trank dabei ein Glas Lagerbier, meistens jedoch eine „Weiße“. Zum Abendbrot gab es kalte Küche. Des Sonntags kam der übliche Kalbsbraten auf den Tisch; da fehlte auch in den wohlhabenderen Familien die Flasche Rotspon nicht, der jedoch nur für die Eltern, die erwachsenen Kinder und die Gäste bestimmt war. Bei ganz besonders festlichen Anlässen, bei Verlobungen, bei Kindtaufsschmäusen, am Neujahrstag wurde in den reichen Häusern Sekt herumgereicht oder Rheinwein, von dem auch die Kleinen nippen durften. Nach Tisch wurde eine „echte“ angesteckt, eine „Upman“. Die Herren setzten sich dann nach dem vollendeten leckeren Mahle an den Kartentisch, um ihren Rubber, Whist oder L'hombre zu spielen. Dabei ging es ganz gemessen und schweigsam her. Das geräuschvolle Skatdreschen mit den dabei unvermeidlichen epikritischen und häufig langwierigen, hitzigen Nachbemerkungen über begangene unverzeihliche Sünden gegen den Geist und die Gesetze des Spieles, dieses eigentlich jede Geselligkeit tötende Skatspiel war damals noch keine allgemeine Sitte oder – Unsitte geworden. Die Damen hielten währenddessen ihre Unterhaltungen unter sich. Am Spiele selbst sich zu beteiligen galt in damaligen guten Bürgerkreisen für ebenso unweiblich wie in die Bierkneipen zu gehen. Das war nur ausnahmsweise erlaubt, so etwa nach einer überlangen Theatervorstellung und auch dann nur, sobald man in eine der bekannten Weinstuben, die fast alle in der Nähe der Oper ober des Schauspielhauses lagen, zum Nachtessen einkehrte. Eine feine Berlinerin erregte damals in einer Bierwirtschaft geradezu Aufsehen, und von der Anwesenheit eines Bürgermädchens in solch einer lärmerfüllten, verschmauchten Kneipe hätte schon gar keine Rede sein können. Schon die bloße Zumutung hätte großen Anstoß erregt. An Sommerabenden freilich, *draußen* vor dem Schönhauser Tor, auf dem Pfefferberg, scherzhaft Monte Piperino genannt, bei Ley oder im „Hain", nämlich dem Friedrichshain, bei Lipps, da gingen auch die Berlinerinnen mit zum Biere, da nahm man wohl auch Sonntags gemeinschaftlich mit den Kindern das Abendessen ein, die Portion Kalbsbraten 7½ Silbergroschen, Gänsebraten zehn Silbergroschen – aber mit Gurkensalat! Wer jedoch den schweren Spazierweg durch die Schönhauser Allee nach Pankow nicht scheute, der konnte sich bei Linde in dem herrlichen Park die gebratene Gänseherrlichkeit schon für 7½ Silbergroschen einverleiben und dabei in den Genüssen eines Leierkastens schwelgen. An Sonn- und Festtagen ließ auch einerlesene Musikbande ihre hinreißenden Klänge ertönen oder die „Harfenjule" stimmte ein heizerweichendes Lied an. Wem dabei die Rührungszähren nicht stromweise über die Wangen herunterrannen, der war eben ein Herzensrohling. Derartige „Extravaganzen" konnten sich nur leichtfertige junge Leute leisten. Für ganze Familien war ein „Ausflug" nach Pankow eine recht umständliche und kostspielige Angelegenheit, über die womöglich tags zuvor schon ganz ordentlich Rats gepflogen wurde. Da verabredeten sich die befreundeten Familien untereinander, ein gemeinsamer Wagen, ein sogenannter Kremser, wurde gemietet, es wurden reichliche Eßvorräte mitgenommen, und dann wurde entweder schon vormittags zu dem Landausfluge nach Pankow angetreten, um den Sonntag in der herrlichen Landluft zu verbringen, oder man trat in der glühenden Nachmittagshitze die Spazierfahrt nach dem baumreichen Vororte an, um sich an dem Kaffee bei Linde und an den von Hause mitgebrachten unheimlichen Kuchenmassen gütlich zu tun. Das war aber, wie gesagt, eine rechtschaffene Landpartie, deren Herrlichkeiten man zuweilen bis zu einer etwas bittersäuerlichen Neige auskosten mußte. Von solch einem Sonntagsgenuß in Pankow mußte man eine ganze Weile hinterher noch zehren. Denn solch ein kleinbürgerlich-gesellschaftliches Ereignis wiederholte sich etwa zweimal während des Sommers. Man bedenke also, was das bedeutete!

Wohlhabende Bürgerfamilien wanderten mit Kind und Kegel in die Vororte Niederschönhausen, Pankow, Gesundbrunnen, um dort in einfachster Ländlichkeit ihren Sommeraufenthalt zu nehmen. Das notwendigste Haus- und Wirtschaftsgerät, Bettzeug wurde hinausgeschickt. Nicht anders war es bei den Friedrichs- und Dorotheenstädtern der Fall, die sich nach Charlottenburg in die Sommerfrische begaben. Diese königlich preußische Residenz war dazumal ein Landstädtchen mit etwa 6.000 Einwohnern. Von irgendeinem Straßenverkehr keine Spur. Ab und zu verirrte sich ein Fremder dahin, um das Schloß und das berühmte Mausoleum im Schloßpark zu besichtigen. Sonst wurde die idyllische Stille des Örtchens durch keinerlei Geräusche gestört. Eine mehrzimmerige freilich ungemein dürftig ausgestattete Wohnung mit Gartenbenutzung war damals für die Sommermonate schon um 50 Taler zu mieten! An den Sonntagen wurden die glücklichen Sommerfrischler von ihren Stadtfreunden überfallen, und die Wirte mußten noch obendrein die ungebetenen Gästeschwärme mit den heitersten Mienen über die unerwartete Freude empfangen und sie zum Bleiben über den Abend „nötigen" – was in den allermeisten Fällen durchaus nicht Vonnöten war. Diese gefürchteten Sommersonntagsbesuche gehörten mit zu den gesellschaftlichen Gewohnheiten jener Zeit, über die sich die Humoristen Glaßbrenner, Kossack und andere minderen Schlages dann weidlich lustig machten. Manche dieser ergötzlichen Abschilderungen der Sitten und Gewohnheiten aus jener Berliner Kleinstadtzeit sind heute noch lesenswert und wirkten vielfach noch sehr erheiternd. Wem aber das Glück solch einer Sommerfrische nicht beschieden war, der fand sich bescheiden mit einem Abendaufenthalte in einem der zahllosen Biergärten ab, die eine Eigentümlichkeit des damaligen Berlin bildeten. Mit einem Garten hatten diese Hofräume wenig oder gar nichts gemein. Einige Kübel mit blühenden Oleanderbäumen, einige Kästen mit Efeu oder wildem Wein, daraus bestand die ganze Herrlichkeit, die überdies den Vorteil der Beweglichkeit besaß. Je nach Bedarf wurde der „Jarten" in das „Lokal" hinein- oder wieder hinausbefördert, und sobald der Wirt eine andere Schänke bezog, konnte er ganz einfach dorthin verlegt werden. Darauf bezügliche Anzeigen waren in den damaligen Zeitungen keinesfalls selten zu lesen. Diese tragbaren Gärten wurden mit Vorliebe „Jardin" benannt, zum Unterschied von den *Natur*gärten, in denen sich bodenständige Bäume befanden. Das waren dann die herrlichen *schattigen* Berliner Naturgärten, in denen der Berliner Klein- und Mittelbürger „freie" Luft schöpfte, bei einer kühlen „Weißen" Puff spielte oder nach Herzenslust über den Magistrat herzog.

Die „Weiße" war bis tief in die sechziger Jahre das eigentliche Berliner Volksgetränk. Die gesamte Arbeiterschaft, die Kleinbürger, die Handwerker, die unteren und mittleren Beamten, ja bis ziemlich weit hinauf in die wohlhabenden Bürgerkreise, sie alle waren auf das säuerliche, prickelnde Gebräu eingeschworen. Ihm gegenüber konnte sich das helle, selbst das dunkle, nach bayerischem Muster gebraute Lagerbier nur ganz allmählich durchsetzen. Die bayerischen Bierstuben suchten die zähen Anhänger der „Weißen" durch allerhand Lockmittel zu sich hinüberzuschmeicheln. Die gar zu urväterliche Ausstattung des „Weißbier-Budikers" wurde durch eine mehr zeitgemäße ersetzt. An den Wänden prangten sogar einige recht herzlich gutgemeinte Stahlstiche, glänzende Buntdrucklandschaften; zuweilen konnte man das Auge an dem Anblick eines Gipsabgusses einer Bildsäule vom Alten Fritz erlaben. Nach dem böhmischen Feldzuge wurden dann diese Bierwirtschaften mit den Bildnissen des Königs, des großen Staatsmannes, der ruhmgekrönten Heerführer förmlich vollgeklebt. Fast ausnahmslos Massenerzeugnisse niederster Gattung. In diesen zeitgemäß eingerichteten Bierwirtschaften wurden aber auch die Berliner Zeitungen, je in einem Exemplar, ferner der „Kladderadatsch" und die „Fliegenden Blätter" gehalten, während beim Weißbierwirt einzig die „Tante", nämlich die „Vossische", und das „Intelligenzblatt" den etwa danach Verlangenden zur Verfügung standen. Außer diesen „ideellen" Errungenschaften führten jedoch diese Bierwirtschaften noch eine Verlockung derberer Art in den Wettbewerb ein. Der Weißbierwirt setzte seinen Gästen die volkstümlichen Lieblingsgerichte, je nach der Jahreszeit, vor. Sie waren schmackhaft, einfach, nach guter Hausfrauenweise zubereitet. Der Bierwirt dagegen spielte den Vornehmen. Der Kellner brachte den Gästen das „Menü", auf dem die verführerischsten Namen zu lesen waren. Das Mittags„menü" zu festen, meistens außerordentlich niedrigen Preisen war eine nicht zu unterschätzende Neuerung in der Lebensweise großer Bevölkerungsteile Berlins. Diese „Menüs" haben die Berliner Küche in einen sehr üblen und leider nicht unverdienten Ruf gebracht. Unbestreitbar: man aß nirgendwo anders so billig wie in Berlin – aber durchschnittlich auch nirgendwo anders so spottschlecht wie in diesen mit jedem Jahre sich mehrenden mittleren Bierwirtschaften. Der Abendtisch war indessen unvergleichlich besser bestellt. Die einzelnen Speisen hatten ihre besonderen Preise, die freilich etwas teurer sich stellten als bei dem Mittagsessen zu den festen Sätzen. In diesen Bierwirtschaften für die mittleren Bürgerkreise wurde dann des Abends eifrigst politisiert. Damals war „Fortschrittlich" Trumpf in Berlin. Der bürgerliche Liberalismus stand sozusagen im Zenith seines Fettes, und bei den Erörterungen über die politischen Tagesereignisse wurde eifrigst für die Anschauungen der Fortschrittspartei geworben und deren Vertreter im preußischen Landtage auf den Schild gehoben. Es war die Zeit des heftigsten Verfassungskonfliktes in den ersten sechziger Jahren, wie er sich allmählich aus der Mehrforderung im Staatshaushalte für die Durchführung der Heeresumgestaltung heraus entwickelte. Damals blühte auch der Weizen der Bierbankpolitiker. Die Bezirksvereine. mit denen ganz Berlin netzartig überzogen wurde, gewannen eine wirklich politische Bedeutung wie nie zuvor und auch nie wieder später.

Im Mittelpunkte der öffentlich-politischen Wirksamkeit stand indessen der große Berliner Handwerkerverein in der Sophienstraße, eine für jene Verhältnisse wahrhaft großartige Schöpfung auf sozialem Gebiete. Für die Entwicklung des öffentlichen Lebens, für die Verbreitung nützlicher Kenntnisse, für die Hebung der Lebensführung in den Kreisen der Handwerker, des Kleinbürgerstandes, für die Pflege veredelnder Geselligkeit wurde dieser durch die opferbereite Mitwirkung der wohlhabenden und politisch regsamen Berliner Bürgerschaft neu ins Leben gerufene Handwerkerverein von einschneidender Bedeutung. Ursprünglich ein Sprößling aus dem Jahre 1848, wurde er unter der wieder zu Kräften gekommenen Gegenbewegung gewaltsam unterdrückt, bis er dann mit dem Eintritt der liberalen neuen Ära unter dem Prinzregenten Wilhelm von Preußen, dem späteren Deutschen Kaiser, zu neuem blühenden Leben erstarken konnte. Der stadtbekannte, hochangesehene Schulvorsteher Steinert war der erste Leiter des wiedererstandenen Vereines, der unter der Vorsteherschaft Franz Dunckers, des demokratischen Berliner Abgeordneten, seiner

Glanzzeit entgegengeführt wurde. Die Zierden der Wissenschaft, der Künste, der Literatur, die Wortführer im Landtage fand man in dem Verzeichnisse der Lehrerschaft des Handwerkervereins. Hier traten die großen Gelehrten unserer Hochschule, hervorragende Schulmänner, auch hochgestellte Staatsbeamte nicht bloß als Vortragende vor eine vielhundertköpfige, andächtigst lauschende Zuhörerschaft; hier bot sich auch in Frage und Antwort mitten aus der Versammlung heraus Gelegenheit, in unmittelbare Verbindung mit dem Manne oder der Frau aus dem Volke zu treten. Erörterungen über politische Tagesfragen, über Parteiangelegenheiten blieben von diesen Vortragsabenden ausgeschlossen, denn der Handwerkerverein als solcher verfolgte nicht sowohl politische als soziale Interessen in des Wortes weitester Bedeutung, Er wollte vor allem Kenntnisse für das werktätige Leben unter seinen Mitgliedern verbreiten, ihren Sinn für Bildung und höhere Gesittung erwecken und pflegen. Für das Fortbildungsschulwesen in Berlin ist der Handwerkerverein geradezu bahnbrechend vorgegangen. Er wurde in seinen mannigfachen Einrichtungen vorbildlich für gleichartige Bestrebungen in allen Landen deutscher Zunge und weit darüber hinaus. An den vereinsfreien Abenden jedoch wurde der große, in anheimelnder Holzarchitektur hergestellte Saal vielfach für politische Versammlungen zur Verfügung gestellt, er war damals der einzige für derartige Veranstaltungen geeignete Raum in der ganzen inneren Stadt. Hier spielten sich geistige Kämpfe ab, die für die Parteipolitische Entwicklung Preußens, Deutschlands, ja der gesamten zivilisierten Welt von richtunggebender Bedeutung werden sollten. Hier hielt Schultze-Delitzsch, der unsterbliche Begründer des deutschen Genossenschaftswesens, seine wirtschaftlichen Vorträge, die dann Ferdinand Lassalle Gelegenheit boten, mit seiner berühmt gewordenen geistsprudelnden, aber auch bitterspottenden Gegenschrift „Herr Bastian Schultze von Delitzsch“ hervorzutreten. Daran entzündete sich dann die Fehde zwischen der Fortschrittspartei und dem genialsten deutschen Demagogen auf sozialem und wirtschaftlichem Gebiete. Lassalle selbst hat im Berliner Handwerkerverein niemals gesprochen: aber der zu unermeßlichen Folgewirkungen führende weltgeschichtlich bedeutungsvoll gewordene Zwist zwischen der bürgerlich-fortschrittlichen deutschen Demokratie und der Lassalleschen deutschen Sozialdemokratie ist damals zum erstenmal vor der breitesten Öffentlichkeit im Saale des Berliner Handwerkervereins hell aufgeflammt. Aber mit dem gewaltigen Erstarken der sozialdemokratischen Bewegung wurden dem Berliner Handwerkerverein mehr und mehr die Zuflüsse aus der heranwachsenden jugendlichen Bevölkerung abgegraben. Er sank von seiner stolzen Höhe zusehends herab und verlor nach und nach seine frühere Bedeutung. Er besteht wohl noch, aber mehr als ein Überbleibsel aus ruhmreicher Vergangenheit, denn als kraftvoll wirkender lebendiger Organismus Als ein Wahrzeichen aus jener Blütezeit des bürgerlich-liberalen Denkens und Fühlens wird der Berliner Handwerkerverein seinen Platz in der Geschichte Berlins für immer behaupten. Zunächst wurde sein eigentliches Tätigkeitsfeld von den überall in den dichter bevölkerten Stadtvierteln im Norden, Osten, Südosten begründeten Arbeiterbildungsvereinen zur Beackerung übernommen. Hier wurden die heranwachsenden Arbeiterscharen in den sozialdemokratischen Glaubenssätzen eingefestet, hier wurden die jugendlichen Geister von ihren Leitern gedrillt wie die Rekruten von den Unteroffizieren. Hier herrschte im Gegensatze zu dem duldsam-liberalen Geiste im Handwerkerverein strammste Parteidisziplin. Der auf breitester Unterlage errichtete Bau erhielt dann seinen krönenden Abschluß in dem großartigen Genossenschaftshause am Engelufer, in dem alle Drähte der Parteiorganisation zusammenliefen. Der mächtige Anstoß dieses sozialdemokratischen wohldurchdachten und mit lückenloser Folgerichtigkeit durchgeführten Vereinswesens blieb naturgemäß auf die entgegengesetzten Parteien nicht ohne nachhaltige Nachwirkung. Die sozial gerichteten Elemente innerhalb der Kirchengemeinschaften schlossen sich gleichfalls zusammen, und so entstanden dann im Laufe der siebziger und achtziger Jahre die verschiedenen nach konfessionellen Kennzeichen abgestempelten Vereinigungen, die in dem evangelischen St.-Michael-Hause des Vereins christlicher junger Männer unter der Leitung des edelgesinnten Freiherrn v. Rothkirch, und in dem katholischen Vereinshause in der Niederwallstraße unter der Führung des geistlichen Rates Müller ihre weithin wirkenden Mittelpunkte gefunden haben. Der öffentliche Geist des ehemals religiös-freidenkerisch gerichteten und politisch bürgerlich-liberal empfindenden alten Berlin hatte sich gründlich gewandelt; es war ein neues Geschlecht im Laufe weniger Jahrzehnte erstanden, das sozusagen „den Joseph" nicht mehr kannte. Mit der ehemaligen Alleinherrschaft der Fortschrittspartei war es unwiederbringlich aus und vorbei. Den vielfachen Ursachen dieses allgemeinen Gesinnungswechsels in der hauptstädtischen Bevölkerung nachzugehen und sie aufzudecken, liegt nicht in der Absicht dieser Darstellung. Wir nehmen daher den Faden der Erzählung wieder auf.

Im Gegensatz zu der Überfülle der klein- und mittelbürgerlichen Zusammenkunftstätten in den Bierwirtschaften der Königstadt, des Spandauer Viertels hatte die ruhige Friedrichstadt deren verhältnismäßig nur wenige aufzuweisen. Die hier lebende wohlhabende Bürgerschaft zeigte kein Bedürfnis, ihre Abende am Biertisch zu verbringen. Die wenigen vorhandenen genügten vollkommen. Dafür wurde hier jedoch ausschließlich der echte schwarzbraune Gerstensaft aus den Münchener und Nürnberger Brauereien verzapft. Ein Glas „Echtes" kostete damals schon drei Silbergroschen, eine Ausgabe, die sich zu jener Zeit in dem genügsamen Berlin nur der Wohlhabende leistete! Die besuchteste unter diesen „echten" Bierstuben war die an der Charlotten- und Behrenstraßenecke im ersten Stock belegene und unter dem Namen „beim schweren Wagner" stadtbekannte. Hier fanden sich an ungedeckten Tischen Männer aus den besten Gesellschaftskreisen zu kurzem Frühstückstrunke und zu längerer Abendunterhaltung zusammen. Man traf hier angesehene Kaufleute, berühmte Anwälte, wie den durch seinen kaustischen Witz ebenso gefürchteten wie durch vornehme Gesinnung und Lebensführung beliebten Justizrat Primker, den in den weitesten Kreisen geschätzten Verteidiger Holthof, den Freund Ferdinand Lassalles, in dessen gastfreiem Hause der lebenstrotzende sozialdemokratische Agitator Helene v. Doeniges kennenlernte, die dann bekanntlich das tragische Ende des gewaltigen Volksredners herbeiführen sollte. Hier erschien zuweilen auch der allverehrte Führer und Begründer der preußischen Fortschrittspartei, der Vater der deutschen Demokratie, wie er allgemein hieß, der Obertribunalsrat Franz Leo Benedikt Waldeck und andere Vertreter der Linken. Aber auch an hohen Militärs fehlte es nicht. Der geistvolle Graf Kanitz, Max Jähns, der ausgezeichnete Militärschriftsteller, gehörten zu den Stammgästen. Die Künstlerwelt war durch Alexander Dorn, den Kapellmeister der Oper, vertreten, der unter anderem auch „Die Nibelungen“ geschrieben, in der Johanna Wagner, die unvergessene Sängerin und Darstellerin, die Brünhilde in großartiger Weise verkörperte. Alexander Dorn war aber auch ein literarisch hochgebildeter Mann, ein Meister des gesprochenen Wortes, und in seinen späteren Lebensjahren, als er den Taktstock, den er nach der Art Gasparo Spontinis schwang, mit der Feder vertauschte, ein gefürchteter musikalischer Kritiker. Kurz und gut, beim „schweren“ Wagner konnte man stets erwarten, eine anregende, hochgebildete Gesellschaft zu finden. Eine ähnliche, höchst einfache, aber höchst behagliche Trinkstätte wie diese hat sich in der neu sich bildenden Weltstadt nicht wieder behaupten können. Die Zeit war unwiederbringlich vorüber, in der *diese* Art von Geselligkeit beim Glase Bier und beim „englischen“ Beefsteak – andere Speisen gab es beim „schweren“ Wagner kaum – beliebt war.

Geradeüber vom Schauspielhause hielt Herr Schubert, der ganz das Aussehen eines verabschiedeten preußischen Majors hatte, seinen Bierhof, in welchem ebenfalls nur „echtes“ verabreicht wurde. Der hohe Herr war für gewöhnlich für seine Gäste unsichtbar; allein sein Geist waltete dennoch fühlbar über dem Ganzen. Das merkte jeder im kleinen und im großen, hier hatte sich ein Künstlerstammtisch zusammengefunden, der sich von allen anderen gleichartigen Vereinigungen sehr wesentlich unterschied. Nur erlesene Mitglieder der Künstlerschaft und einige besonders in diesen Kreisen beliebte Schriftsteller, wie Ludwig Pietsch und der heiter spöttelnde Ernst Kossack, Scholz vom „Kladderadatsch“, hatten Zutritt zu dieser Tafelrunde, zu der die sonstigen Gäste mit einer unverhohlenen Ehrfurcht hinschauten und überaus erfreut waren, sobald sie etwas von den ernsten oder den erheiternden Bemerkungen der Stammtischgenossen erhaschen konnten. Den Vorsitz nahm Gustav Richter ein, damals auf der Höhe seines Malerruhmes und seiner bezwingend schönen Männlichkeit. Als er die jüngste Tochter Meyerbeers, die überaus anmutige Kornelia, heimführte, hatte die kluge Dame den lustigen Einfall, in der neuen Wohnung in der Bellevuestraße eine formgenaue Nachbildung dieser Schubertschen Kunstbaracke einzurichten, in der sich die Stammtischgenossen wöchentlich zusammenfanden. Ein Schubertscher Kellner bediente die Gäste wie in der Charlottenstraße. Es wurde eine symbolische Art von Bezahlung geleistet; dafür mußte die fesche Wirtin manche komisch-ernste

Nachrede über mangelhafte Bedienung, schales Bier, ungenießbares Essen über sich ergehen lassen. Auch an anderer Kundschaft fehlte es in dieser nachgeahmten Trinkstube nicht. Adolf Menzel fand sich zuweilen ebenfalls am Schubert-Tische ein, ferner der Tier-Wolff, der Schöpfer der Löwengruppe im Tiergarten, der Eulen-Wichmann, nach dem von ihm geschaffenen Weisheitsvogel benannt, der baumlange, spindeldürre Photograph Wigand, dazumal der einzige in Berlin, der seinen Beruf in künstlerischem Sinne betrieb, und endlich Eduard Hildebrandt, der berühmte Maler der Tropenlandschaft. Er wartete, eben von seiner Studienweltreise zurückgekehrt, mit den haarsträubendsten Erzählungen aus China und Indien auf. Hatte er dann eine besonders gruselige oder erheiternde Geschichte mit genauesten Angaben von Ort und Zeit und mit ausführlicher Darlegung der kleinsten Nebenumstände vorgetragen, dann war ein eifriger Zeichner rasch zur Hand, um die Wirkung dieser Hildebrandtschen „Mundtaten" auf die Gesichter der Tafelgenossen dauernd im Bilde festzuhalten. Wiegand Photographierte nachher diese Blätter, die unter die Zechteilnehmer abgegeben wurden. Es waren manche darunter, die des Aufbewahrens wert gewesen. Ob sich wohl eins oder das andere erhalten haben mag?

Diese Schubertsche Bierstube ist indessen noch aus einem ganz anderen Grunde erwähnenswert Man speiste nämlich dort zu Mittag zu dem festen Preise von 12½ Silbergroschen sehr gut und reichlich. Das Essen bestand aus einer kräftigen Brühe, Gemüse mit Beilage oder Fisch, Braten mit Salat und Kompott, Butterbrot und Käse, Obst. Am Einzugstage nach dem böhmischen Feldzuge von 1866 war der Fremdenbesuch sehr stark. Schubert wollte nun auch seinen Gewinn an dem siegreichen Kriege einheimsen und erhöhte den Preis des Mittagessens auf 15 Silbergroschen, fügte indessen zur Begütigung der etwas unwillig gewordenen Gäste hinzu, daß sich dieser Preisaufschlag lediglich auf die Einzugsfremden beziehe. Eine ganze Weile blieb es dann bei dem alten Herkommen. Nachher geriet das Versprechen in Vergessenheit, und der erhöhte Preis blieb. Der rührige Wirt hatte aber mit seinem Vorgehen Schule gemacht. Fünf Jahre später wiederholte sich das gleiche Spiel. Der Essenspreis wurde für den Einzugstag des siegreichen Heeres aus Frankreich auf 17½ Silbergroschen erhöht, zunächst wieder mit der gemachten Beschränkung auf die Fremden, die indessen wie nach 1866 sehr bald fallen gelassen wurde. Auch diesmal wurde die Preiserhöhung für diese Art Wirtschaften allgemein. Man kann also wirklich auf Tag und Stunde gewisse wirtschaftliche Nachwirkungen jener großen politischen Ereignisse auf das Berliner Alltagsleben feststellen. Von da an ging es blitzschnell abwärts mit der ehemaligen bescheidenen Lebenshaltung im Hause und in den öffentlichen Wirtschaften. Der französische Milliardensegen ist uns vielfach zum Unsegen ausgeschlagen. Es kamen die bösen Gründerjahre, die unser gemütliches, wenn auch recht spießbürgerliches Berlin von Grund aus verwandelten. Preußen hatte sich nach einer zutreffenden Bemerkung Theodor Fontanes großgehungert. Jetzt sah es so aus, als wollte es sich auf einem üppigen Pfühl ausstrecken. Berlin wurde plötzlich zu einer Schlemmerstadt, die ihresgleichen nicht hatte. An allen Ecken und Enden schossen prunkvolle Bierpaläste wie Pilze in die Höhe. Die überladene Ausstattung der Trinkstuben wurde als „altdeutsch" bezeichnet; das war nämlich damals die Losung. Jede dieser Trinkstätten wurde durch eine sogenannte „Beleuchtungsprobe" eingeweiht, zu der die Freunde des Unternehmers und insbesondere „die Presse" eingeladen wurden. Auf mächtigen Tafeln waren gewaltige Massen erlesenster Speisen jeglicher Art aufgeschichtet. Der Wein floß in Strömen; zum Nachtisch wurden die feinsten Sorten Kognak, französische Liköre, echte Zigarren in unerschöpflichen Mengen herumgereicht. Es war wie im Schlaraffenlande. Bei der Beleuchtungsprobe zur Eröffnungsfeier der in jedem Betracht verunglückten Lindenpassage, die von der Aktiengesellschaft Lindenbauverein veranstaltet war, ging es ganz besonders hoch her. Die Kredenz und die Anordnung der Speisen nahm sich genau so aus wie das Prunkstück einer Kochkunstausstellung, an dessen Zustandekommen sich alle Meister der Zunft beteiligt hatten. Auch eine gewisse Literatur hatte an diesen Festen ihren Anteil; einzelne Possenschreiber steuerten saftige Gelegenheitsgedichte gegen gute Bezahlung zur Verherrlichung dieser Herrenfeste bei. Diese Veranstaltungen waren Beleidigungen des guten Geschmackes, und wer nur einigermaßen etwas auf seinen guten Ruf hielt, blieb ihnen fern. Die bloße Erinnerung an diese häßlichen Erscheinungen ist dazu geeignet, ein moralisches Übelwerden auszulösen. Zu gleicher Zeit setzte auch das Nachtleben in Berlin ein, das dann zuletzt in einem Grade ausartete wie in keiner anderen unter den europäischen oder den nordamerikanischen Großstädten. Berlin war gleichsam zu einer Stadt geworden, in der die Sonne nie unterging. In den Beschreibungen der amerikanischen Berichterstatter wurde die neue Reichshauptstadt als „die Stadt ohne Nacht“ gekennzeichnet. Und das aufwachsende Männergeschlecht war sichtlich stolz auf den Ruf, den Berlin in dieser Hinsicht sich erworben hatte. Für jedes anständig empfindende Gemüt hatte dieses lärmend brandende Treiben in der Friedrich- und in der Leipziger Straße etwas ungemein Abstoßendes, ja etwas Anwiderndes. Die unverhüllte Schamlosigkeit, die nackte Roheit machten sich hier breit, ohne auch nur eine leiseste Beimischung von versöhnendem Humor. Berlin war sozusagen in die Flegeljahre seines überrasch erworbenen Reichtums getreten. Der denkende Beobachter dieser Erscheinung in dem öffentlichen Leben Berlins blickte schon damals nicht ohne schwere Besorgnisse in unsere Zukunft. Wir wissen uns von jeder moralinsäuerlichen Anwandlung durchaus fern, allein die geschichtliche Wahrhaftigkeit verlangt es, daß dieser Tatsache Erwähnung geschehen mußte. –

In um so erfreulicherem Gegensatze zu diesen Nachtschwärmereien erscheint das Leben und Treiben in den Morgenstunden während der Sommermonate im Tiergarten, namentlich „Hinter den Zelten“ und im benachbarten Kroll-Garten. Hierher hatte sich ein Stück vom alten traulichen Berlin hinübergerettet. Die Frühaufsteher kamen hierher aus der Friedrichstadt, selbst aus der Königstadt bis zur Stralauer Straße und auch noch darüber hinaus, um sich in der frischen Luft beim dampfenden Frühstückskaffee gütlich zu tun und sich mit Freunden zu unterhalten. Auch Brunnenkuren wurden vielfach hier unternommen als Ersatz für die damals sehr kostspieligen Badereisen in die böhmischen Kurorte. Da traf man gar manche stadtbekannten Originale, an deren derber Schlagfertigkeit man seine helle Freude haben konnte. Die muntere Jugend aber ergötzte sich an Kahnfahrten auf der Spree, die von Ruderbooten wimmelte. Mit der beginnenden Geschäftstätigkeit wurde es dann mit einem Male mäuschenstill hinter den Zelten, bis es dann um die Nachmittagsstunden wieder recht lebendig wurde und die Militärkapellen ihre lustigen Weisen in die Luft hinaus erklingen ließen. Auch die nachfolgenden Jahrzehnte haben an diesem Treiben nichts zu ändern vermocht; nur die Zuhörerschaft hat gewechselt. Früher war hier die bessere Bürgerschaft zahlreicher vertreten; später machten sich andersgeartete Elemente der Bevölkerung stärker und auffallender geltend, und das ganze gesellschaftliche Bild verschob sich nicht gerade zu seinem Vorteile. –

Im Osten waren Treptow, Stralau, das Eierhäuschen die äußersten Ziele der Sommerspaziergänge. Der Weg dorthin war beschwerlich, regelmäßige Verbindungen gab es noch nicht. Man blieb ausschließlich auf die erbärmlichen Droschkenkästen angewiesen, die zumeist von altersschwachen Gäulen mühselig über das entsetzliche Straßenpflaster und die gräßlich staubige Chaussee an den Bestimmungsort hingeschleppt wurden. Das hübsche Gelände an der Oberspree war damals den Berlinern so gut wie ganz verschlossen, denn die Dampfschiffahrt wurde erst viel später, in den siebziger Jahren, eingerichtet.

Im Mittelpunkte der Wintervergnügungen standen in der Hauptstadt eines so straff monarchisch gerichteten Staates wie das damalige Preußen naturgemäß die Hoffestlichkeiten, zu denen zugelassen zu werden, ein Ziel aufs innigste zu wünschen für die höhere Bürgerschaft blieb. Ludwig Pietsch war der alleinige Begünstigte unter den Tagesschriftstellern, dem der Zutritt zu den höfischen Veranstaltungen gestattet war. Seine anschaulich abgefaßten Berichte in der „Vossischen Zeitung“ wurden, namentlich von den Leserinnen des Blattes, förmlich verschlungen. Wie Adolf Menzel einzelne Szenen dieser Festlichkeiten im Berliner Schlosse durch seinen berühmten Pinsel verewigte, so suchte Ludwig, der Historiograph der Hofbälle, sie durch die Beschreibung festzulegen. Daran mußte sich die große Masse genug sein lassen. Nur bei einer einzigen Festveranstaltung war der größeren Öffentlichkeit die heißersehnte Gelegenheit geboten, des hohen Glückes teilhaftig zu werden, die gesamte Herrscherfamilie und den ganzen Hofstaat von Angesicht zu Angesicht erblicken zu dürfen: bei den Subskriptionsbällen, die zur Karnevalszeit im Opernhause abgehalten wurden. Ursprünglich fanden ihrer drei statt. Nach und nach wurden sie auf zwei eingeschränkt: dann blieb nur noch einer übrig, bis sie nach dem Regierungsantritte Wilhelms II. schließlich ganz verschwanden. Zur Zeit des alten Königs und späteren Kaisers Wilhelm standen diese Subskriptionsbälle auf der Höhe ihres gesellschaftlichen Glanzes. Von der Generalintendanz der königlichen Bühnen ergingen die Aufforderungen zur Teilnahme an die angesehensten Familien in der Stadt und in Potsdam. Am meisten waren die Aufforderungen zum ersten Subskriptionsballe begehrt. Es wurden alle Hebel in Bewegung gesetzt, um in den Besitz einer solchen Ballkarte zu gelangen, so daß Herr v. Hülsen schwere Sorgentage verbrachte. Er konnte sich der auf ihn einstürmenden Gesuche um Zulassung zum ersten Subskriptionsballe kaum erwehren. Es verlohnte aber auch wirklich der aufgewendeten Mühe, denn der Anblick des vereinigten Zuschauer- und Bühnenraumes war ein überwältigend schöner. Von der großen Hofloge in der Mitte des ersten Ranges führte eine breite Treppe in den Tanzsaal, der in blendendstem Lichterglanz erstrahlte, während von der Decke herab farbige Gewinde sich nach dem obersten Range hinüberschwangen. Unter den dichtgedrängten Zuschauermassen erblickte man alle Berühmtheiten der Kunst, der Wissenschaft, alle hellsten Sterne des Theaterhimmels, die gesamte Diplomatie, eine große Zahl Abgeordneter, die höchste Aristokratie, die Größen der Börse, die angesehensten Vertreter der Kaufmannschaft, ganze Schwärme schmucker, tanzlustiger Offiziere. Man müßte ganze Seiten mit Namen ausfüllen, wollte man auch nur die Hervorragenden aufzählen. Ganz besonderes Aufsehen erregten die Mitglieder der chinesischen Gesandtschaft in ihren eigenartig prachtvollen Gewändern. Mitten in dem sinnverwirrenden Gewimmel verschaffte sich die junge tanzlustige Welt nur mühsam Raum, aber endlich gelang das anscheinend Unmögliche, und die walzenden Paare konnten in zwei geschlossenen Runden, die eine über dem Bühnenraum, die andere über dem Parkett, ihrer brausenden Lust vollauf Genüge tun. Dem heiteren Treiben sah der greise Herrscher von seinem Logensitze aus mit lebhafter, freudiger Anteilnahme zu. In einem verstohlenen Winkel jedoch hatte ein anderer Unsterblicher seinen Stand genommen, um ebenfalls mit seinen untrüglich scharfen Augen dem bunten Treiben zuzuschauen. Adolf Menzel guckte durch sein Brillenglas hinein in die einzelnen Gruppen und bannte mit seinem flinken, unfehlbaren Griffel ihn besonders anziehende Erscheinungen auf sein Skizzenblatt fest. Plötzlich erschallten drei kurze dumpfe Schläge. Die ganze tausendköpfige Gesellschaft bleibt regungslos stehen, es wird mäuschenstill im Saal. Herr v. Hülsen, hochaufragend, schlank, mit dem Kammerherrnstab in der Hand erscheint, von der Höhe des

Franz Ziegler
Oberbürgermeister von Brandenburg
Demokratischer Abgeordneter
Lithographie nach Graff 1848

Schnürbodens herab erklingt, vom Männerchor des Opernhauses vorgetragen, Spontinis frostige Preußenhymne. Der Umzug des Hofes nimmt seinen Anfang. Unter Vorantritt des Generalintendanten folgen das Kaiserpaar, der in seiner männlichen Schönheit strahlende Kronprinz, „unser Fritz", die etwas schüchtern dreinblickende Victoria zur Seite, die übrigen Prinzen und Prinzessinnen. Der ruhmgekrönte Friedrich Karl wird ganz besonders beachtet. Neben ihm schreitet die bildschöne Gattin. Marie Anna aus dem Hause Anhalt. Den Beschluß macht der alte Wrangel, bei dessen Anblick die Nächststehenden ein leises Lächeln nicht unterdrücken können; er führt die Gräfin Oriola, eine etwas phantastisch aufgeputzte, überalterte Schönheit. Der Höhepunkt des Festes ist vorüber. Der Umzug wiederholt sich allerdings nach etwa einer halben Stunde noch einmal, aber der erste Eindruck wiederholt sich in der gleichen Stärke nicht wieder. Nach diesem Pflichtumzug begibt sich der greise Herrscher in den ersten Rang, um einzelne hervorragende Persönlichkeiten aus der Diplomatie zu begrüßen; auch Künstler und Künstlerinnen, wie Pauline Lucca, Albert Niemann, die Tagliana, eine pikante Schönheit, werden durch eine freundliche Ansprache begrüßt. Während der Pause spricht man den im Konzertsaale aufgestellten Leckerbissen eifrig zu. In einem abgeschlossenen Raume jedoch hinter den Kulissen hat sich dank der Fürsorge des unermüdlich hilfsbereiten Hausaufsehers Pl. ein Häuflein Bühnenangehöriger und Zeitungsmenschen zusammengefunden, um sich bei einem leckeren Mahle gütlich zu tun und sich über das eine oder das andere Ballvorkommnis von Herzen lustig zu machen. Die Zeit ist rasch verflogen. Um 1½ Uhr pünktlich wird das Fest „abgeblasen", und rasch leeren sich die überfüllten Räume. Kaum daß die letzten Ballgäste das Haus verlassen, und schon sind die Theaterarbeiter am Werke, um die Ballzurüstungen abzutragen und das Haus wieder für die Vorstellungen in Bereitschaft zu setzen.

Außer bei dieser Ballfestlichkeit im Opernhause bot sich noch bei einem anderen, mehr ernsthaft-feierlichen Anlasse, Gelegenheit, den Landesherrn und den Hofstaat in Augenschein zu nehmen. Das war beim Ordensfest der Fall, das alljährlich im Anschluß an den Gründungstag des Königreichs Preußen am 18. Januar oder an dem darauffolgenden Sonntag begangen wurde. Zu diesem Ordensfeste wurden die im Laufe des Jahres durch Ordensverleihungen ausgezeichneten Staatsbürger durch das Oberhofmarschallamt geladen. Im Weißen Saal war die Tafel für die Herrscherfamilie, den Hofstaat, die höchsten Würdenträger gerüstet, die neuernannten Ordensritter verteilten sich ganz nach Gutdünken in den übrigen Prunkräumen, in der Bildergalerie, in den anschließenden Kammern. Jeder „Ritter" nahm Platz, wo es ihm beliebte. Es herrschte für die Tafelzeit so etwas wie eine demokratische Gesellschaftsordnung von königlich preußischem Hofmarschallamts Gnaden. Auch von irgendeinem vorgeschriebenen Kleidungszwang war ursprünglich keine Rede. Jeder Gast sollte zum Ordensfest im Schlosse in anständiger Kleidung erscheinen dürfen. So hatte es König Friedrich Wilhelm III. schon bei der Einrichtung dieses Festes angeordnet, zu dem auch alle Ritter des Eisernen Kreuzes ganz allgemein durch die Aufforderung im „Staatsanzeiger" geladen waren. Mit Rücksicht auf diese mit dem Ehrenzeichen von 1813 geschmückten Krieger hatte man von der üblichen Gesellschaftskleidung Abstand genommen. Als nun Friedrich Wilhelm IV. sein erstes Ordensfest abhielt, faßte sich ein Braver aus jenem Befreiungskriegsjahr einen hohen Mut, legte sein Festgewand und seine eiserne Ehrenzier an und wanderte aus dem äußersten Stadtnorden fürbaß ins königliche Schloß. An der Tafel wurde eifrig dem edlen goldenen Rebensafte vom Rheine zugesprochen. Unser Wackerer ließ sich ebenfalls den köstlichen Trank trefflich munden. Doch dessen ungewohnt, verspürte er einen gewissen Drang nach Erleichterung. Er erhob sich von seinem Sitze und ging schweren Schrittes die lange Bildergalerie hin. Das Erstaunen der Ordensritter über dieses unerhörte Vorhaben steigerte sich von Sekunde zu Sekunde. Als nun schließlich der übervolle Achtzehnhundertunddreizehner am Ende der Galerie den daselbst stehenden Oberhofmarschall erblickte – es soll ein Herr v. Meyerinck gewesen sein – da redete er ihn laut und vernehmlich mit dem Worte an: Kollege! Und richtete eine durchaus nicht mißzuverstehende Frage an ihn. „Die Ritter schauten mutig drein und in den Schoß die Schönen."[2] Die Wirkung war unbeschreiblich. Der König soll sich eines hellen Auflachens nicht haben erwehren können und die bitterböse Bemerkung haben fallen lassen, daß diese Frage das erste vernünftige Wort enthalten, das er an der Tafel gehört. Um in Zukunft vor ähnlichen Überraschungen gesichert zu sein, unterblieb

2 Zitat aus Johann Wolfgang von Goethes „Der Sänger"

fortan die allgemeine Ansage an die Ritter des Eisernen Kreuzes, sie wurden vielmehr nach sorgfältig getroffener Durchsiebung persönlich zur Ordenstafel „befohlen". Die Redensart aber, die noch nach Jahrzehnten in Berlin vielfach üblich war: „Kollege, wo …?" stammt von jenem ersten Ordensfeste unter Friedrich Wilhelm IV. her. –

Schließlich sei hier noch einer aus einer ganz anders gearteten Lebensanschauung herstammenden, alljährlich um die Karnevalszeit wiederkehrenden Festlichkeit gedacht. Die breite Öffentlichkeit hatte gar keinen unmittelbaren Anteil an ihr; allenfalls erfuhr sie einige Tage danach durch eine Zeitungsnotiz davon. Vor länger als einem Jahrhundert hatte ein Magistratsmitglied des Namens L'Abbey der Stadt eine Geldsumme vermacht, aus deren Zinsertrag alljährlich an seinem Geburtstage je fünfzig männliche und weibliche Arme gespeist werden sollten. Und zwar sollte ihnen das beliebte Berliner Gericht Erbsen, Sauerkohl und Pökellamm reichlich dargeboten werden. Auch für den nötigen Zutrunk hatte der menschenfreundliche Stifter gesorgt. Im Laufe der Jahre hatten sich dann einzelne Berliner Bürger gefunden, die aus dem ihrigen mancherlei zusteuerten, so daß die Teilnehmer an dem L'Abbey – Essen noch mit mancherlei anderen guten Gaben versehen wurden. Der angesehenste unter allen Berliner Köchen, bei dem die Feinschmecker der Stadt ihre Gastereien ausrichten ließen, rechnete es sich zur Ehre an, die L'Abbey-Armenmahlzeit auszurichten. Wenn dann die Schar der verhutzelten alten und uralten Männer und Frauen in den Speisesaal eintraten, von einem Magistratsmitgliede herzlichst begrüßt wurden, und wenn sie dann durch die genossenen guten Speisen und den Wein froh gestimmt aus sich herausgingen und vertraulich von ihres Lebens Notdurft, aber auch von manchen Freuden erzählten, da rollten auch manchem der aus der Bürgerschaft Geladenen die hellen Zähren über die Wangen. Der menschenfreundliche Wirt in der Mohrenstraße ließ es sich nicht nehmen, feine L'Abbey-Gäste noch für den Heimweg gut zu versorgen. So konnten dann wenigstens für einige Stunden die Geplagten und Bedrängten frei aufatmen, sich als vollwertige Menschen unter Menschen fühlen. Das L'Abbey-Essen gehört mit zu den Alt-Berlin kennzeichnenden, an und für sich kleinbürgerlichen Vorkommnissen. Eine Nachfolge hat dieses liebenswürdige Stiftungsvorbild leider nicht gefunden.

Das eigentliche, allwinterlich wiederkehrende Volksfest, an dem alt und jung lebhaften Anteil nahm und bei dem zuweilen sich auch etwas gutmütiger Humor, hier und da auch ein wenig politische Spöttelei zeigte, bildete indessen der Weihnachtsmarkt, der auf dem Schloßplatze, dem Lustgarten und die Breite Straße entlang abgehalten wurde. Besonders begehrt war der Braunschweiger Pfefferkuchen, der in einer prächtig hergerichteten und verschwenderisch erleuchteten Verkaufsbude von zwei blendend schönen jungen Mädchen, angeblich den Töchtern des Lebküchlers, feilgeboten wurde. Die Kette der vor jener unmittelbar vor der Langen Brücke ausgestellten Bude harrenden Käufer wollte schier kein Ende nehmen. Hier auf dem Schloßplatz und in der Breiten Straße quetschten sich die Massen zwischen den ziemlich dicht beieinander stehenden Budenreihen hindurch. Auf dem Lustgarten konnte man sich freier bewegen. Es war ein richtiger Tummelplatz. Allerhand bunter Flittertram, kleine künstliche Tannenbäumchen mit fadendünnen Kränzchen besteckt wurden hier von halbwüchsigen Burschen in hellsten Tönen gepriesen. Ein viel beliebtes Prunkstück für den damaligen Kinderweihnachtstisch war eine aus dünnen Holzstäben hergestellte, mit grünen Seidenpapierschnitzeln und Blattgold verzierte Pyramide – „Berjamiede". – Auch Kunstwerke aus Wachs und aus Holz, riesige Hampelmänner aus buntbedruckter Pappe fanden reißenden Absatz, von den Herrlichkeiten der in Fett gebratenen Spritzkuchen und eines entsetzlichen, aus einer Mischung von Mohnkörnern und Honig oder Sirup bestehenden Gebäcks, „Naute" genannt, ganz und gar zu schweigen. Während des Weihnachtsmarktes herrschte in dem damaligen Berlin so etwas wie Polizeifreiheit. Der Schutzmann – Konstabler geheißen – war wohl zur Stelle, allein die kriegerische „schnurrigbärtige" Miene war geschwunden und hatte einer heiteren, gutmütigen weichen müssen. „Der grimme Krieg hat seine Stirn entrunzelt." Auch diese harmlose Volksbelustigung ist für immer dahin. Sie hat den neuzeitlichen Verkehrsansprüchen weichen müssen. Damals ging vielfach das Gerücht, daß der Totengräber des Berliner Weihnachtsmarktes der bekannte Großhändler in der Breiten Straße geworden sei. In allen europäischen Großstädten haben sich derartige Schaustellungen für den „kleinen" Mann erhalten können, nur allein in Berlin nicht.

Den Abschluß dieses Kapitels mögen Schilderungen aus dem Leben und Treiben zweier feuchtfröhlichen Vereinigungen bilden, die sich eines gewissen Ansehens weit über Berlin hinaus durch viele Jahrzehnte, namentlich in Künstlerkreisen, erfreuten.

Diese älteste Gemeinschaft feuchtfröhlicher Zecher hat eine auf ihre Art rühmliche Geschichte aufzuweisen, die sich bis in das erste Viertel des vergangenen Jahrhunderts zurückverfolgen läßt. Zwei genial veranlagte Künstler, romantisch empfindende und sich in den groteskesten Formen äußernde Strudelköpfe, der königlich preußische Kammergerichtsrat E. T. A. Hofmann und der königlich preußische Hofschauspieler Ludwig Devrient, pflegten täglich die Weinstuben von Lutter & Wegner aufzusuchen, um beim schäumenden Glase Sekt sich den tollsten Launen ihrer unerschöpflichen Einbildungskraft hinzugeben und bei den an Nebentischen Sitzenden Verwunderung und Gruseln über die Unterhaltung der beiden, allen Philistern unheimlichen Gäste hervorzurufen. Das berühmt gewordene Bildchen eines unbekannten Malers, auf welchem die beiden Unsterblichen dieser Weinstube getreulich abkonterfeit find, ist bis auf den heutigen Tag noch in dem Eintrittszimmer der genannten Weinhandlung zu sehen, wenn auch nicht mehr an seiner ursprünglichen Stelle am Fenster. Daß die beiden wildgenialen Zecher für den Weinwirt wertvollste Gäste waren, bedarf keiner ausdrücklichen Versicherung. Waren sie doch dessen wirksamstes Anlockungsmittel geworden! Von dem Ruhme der beiden Zecher zehrten die Besitzer der Weinstube, an denen sich Goethes Spruch voll bewährte, daß es vorteilhaft sei, den Genius zu bewirten. Doch drohte einmal eine sehr ernste Gefahr. Die Zechenkreide wies eines Tages eine gar beträchtliche Höhe auf, und der Wirt zeigte eine recht bedenkliche Miene. Ludwig Devrient entging dieser Stimmungswechsel nicht. Kurz entschlossen verlegte er den Schauplatz seiner Taten nach der Markgrafen- und Taubenstraßenecke zu Rähmel , der den gewinnbringenden Flüchtling mit offenen Armen aufnahm. Die Folgen bei Lutter ließen nicht lange auf sich warten. Der Schwarm seiner Gäste wanderte ebenfalls hinüber. Da entschloß sich der doppelt Geschädigte zu einem diplomatischen Vorgehen. Ludwig Devrients Geburtstag stand bevor, und Lutter ersuchte den ungetreuen Freund, in dem Privatzimmer seiner Weinhandlung zu erscheinen. Als er am nächsten Tage sich eingefunden, streckte ihm Lutter freudig erregt die Hände entgegen, beglückwünschte ihn zu seinem Geburtstage, öffnete das Schreibpult und überreichte Devrient die Rechnung mit der gestrichenen Hälfte der Zechschuld. „Dies dein Geburtstagsgeschenk." Und schlagfertig erfolgte die Entgegnung: „Und ich lasse mich von dir an Großmut nicht überbieten, ich streiche die andere!" Gesagt, getan. Unter Lachen war die alte Freundschaft wieder hergestellt und Devrient kehrte an die liebgewordene Stätte zurück, und Wirt und Gast hielten zueinander, bis die große Ablösungsstunde geschlagen. Nach dem Tode des gewaltigen Darstellers auf der Bühne trat sein künstlerischer Nachfolger am Schauspielhause, Seidelmann, auch den erledigten Herrschersitz am Lutter-Stammtisch an. Und als auch ihn das unentrinnbare Schicksal ereilt hatte, übernahm Theodor Döring mit der schauspielerischen Erbschaft an der Bühne am Gendarmenmarkt auch das Ehrenamt bei Lutter, das er bis zu seinem Tode 1878 innehatte.

Mit dem Glockenschlage zwölf erschien Theodor Döring, sobald er durch keine Schauspielhausprobe verhindert war, in dem Künstlerzimmer und nahm auf feinem Präsidentensessel Platz, „Louis, eine Flasche Paveil," so lautete die stereotype Bestellformel an den Kellner. Diese Weinsorte war sein Lieblingsgetränk, nur selten entschloß er sich zu einer Flasche Talbot. Andere Weine, namentlich Weißweine, erschienen fast niemals auf diesem Tische. „Rotspon ist die Milch der Greise" pflegte Döring mit dem ihm eigenen faunischen Lächeln auszurufen, wenn die „junge Garde" sich lieber dem goldhellen Rebensaft vom Rhein zuneigte. „Ihr werdet auch einmal dahin kommen und dann mir recht geben." Und er hat denn auch tatsächlich mit seinem Lobe auf die „edlen Röten" nur zu recht behalten. Ließen die Tafelgenossen auch nur wenige Minuten auf sich warten, so geriet Döring in eine nervöse Ungeduld, aber zum Glück war Adolf Glaßbrenner sehr bald zur Stelle, und die Unterhaltung konnte beginnen. Das heißt, Döring konnte dann ruhig zuhören, denn der sprudelnde, witzige, kleine rundliche Glaßbrenner ließ so leicht keinen anderen zu Wort kommen. Er war ein unermüdlicher Schnurrenerzähler, ein vor nichts zurückschreckender Spötter, dem allenfalls nur Franz Ziegler, der berühmte demokratische Abgeordnete mit dem stockpreußischen Empfinden, gewachsen war.

Ziegler war unbedingt die stärkste und ausgeprägteste Persönlichkeit an diesem Stammtische, vor der alle übrigen Teilnehmer einen wirklichen Respekt fühlten. Gleichwohl war er nicht im mindesten auf die Tribunenpose abgestempelt. Er war vielmehr ein abgesagter Feind von allem, was nur nach Pathos roch. Derb, drastisch, ja sogar burlesk in seiner Ausdrucksweise. hatte Ziegler in seiner ganzen natürlichen Haltung, mit seinem scharfgeschnittenen Profil etwas Imponierendes. Er war sozusagen ein demokratischer Junker und nichts war ihm verhaßter als philisterhaftes Banausentum. Stieß er darauf, dann konnte der weltmännisch gebildete Mann in seinen Bemerkungen geradezu bissig und verletzend werden. Davon hat sogar hie und da ein Eindringling am Stammtische reichliche Proben zu kosten bekommen. Aber das waren natürlich nur ganz ausnahmsweise durchbrechende Temperamentsäußerungen. Am ergötzlichsten war er bei seinen wahrhaft prachtvollen Jägergeschichten. Hierbei entwickelte er einen sarkastischen Übermut, eine Kombinationsgabe, die ihresgleichen suchte. Einer freilich, ein wirklicher Zunftgenosse, der Forstmeister Oehme , ein Prachtexemplar seiner Gattung, hielt Ziegler durchaus die Stange. Sie waren beide Klassiker auf dem Gebiete des Jägerlateins. Als aber eines Tages Oehme ganz mutterseelenallein am Stammtisch saß und Ziegler nach einer Weile ins Zimmer trat, rief ihm jener auf der Stelle die köstliche Bemerkung zu: „Wozu sollen wir uns beide anlügen, es ist ja noch niemand außer uns da!“

Der dritte in diesem Bunde war der berühmte Schauspielhausregisseur Stawinsky, der seine Herkunft von einer altpolnischen Starostenfamilie herleitete. Das Terzett Oehme-Stawinsky-Ziegler leistete Ungeheuerliches im Erfinden der abenteuerlichsten Eulenspiegeleien. Leider weilte Stawinsky lange nicht mehr unter den Lebenden, aber sein Angedenken war damals unter den Stammtischgenossen noch sehr lebendig. Besonders gern kamen Döring, Glaßbrenner und ein Geheimrat Scheidtmann auf Stawinskys groteske Lügen zu sprechen. Dieser Geheimrat aus der Seehandlung war ein ganz absonderliches Menschenkind. Tag für Tag wanderte er mehrere Stunden im Laufschritt durch den Tiergarten, ohne jemals in seiner Kleidung auch nur die geringste Rücksicht auf die Witterungsunterschiede zu nehmen. Winter und Sommer trug er den gleich leichten Anzug, die ungeheuerlich weit ausgeschnittene Weste, den Überzieher stets über dem linken Arm. Um sich aber auch sonst gegen alle Empfindungen gleichgültig zu machen, trank er in jeder ersten Monatshälfte roten Wein, in der darauffolgenden ebenso unerbittlich weißen. Er war ein Niederrheinländer und wegen seiner finanziellen Anstelligkeit von Ludolf Camphausen nach Berlin herübergenommen worden, wo er als ein Outsider der Bureaukratie dann im Finanzministerium eine Stellung erhielt. Seine Schwärmerei für Döring war grenzenlos, aber sie äußerte sich mehr durch sein Mienenspiel als durch Worte. In dieser sprachlichen Enthaltsamkeit kam ihm nur der Berliner Stadtkämmerer Hagen gleich, der hier am Lutter-Tisch von den Bürden seines Amtes schweigend ausruhte. Hagen war damals eine politische Autorität erster Größe. Von ihm rührt nämlich der berühmte, nach ihm benannte Antrag im Abgeordnetenhause auf Spezialisierung des Etats her, der den Verfassungskonflikt während der sechziger Jahre herbeiführte. Die dritte Finanzgröße am Lutter-Tische war der liebenswürdige, feingebildete, zu starker Ironie hinneigende Bankier Schubert. Dieses Kleeblatt hob sich ganz eigenartig durch seine Haltung von der übrigen Tischgenossenschaft ab. Sie bildeten die eigentliche Döring-Gefolgschaft. In scharfem Gegensatz zu der bürgerlichen Würdigkeit und Gemessenheit dieser drei erschienen der Opernsänger Salomon, der die Tochter des Lindenhotelbesitzers heimführen durfte, nachdem sich der Brautvater, wie die Sage ging, davon durch den Augenschein überzeugt hatte, daß sein zukünftiger Schwiegersohn „kein Don Juan" sei; ferner Gustav v. Moser und Paul Börner, ein geistvoller Arzt und Mitarbeiter an der „National-Zeitung", der nach einer sehr treffenden Bezeichnung von Ludwig Pietsch ein ehrliches Rebellengesicht zur Schau trug. Börner hat sich dann übrigens durch medizinisch-literarische Unternehmungen einen angesehenen Namen gemacht.

Der Lutter-Stammtisch war, wie ersichtlich, gesellschaftlich sehr gut gemischt. Die verschiedenartigsten Interessen waren unter den Genossen dieser Tafelrunde vertreten. Künstlerische, politische, ja selbst religiöse Gegensätze trafen zuweilen hart gegeneinander. Aber niemals wurden die Schranken des guten Geschmacks auch nur um eines Haares Breite überschritten. Und das wollte wirklich etwas bedeuten zu einer Zeit, wo die Kämpfe um Richard Wagner, nicht minder die um Otto Bismarck in ungemessener Heftigkeit entbrannt waren. Länger als zwei Stunden währten diese anregenden Unterhaltungen unter geistig hochstehenden Männern niemals. Kurz vor 2 Uhr erhob sich Döring von seinem Platz. „Mathilde ruft, vorbei sind unsere Spiele!" pflegte er, auf seine Frau anspielend, zu sagen

Leopold Ranke
Nach einem Gemälde von Schrader

und, von Glaßbrenner gefolgt, das Zeichen zum Aufbruch zu geben. Der geniale Schauspieler war keineswegs der geistige Tonangeber an dieser Tafelrunde, wohl aber der beherrschende Mittelpunkt, um den sich alles drehte und der wiederum das Ganze zusammenhielt. Mit dem Tode Dörings hörte der Lutter-Stammtisch auf. Eine ähnlich geartete künstlerische Persönlichkeit fand sich nicht, und der Versuch F. A. Leos , des sogenannten Shakespeare-Leo, der gleichfalls der Tafelrunde angehörte, mißlang. Nur die Erinnerung an die vielen anregenden und erheiternden Unterhaltungen am Lutter-Stammtisch ist in frischem Angedenken der ehemaligen Tafelgenossen geblieben. Ab und zu verirrte sich noch der eine oder der andere an die verödete Stätte, um eine wehmütige Rückschau in die glänzende Vergangenheit zu halten. Dann hörte auch das auf. Die Zeitverhältnisse und die Menschen hatten sich gewandelt. Für Geselligkeiten in der Form jener Tafelrunde war in dem in der Bildung begriffenen Neu-Berlin kaum Raum mehr vorhanden.

Und nun zum anderen Künstlerstammtisch!

In der Geschichte des Berliner geselligen Lebens spielt die Wirtefamilie Siechen, so eine Art von Bierschankdynastie, eine recht ansehnliche Rolle. Von Anbeginn an, als der Begründer dieses „erlauchten" Hauses seines Amtes noch an der Burg- und Königstraßen-Ecke, in der „Alten Post" waltete, hatte sich eine innerliche Zusammengehörigkeit zwischen Wirt und Künstlerschaft, insbesondere dem Schauspielervölkchen herausgebildet. Karl Siechens Vorliebe für Komödie und Komödianten und seine Hilfsbereitschaft kannten keine Grenzen. So war es eben kein Wunder, daß die Siechensche Bierwirtschaft sehr bald sich einer großen Beliebtheit bei der Schauspielerschaft erfreute. Wo aber dieses Künstlervölkchen haust, geht's lustig und vergnüglich zu, und so blieb denn auch der Zuspruch aus den gutbürgerlichen Kreisen nicht aus. so daß aus dem Bündnis zwischen Kneipwirtschaft und Theater dem Hause schließlich ein reicher Erntesegen erstand. In der „Alten Post" hatte der Künstlerstammtisch seinen Ehrenplatz, an den sich kaum jemals ein Nichteingeweihter heranwagte. Geschah dennoch das Unerhörte, dann wußte der „Königliche Hofopernsänger Bost", wie er sich dann selbst und mit Betonung jedes einzelnen Wortes nannte, sehr bald Abhilfe zu schaffen und den unerbetenen Eindringling mit guter oder weniger guter Miene zum Rückzug zu veranlassen Einmal ist er dabei freilich sehr an den Unrechten geraten. Der Betreffende nahm die anzüglichen Redensarten nicht ruhig hin. Es gab Rede und Gegenrede, und die Wortpfeile wurden immer spitzer. Um sich endlich und unbedingt Respekt zu verschaffen, fuhr dann der wackere Bost mit dem Schwergeschoß seines Titels heraus, das den eingedrungenen Frechling niederschmettern sollte. Doch dieser entgegnete augenblicklich mit der größten Seelenruhe und in unverfälscht berlinerischer Mundart: „Det sin Sie? Det nennen Sie singen? Det nenn ick jröhlen!" Sprach's und verließ nichtsnutzig höflich grüßend den Schauplatz. Noch viele Jahre lang hat sich diese lustige Geschichte, die sich wie ein Lauffeuer verbreitet hatte, in der Erinnerung erhalten. Das fürchterliche „Det nennen Sie singen?" war eine geraume Weile geradezu zu einem geflügelten Worte in Theaterkreisen geworden.

Nach dem Tode des alten Karl Siechen trat gewissermaßen ein Interregnum ein. Der Fortbestand der vielbesuchten Wirtschaft war eine Zeitlang ernstlich gefährdet. Der Sohn und „designierte" Nachfolger im Schänkenreich, Franz, hatte mit vielen Widerwärtigkeiten zu kämpfen, bis er endlich Ruhe, Stetigkeit gefunden und damit auch seinen großen Erfolg, Als dann schließlich das neue, ansehnliche Haus in der Behrenstraße fertiggestellt war. erhielt auch der Künstlerstammtisch sein festes Heim, in dem sich die Gesellschaft allabendlich zu löblichem Tun versammelte. Weit über die Weichbildgrenzen Berlins, ja über Deutschlands Grenzen hinaus ist diese Gesellschaft ohne Haupt und ohne Satzung bekannt, und aus aller Herren Ländern gehen ihr bei schicklichen Veranlassungen Grüße und freundliche Erinnerungszeichen zu. Sie hat bis zu dieser Stunde zusammengehalten, wenngleich die letzten entsetzlichen Unglücksjahre nicht ohne die tiefsten Nachwirkungen auch auf diese unverwüstlich frohgestimmten Menschenkinder bleiben konnten. Mit der Fröhlichkeit, mit den übermütig-ausgelassenen Scherzen, mit den zuweilen kecklustigen Gelagen ist es vorbei, vielleicht für immer vorbei, ebenso wie mit den leidenschaftlichen Erörterungen über künstlerische, namentlich musikalische Tagesfragen. Die allermeisten unter den allzeit bereiten Streitern sind längst zu der bekannten großen Armee abgegangen, und der Nachwuchs ist nur sehr spärlich geraten. Die Glanzzeit dieser Stammtischgesellschaft, die ehedem „Dalldorf" geheißen, ist dahin; sie lebt nur noch in der Erinnerung weniger. Aus dieser Glanzzeit stammt auch die schwere, an sehr wertvollen Schmuckstücken reiche Ausstattung des Versammlungszimmers. Hier findet sich eine Bildnissammlung berühmter deutscher und auch fremdländischer Bühnenkünstler, wie eine solche nicht leicht wieder anzutreffen sein möchte. Unter diesen Bildnissen gibt es einzelne Seltenheiten ersten Ranges. Auch an scherzhaften Erinnerungen fehlt es nicht. Erwähnenswert ist ein Aquarellbild, eine Opernprobe im Metropolitan-Opera-House in New York veranschaulichend. Lilli Lehmann stürzt in der größten Wut auf die Szene und scheint mit Äußerungen ihrer Entrüstung nicht zu sparen. Albert Niemann verzieht sich ängstlich hinter die Kulissen, während der Kapellmeister, der dicke Richter, mitten im Parkett sitzend, sich hinter dem Partiturfolianten verbirgt. Eine ganz besonders wertvolle Zierde besteht in einer Reihe von Photographien aller Berühmtheiten des literarischen und schauspielerischen *Berlin* aus der zweiten Hälfte des vorigen Jahrhunderts. Diese Sammlung kann nahezu als vollständig bezeichnet werden. Es wäre außerordentlich bedauerlich, wenn all diese im Laufe der Jahrzehnte zusammengetragenen Erinnerungszeichen in alle Winde zerstreut würden. Als sinnfälligsten Schmuck nennen wir noch ein wertvolles, in ein Eichenholzgehäuse eingelassenes Album, das die Stammtischgesellschaft vor vielen Jahren ihrem Wirt Franz Siechen als Geburtstagsgeschenk verehrte und das er wiederum dem Künstlerzimmer eigentümlich überwies. Das Album enthält außer Beiträgen der angehensten Berliner Schriftsteller viele herrliche Zeichnungen und farbige Darstellungen heiterer und ernster Art unserer berühmtesten Maler. Vor diesen vielen Zeugen einer in dahingeschwundenem Ruhm und Glanz schimmernden, kaum so jemals wiederkehrenden Zeit verweilend, wollen wir einzelne Szenen aus unserer Erinnerung zu einem erneuten Leben emporsteigen lassen.

Wie Theodor Döring am Lutter-Tisch, so stand hier Albert Niemann im Mittelpunkt. Er beherrschte auch hier die Szene. Doch mußte der Theaterklatsch unbedingt bei den Gesprächen mit ihm vermieden werden. Niemann führte, unbeschadet seines eifrigen Fortarbeitens auf dem eigenen Kunstgebiete, ein vielfach angeregtes geistiges Leben. Er verschlang keine Bücher, aber er bohrte sich in ihren Inhalt förmlich ein und gab dann auf die ihm eigene leidenschaftliche Weife seine Lesefrüchte zum besten. Da forderte er aber zuweilen heftige Gegenreden heraus, die dem Recken unbequem wurden. Zugeständnisse wurden ihm nicht leicht. War er aber dann von seinem Irrtum überzeugt, dann vertrat er die errungene Erkenntnis mit dem gleichen Feuereifer wie die ehemalige Ansicht. Aus solchem Überzeugungswechsel lassen sich manche befremdliche Kundgebungen in seinem späteren Leben ganz zwanglos erklären. Sei dem, wie ihm wolle. An Albert Niemann bewährte sich in seiner ganzen Wucht das Goethe-Wort: „Höchstes Glück der Erdenkinder sei doch die Persönlichkeit." Im denkbar schroffsten Gegensatze zu diesem Gewaltsmenschen stand der sanftgemute alte Dräger, ein drolliger Kauz, der keiner Fliege ein Leid hätte antun können, der jedoch in einen wahren Zorneseifer geriet, sobald er an der Bahre eines Freundes eine schlechte Leichenrede anhören mußte, denn er selber besaß eine natürliche Redegabe, wie man sie nur höchst selten antrifft. Eines Tages kam er besonders übelgelaunt an den Stammtisch, und, um den Grund seines „Mißvergnügens" befragt, antwortete er kurz: „Für solch eine erbärmliche Leichenrede lieber gar keine – oder ich halte sie mir selber!" „Alter Moor," – das war sein Spitzname in diesem Kreise – „wir nehmen dich beim Wort, und das sofort." Gesagt, getan. Die nötigsten Zurüstungen waren schnell getroffen, und der alte Moor hielt sich wirklich seine Leichenrede selber, von der die zu jedem Übermut gestimmt gewesene Schar zuletzt bis ins innerste Mark erschüttert wurde. Der gelungene Ernst im Scherz wurde natürlich durch einen kräftigen Zutrunk belohnt, und der alte Moor hatte selber seine hellste Freude an diesem doch ein wenig ins Blasphemische schielenden Vorgang. Bei diesem und bei ähnlich gearteten Scherzen war der Schwager des Wirtes, ein überaus witziger Kaufmann W., der Hauptbetreiber; wie durch Zaubermacht wußte er alle entgegenstehenden Schwierigkeiten im Nu zu überwinden. Ehe man sich's versah, war alles herbeigeschafft, und der Spaß konnte seinen Anfang nehmen.

Am stärksten war das musikalische Element an diesem Stammtisch vertreten. Ohne irgendein vorher gegebenes Zeichen summte einer leise die ersten Töne des einen oder des anderen der Priesterchöre aus der „Zauberflöte" vor sich hin, und sofort setzte die Bruderschaft vollstimmig ein mit prächtig nachgeahmter Instrumentalbegleitung. Es war ordentlich weihevoll, erhebend, sobald die übermütigen Gesellen diese unvergleichlich hehren Tonweisen erklingen ließen. Und wenn erst gar der feinsinnige, sangeskundige Arzt P. seinen wohlgebildeten, prächtigen Tenor in den Dienst edler Geselligkeit stellte, da war des herzlichen Jubels kein Ende. Selbst der gestrenge Meister E. E. T. konnte dann mit einem: „Nein, das war wirklich prachtvoll," nicht länger zurückhalten. Zuweilen wurden ganze Opernakte, namentlich aufgelegte italienische Opernschmarren, wie „Lucrezia Borgia" in ergötzlichster Weise versungen. Auch Verdis „Troubadour" mußte herhalten, sobald eine Lucca oder eine Brandt gut bei Stimme waren. An Manricos und Leonorens war dermaßen Überfluß, daß alle Leiter auch der größten Hofopern neidisch werden konnten. Ein Regiewagnis jedoch, die Veranschaulichung der „wabernden Lohe", wäre den übermütigen Brauseköpfen recht übel bekommen. Es war wie ein Stück aus dem Tollhause oder aus den Hoffmannschen Serapions-Brüdern. Das ist nun alles dahin und auf Nimmerwiedersehen versunken. Man ist auch hier an dem Siechen-Künstlertisch gar sehr ernst geworden. Es getraut sich kaum einer der wenigen Überlebenden auch nur noch der alten Zeiten und der burlesken Schnurren zu gedenken, die damals vorgebracht wurden. Die Reste der früheren Glanzzeit haben sich durch die furchtbaren Kriegsjahre noch zusammenhalten lassen. Möge diesem letzten Künstlerstammtisch aus der glücklichen Zeit des alten Berlin noch ein Hoffnungsschimmer auf eine lichtere Zukunft aufgehen!

Werner Siemens

Die Universität und andere wissenschaftliche Anstalten

Die Universität

Die Berliner Universität, wie Emil du Bois-Reymod sie einmal in der ihm gewohnten zugespitzten Sprechweise bezeichnete, „das geistige Leibregiment der Hohenzollern“, ist in dem ehemaligen Palais des Prinzen Heinrich von Preußen, des berühmtesten unter den Brüdern Friedrich des Großen, untergebracht. In der ursprünglichen Gestalt hat sich nur *ein* Raum in dem weitausgestreckten Bau erhalten, wenngleich er vor dessen Übergabe an die neue Gelehrtenrepublik einem ganz anderen Zwecke dienen sollte, als der ursprüngliche Bauherr ihm zugedacht hatte. Wir sprechen von der großen Universitätsaula, die eigentlich als Tanzsaal ausgestattet war. Auf dem von einem Säulenpaare getragenen Balkon, von dem herunter bei den Festveranstaltungen der Universität feierliche Gesänge in deutscher und lateinischer Sprache in den weiten Raum hineinschallen, erklangen vormals die zierlichen Rhythmen der Menuetten, der Françaisen und anderen Tanzarten. Alle übrigen Räume wurden, so gut oder so schlecht es eben gehen wollte, meistens schlecht, den neuen Bestimmungen angepaßt. Angesichts der entsetzlichen Notlage Preußens nach dem Zusammenbruch bei Jena mußte sich die Staatsverwaltung in allen ihren Zweigen auf das allerknappste einrichten. Und so wurde denn auch die neubegründete Berliner Universität nur mit dem Allernotwendigsten versehen. Sie hatte, streng genommen, außer den ihr zur Verfügung gestellten Räumen des ehemaligen Palastes, die notdürftig zu Hörsälen umgestaltet wurden, nichts weiter als staatliche Mitgift erhalten können. In dieser kümmerlichen äußeren Verfassung ist die Berliner Universität bis zu ihrem ersten Umbau in den siebziger Jahren verblieben.

Trotz dieser äußerlichen Dürftigkeit hat sich die im wesentlichen durch Wilhelm von Humboldt geschaffene neue Hochschule sehr bald zu einer der ersten unter ihren deutschen Mitschwestern aufgeschwungen und sich in dieser führenden Stellung zu behaupten vermocht. Es soll ja indessen hier kein Abriß der Entwickelungsgeschichte der Universität gegeben werden. Deshalb beschränken wir uns auf diese knappen Sätze und wenden uns der Beschreibung dessen zu, wie es vor etwa einem halben Jahrhundert in den Hörsälen aussah und wie es unter dem Studentenvölkchen zuging.

Die Universität war schon damals die besuchteste Deutschlands, wenn man die Wiener ausnimmt. In der engen Eingangshalle herrschte daher zu gewissen Vormittagsstunden ein wahrhaft beängstigendes Gedränge. Die jugendlichen Stürmer hatten indessen äußerlich nur wenig gemein mit den Studierenden an den anderen deutschen Universitäten. Die sonst typischen Gestalten mit ihren bunten Verbindungsabzeichen, den Kappen, den verschnürten Sammetpekeschen fehlten hier fast gänzlich. Der Student als solcher wurde in der Bevölkerung kaum bemerkt. Das Verbindungswesen hatte damals keinen rechten Boden. Es gab wohl einige Burschenschaften und Korps, allein sie traten für gewöhnlich kaum in die Erscheinung. Von einem wie an kleinen Universitäten üblichen „Farbenbummel“ in der Hauptverkehrsstraße war keine Rede. Berlin war damals keine Universität für *erste* Semester. Man kam hierher, um zu studieren. Wenigstens stand Berlin damals in dem Rufe, eine Arbeits-Universität schlechthin zu sein. In Heidelberg, in Bonn, in Jena, in Tübingen und noch in anderen kleinen Universitätsstädten brauste das vielbeneidete und vielgeschmähte deutsche studentische Leben; hier in Berlin „ochste“ man. Daher der im ganzen und großen ernstere, gemessenere Ton unter den Studierenden. Eigentlich-studentisches Leben waltete nur in dem zu Anfang der sechziger Jahre begründeten Akademischen Turnverein, der seine Winterübungen in einer Privaten, in der Dorotheenstraße belegenen, engen, kärglich ausgestatteten Halle, zur Sommerszeit auf dem alten Jahnschen Turnplatz in der Hasenheide abhielt. Nach getaner Arbeit versammelte man sich auf der Kneipe zu heiterem Verkehr „bei Bier, Tabak und nicht bei Wein“, wie es in einem altbekannten Studentenliedchen heißt. Doch arteten diese Zusammenkünfte niemals zu jenen wüsten Zechereien aus, die uns „in so bösen Ruf bei unseren Nachbarn gebracht“. In der gesamten Studentenschaft herrschte ein im besten Wortsinne liberaler Geist, von Mißhelligkeiten, von verbitterten und verbitternden Kämpfen, wie sie leider später an der Tagesordnung, war damals auch nicht eine Spur zu bemerken. Die Studentenschaft war, wie sie stets sein sollte, auch wirklich eine *civitas academica*.

Erst als nach dem Tode des achten Dänenkönigs Christian die schleswig-holsteinsche Frage brennend wurde, erwachte auch in der Berliner Studentenschaft der politische Sinn mit einer unwiderstehlichen Gewalt und drängte nach Betätigung. Es bildete sich eine studentische Legion, die von dem leitenden Staatsmanne anscheinend mit einem gewissen Wohlwollen betrachtet wurde. Die erforderlichen Übungen wurden unter der Leitung eines Leutnants der Reserve, damals eine Seltenheit unter den akademisch Gebildeten, eines Dr. Müller, in der noch nicht ganz vollendeten großen städtischen Turnhalle in der Prinzenstraße abgehalten. Alle Beteiligten waren des heiligsten Eifers für die schleswig-holsteinsche Sache voll. Indessen waren die Tage der Berliner studentischen Legion gezählt. Als die Politische Entwickelung der Dinge die bekannte Wendung genommen, der leitende preußische Minister seinen Meisterzug vollzogen und in die Londoner Konferenz eingewilligt, hatte er auch für die aus jugendlicher Begeisterung heraus ins Leben gerufene studentische Legion kein Interesse mehr. Sie verschwand ebenso rasch von der Bildfläche, wie sie entstanden. Der einmal geweckte politische Sinn unter der Studentenschaft ist ihr aber seit jenen Tagen verblieben. Er hat dann freilich in den darauffolgenden Jahrzehnten nicht immer zu erfreulichen Kundgebungen geführt.

Wie sah es nun aber dazumal im Innern des Universitätsbaues aus? Es ist oben schon angedeutet worden, daß die Ausstattung auf das allerdürftigste bemessen war. Die Hörsäle zeigten kahle, graugrünlich getünchte Wände, über dem Katheder eine schwarze Holztafel. Von der Decke herab hingen einfachste Gasarme herab, aus denen die Flammen frei in die Luft hinaus ihr rötliches Licht spendeten. Die Erwärmung wurde durch Kachelöfen bewirkt, die von dem Wandelgang aus geheizt wurden. Niedrige, unbequeme Sitzreihen füllten dic Räume, die jeglicher Lufterneuerungsvorrichtungen entbehrten. In einzelnen größeren Hörsälen war namentlich in den Wintersemestern der Aufenthalt unerträglich. Im Universitätsbau waren indessen nicht bloß die Hörsäle für die rein theoretischen Wissenschaften untergebracht. Hier befanden sich in den beiden West- und Ostflügeln die große zoologische Sammlung, das anatomische Museum, die Werkstätten für mikroskopische

Anatomie, für Entwicklungsgeschichte und im obersten Stockwerk des Westflügels das physiologische Institut. Auch das christliche Museum war hier untergebracht. Von den damals in diesen Laboratorien herrschenden Zuständen können sich die späteren Studentengeschlechter auch nicht die leisesten Vorstellungen machen. Gleichwohl sind aus diesen armseligen, mit den dürftigsten Zurüstungen zu den unentbehrlichen Versuchsanordnungen ausgestatteten Werkstätten die wissenschaftlichen Großtaten hervorgegangen, die den Ruhm der Berliner physiologischen Schule über die gesamte Welt verbreiteten. Aber unerwähnt darf auch nicht bleiben, daß hier in den stillen, der reinen Wissenschaft geweihten Räumen zeitweise ganz andere Dinge in tiefstem Geheimnisse getrieben wurden. Zur Zeit des polnischen Aufstandes im Jahre 1863 waren auffallend viel polnische Studenten an der hiesigen Hochschule als medizinische Hörer eingeschrieben, die bei dem schrulligen Professor Boguslaus Reichert eifrigst anatomische Vorlesungen besuchten. Unter diesem Deckmantel verbargen sich indessen nationalpolnische Umtriebe. Eine Abteilung der Warschauer Nationalregierung hat hier im anatomischen Museum ihre Sitzungen abgehalten. Ein wissenschaftlicher Gehilfe Reicherts, sein Amanuensis, ein aus Posen gebürtiger Student mit dem urpolnischen Namen Winckler, ein bildschöner, liebenswürdiger, hellblonder Jüngling, heiter, umgänglich, stets hilfsbereit, stand im Brennpunkt dieses geheimnisvollen Treibens. Als die Kunde von dem Ausbruch der Warschauer Revolution hierher gelangte, war Reicherts Liebling spurlos verschwunden. Da gingen dem ahnungslosen Professor, der sich ganz besonders auf seine ausländischen Zuhörer etwas zugute tat. plötzlich die Augen über. Als dann bei dem ersten Umbau der Universität, Ende der siebziger Jahre, die Naturwissenschaftlichen Werkstätten und Sammlungen in eigene, großartig hergerichtete Gebäude verlegt wurden, soll man beim Wegschaffen der einzelnen Stücke unter den Kästen Stempel der ehemaligen polnischen Nationalregierung noch gefunden haben.

Hoch oben, wohl an die hundert Steinstufen und darüber, über Reichert stets lärmhafter Arbeitsstätte, lagen die durch Johannes Müllers unsterbliche Ruhmestaten geweihten Räume, in denen sein würdiger Nachfolger und Schüler Emil du Bois-Reymond seines Lehramtes und seines Forscherberufes waltete. Seine Arbeitsgenossen, v. Bezold, der zum Professor in Jena erwählt wurde, noch bevor er den Doktorgrad erworben, später Rosenthal, dereinst ein vielgenannter Lehrer in Erlangen, und Ludimar Hermann, eines Berliner Buchdruckers Sohn, zuletzt Professor in Königsberg. Julius Bernstein, des berühmten Berliner Publizisten Sohn, ferner der hochbegabte Boll, der in bestem Mannesalter als Professor in Rom verstorben, wirkten in ihres verehrten und geliebten Lehrers Sinne. Nur mit Ludimar Hermann ist dann du Bois in eine erbitterte Fehde um eine wissenschaftliche Grundfrage geraten. In dem nicht allzu großen Hörsaal hielt er seine berühmt gewordenen Vorlesungen über allgemeine und spezielle Physiologie. Dem ersten allgemeinen Teile schickte er eine Einleitung voraus, in der er ein hinreißendes Bild von dem damaligen Stande der gesamten Naturwissenschaften vor seinen in begeisterter Spannung lauschenden Hörern entrollte. Es ist sehr zu bedauern, daß gerade diese Vorlesungen unveröffentlicht geblieben sind. Du Bois sprach fließend, frei, ohne jede niedergeschriebene Unterlage aber sorgfältig bis ins kleinste vorbereitet. Er wählte seine Worte mit Bedacht, seine Gedanken kleidete er in kunstvolle Form. Er hatte sichtlich Freude an der schönen Rede, die ihm indessen niemals Selbstzweck war. Neben diesen seinen eigentlichen Berufsvorlesungen für Mediziner trat er durch seine Montagsvorlesungen, die er allwinterlich in dem damaligen größten Hörsaal über einige wichtigste Errungenschaften in der modernen Naturforschung zu halten pflegte, mit der gesamten Studentenschaft in unmittelbare Verbindung. Diese Montagsstunden von 6 bis 7 Uhr werden jedem in lebendigster Erinnerung geblieben sein, der ihnen beigewohnt. Der weite Raum vermochte die vielhundertköpfige Menge kaum zu fassen. Man saß zusammengepreßt auf den Bänken, man stand eingekeilt in den Gängen; bis dicht an das Katheder heran stauten sich die Hörer, so daß der Redner nur mit Mühe sich seinen Weg dorthin bahnen konnte. Diese Vorlesungen bildeten gleich denen eines anderen Professors, von denen noch später die Rede sein soll, gleichsam das Ereignis in unserem damaligen Universitätsleben. Hier bot sich dem Redner die willig ergriffene Gelegenheit dar, seine Meisterschaft in der Klarlegung naturwissenschaftlicher Grundfragen vor einer allgemeinen Zuhörerschaft in ihrer ganzen Pracht zu offenbaren. Hier ließ er alle Künste seiner Beredsamkeit, durch keine Schranke, durch keine

Rücksicht behindert, spielen. Er sprach die kühnsten Gedanken sonder Furcht aus, er bebte vor keiner Schlußfolgerung zurück, sobald es galt, das durch die Forschung erschlossene Gesetz, die neugewonnene Erkenntnis in ihrer ungetrübten Klarheit hervortreten zu lassen. Dabei kam ihm sein erstaunlich großes und tiefes Wissen auf vielen Gebieten, seine umfassende literarische Belesenheit auch in weitab von der Heerstraße gelegenen Gefilden gar sehr zustatten. Aus diesen reichen Schatzkammern holte er gern manches Prunkstück hervor, das seiner Rede würdigen Schmuck verleihen sollte. Aber zugleich diente dieser Schmuck zur Erläuterung, zur Veranschaulichung des Inhalts; das war kein eitles Wortgepränge. Es war gleichsam der prächtige Faltenwurf eines edlen Marmorgebildes. Dabei war ihm in seltenem Maße die Gabe verliehen, durch eine leise andeutende Anspielung, durch ein hinweisendes Wort einen Gedanken blitzartig zu erhellen.

Den höchsten Grad in seiner Darstellungskunst allgemeinwissenschaftlicher Fragen erreichte indessen du Bois in seinen Gelegenheitsreden und Ansprachen, die er als ständiger Sekretär der mathematisch-physikalischen Klasse der Akademie der Wissenschaften in der mathematisch-physikalischen Klasse bei ihren feierlichen öffentlichen Sitzungen zu halten verpflichtet war. Viele dieser Abhandlungen haben sich einen dauernden Ehrenplatz in unserer Literatur erworben und sind ihrerseits zum Ausgangspunkt weitausgreifender wissenschaftlicher Erörterungen geworden. Für Berliner Verhältnisse insbesondere bleiben die Ansprachen bemerkenswert, die du Bois in jener denkwürdigen Leibniz-Sitzung hielt, in welcher Rudolf Virchow nach vorangegangenen harten Kämpfen, und Werner Siemens, einer der wenigen Auserlesenen aus außeruniversitären Kreisen, ihren Einzug in die berühmte Gelehrtenkörperschaft halten durften. Wie er in knappen Sätzen, mit unfehlbarer Schärfe Wesen und Wirken dieser beiden ruhmreichen Männer der reinen Wissenschaft und der weltumspannenden wissenschaftlichen Technik darlegte, dem vielgenannten Genossen der medizinischen Fakultät das vollgerüttelte Maß der Anerkennung namens der Akademie zuwies, wie er den langjährigen Freund mit dem traulichen „Du, mein teurer Werner“ anredete, das bleibt unverwelklich in der Erinnerung haften. Und über allem: der stolz aufgerichtete, seines Wertes vollbewußte Akademiker war ein im Grunde seines

Herzens gütiger, hilfreicher Mensch, der eine innige Freude an der Förderung aufstrebender Talente bewies. Wie hat er sich, um nur ein Beispiel hervorzuheben, des so hoffnungsreich in die Wissenschaft eingetretenen und ihr so jäh entrissenen Forschers Sachs angenommen. Wie echt freundschaftlich hat er nach dessen tödlichem Absturz bei einer Bergbesteigung für dessen literarischen Nachruhm gesorgt. „Nehmt alles nur in allem, er war ein Mann." –

In diesem größten Hörsaale hielt auch Karl Werder seine Donnerstagsvorlesungen über dramatische Kunst. Das äußere Bild war das gleiche wie bei dem eben genannten du Bois. Der Zuhörerraum war stets vollgepfropft. Zuweilen hatte sich auch eine Dame einzuschleichen gewußt. Theodor Döring und Berndal gehörten zu den regelmäßigen Besuchern. Man bemerkte auch sonst viele stadtbekannte Gesichter. Karl Werder hatte als Unterlage für seine kritischen Auseinandersetzungen stets ein dramatisches Meisterwerk gewählt. Und zwar Nathan den Weisen, Wallenstein, Hamlet und Macbeth. In jedem Winterhalbjahr behandelte er eins dieser Stücke. Sobald er auf dem Katheder Platz genommen hatte, zog er seine auffallend große, dicke, goldene Taschenuhr hervor, legte sie vor sich hin und begann, das betreffende Buch vor Augen, mit tonloser, wie geisterhaft hohl klingender Stimme, trotzdem bis in den äußersten Saalwinkel deutlich wahrnehmbar, seine Betrachtungen. Karl Werder war ein sozusagen in der Wolle gefärbter Hegelianer, einer der letzten Hegelinge an unserer Hochschule, tief eingeweiht in die dialektischen Zauberkünste seines angebeteten Meisters. Er war ein hinreißender Vorleser, der seine zarte Stimme je nach den Persönlichkeiten des Stückes zu färben wußte. Damit brachte er eine ganz außerordentliche Wirkung bei seinen Zuhörern hervor. Unvergeßlich war in dieser Hinsicht die Nachtwandelszene der Lady Macbeth. Der Hörsaal war zur Bühne verwandelt. Die Zuhörer waren in die äußerste Spannung versetzt, sie hingen förmlich an den Lippen des Vorlesekünstlers. Am gewaltigsten entströmten ihm die Worte zum Preise der Schönheiten im Aufbau der Wallenstein-Trilogie, in der er einen Höhepunkt der dramatischen Kunst aller Zeiten und aller Völker erblickte. Und wie er dies wohlerwogene Urteil in allen Einzelheiten begründete, wie er seine Auffassung durch den Vortrag der betreffenden Stellen des Werkes zu rechtfertigen verstand, das gewährte einen geistigen Genuß eigenster Art.

Man befand sich dabei wie unter einem unentrinnbaren Banne. Als ein seine Gegner vernichtender Polemiker zeigte er sich indessen in seinen Hamlet-Vorlesungen. Hier löste sein Spott über einzelne Ausleger des rätselvollen Werkes minutenlang anhaltende Lachstürme aus. Ganz besonders richtete sich sein Spott gegen Kreißig, den er regelmäßig „Herr“ benannte. Wenn er dann die betreffenden Stellen aus dessen Shakespeare-Buch vorlas, dabei die Hände wie flehend ausstreckte, mit den Achseln zuckte, als wollte er seine Verzweiflung darüber ausdrücken, daß er genötigt sei, sich mit Leuten solchen Schlages abzufinden, das war wirklich ein entzückender Augenblick. In seiner Auffassung über den Charakter und das Gebaren des trübsinnigen Dänenprinzen wich er nämlich von allen anderen Erklärern ab. Gervinus behandelte er mit aller gebührenden Achtung. Kam er dann schließlich auf die voll bewährte Darstellung in Wilhelm Meister zu sprechen, so hielt er erst ein wenig an sich, als wollte er vor dem Genius eine Verbeugung machen, und begann seine Auseinandersetzung mit den Worten: „Selbst Goethe hat den ganzen Kern der Hamletfrage nicht völlig erfaßt“, und rechtfertigte dann mit tiefster Ehrfurcht, ja Ergriffenheit die eigene Meinung von der Sache. Es ging dann wie ein Andachtschauer durch die Hörerschar. Karl Werder hat sich auch als dramatischer Dichter versucht und ein Trauerspiel „Columbus“ geschrieben. Der eisten Aufführung im Schauspielhaufe hatte Friedlich Wilhelm IV. beigewohnt. Als er nach beendeter Vorstellung aus seiner Loge trat und den Diener eingeschlafen fand, rief er seinem Begleiter die Worte zu: „Der hat gehorcht.“ So wenigstens ging damals allgemein die Rede.

Die Universität stand damals überhaupt auf der Sonnenhöhe ihres Ruhmes. In allen Fakultäten glänzten wissenschaftliche Namen ersten Ranges. Unter den Rechtslehrern treffen wir Männer von Weltruf, wie Theodor Mommsen, Rudolf Gneist, Beseler. Aus der Reihe der Sprachforscher seien Jakob Grimm, August Boeckh, Moritz Haupt genannt. Geschichtschreiber von unbestrittener Meisterschaft, wie Leopold Ranke, Gustav Droysen, zogen Scharen von Zuhörern heran, auch Friedrich Raumer hielt noch Vorlesungen, sogar Matzmann, Heinrich Heines besonders gehätschelter Liebling, trat zuweilen aufs Katheder. Es fanden sich auch vereinzelte Hörer, die den Sonderling aus der Jahn-Zeit einmal kennen zu lernen Lust verspürten. Trendelenburg, in dessen Haupt sich eine ganze Akademie der Wissenschaften vorsammelte, er trug die Ehrendoktorhüte dreier Fakultäten, war eine ehrfurchtgebietende Persönlichkeit. Unter den Gottesgelahrten trat Hengstenberg, ein berühmter Hebraist und ein noch berühmterer Streiter für den wahren Glauben, hervor. Er war die lange unerschüttert gebliebene Säule der strammsten Orthodoxie, unbeugsam in seiner Überzeugung, unerbittlich in dem Kampfe gegen jede abweichende Meinung. Manche Studenten aus anderen Fakultäten besuchten aus Neugierde eine Vorlesung Hengstenbergs, um den gefürchteten und einflußreichen Professor der Gottesgelahrtheit einmal gesehen und gehört zu haben. Wer sich die Vorstellung von einem hageren Fanatiker, einem hohläugigen Asketen gemacht haben mochte, der war bei dem Anblick eines wohlbeleibten Mannes, dem ein kräftiger Rundkopf zwischen den Schultern steckte, dessen wulstige Lippen und dessen fleischiges Kinn nicht eben sehr auf Abtötung des Fleisches hindeuteten, nicht wenig enttäuscht.

Und nun erst die Schar der großen Naturforscher, Mathematiker und Aerzte aus jener Periode. Hier reiht sich Stern an Stern. Der Chemiker Mitscherlich, der zu Anfang des Jahrhunderts nach Paris gepilgert war, um dort bei de Sacy in die Geheimnisse des Orients eingeweiht zu werden, aber gelegentlich in ein chemisches Laboratorium geriet und dabei die große Entdeckung der Polymerie machte. Er wurde auf Alexander v. Humboldts Betreiben zum Professor der Chemie an der hiesigen Universität umgewandelt. Er hatte sich während seines Aufenthaltes in Frankreich an manche Sitte jenes Landes gewöhnt. Er trug stets den Frack, ebenso wie sein Bruder, der Professor für Arzneimittelkunde, wie Ehrenberg, der berühmte Erforscher jener Kleinlebewesen, denen allerdings erst viel später die entscheidende Rolle zugewiesen werden konnte, die sie im Haushalt der organischen Natur zu spielen berufen waren, ebenso wie der seinerzeit vielgenannte drollige Chirurgieprofessor Jüngken , von dem noch später die Rede sein wird. Ferner sind hier zu nennen die Brüder Gustav und Heinrich Rose, der Chemiker und der Mineraloge: beide unermüdliche Forscher und Lehrer, beide von einer wahrhaft kindlichen Naivität. Ferner das Mathematikerdreigestirn Weierstraß, Kummer, Kronecker; die Physiker Dove, Magnus, Erman, Poggendorff, zu denen sich später Helmholtz als der hellstleuchtende Stern hinzugesellte. Und den genialen, weltmännischen, feingebildeten August Wilhelm Hoffmann, einen wahrhaft virtuosen Verkünder der chemischen Wunderwerke, nicht zu vergessen. Endlich die Vertreter der reinwissenschaftlichen und klinischen Arzneikunde, Rudolf Virchow, Ludwig Traube, Theodor Frerichs, Bernhard Langenbeck, Albrecht v. Graefe, Griesinger. Einiger anderer ist schon oben Erwähnung getan. An manche dieser Mehrer im Reiche des Wissens und der Erkenntnis heften sich lebendige Erinnerungen. Es soll versucht werden, den einen und den andern dieser wissenschaftlichen Charakterköpfe möglichst naturgetreu abzuschildern.

In den Hörsaal Rankes verirrte sich nur selten ein Student, der nicht von Berufs wegen geschichtliche Vorlesungen zu belegen hatte. Wen jedoch der weltberühmte Name lockte, der ging hin, um wenigstens aussagen zu können, er habe den Meister der Geschichtsforschung auch einmal eine Vorlesung halten hören. Mancher dieser Eindringlinge wurde durch die seltsame Art des Vortragenden, mehr noch durch den Inhalt des Gehörten gefesselt, und er kam dann regelmäßig um die Mittagsstunde zu Ranke ins Kolleg. Durch das jahrelange Gebücktsitzen über den Urkunden in den meisten europäischen Archiven hatte sich der unermüdliche Arbeiter im Dienste der geschichtlichen Erkenntnis eine Verkrümmung der Wirbelsäule zugezogen. Die an und für sich nicht eben hohe Gestalt hatte dadurch etwas Gnomenhaftes angenommen. Aber die hohe Stirn, das funkelnde Auge, der feingeschnittene Mund, um den ein gewisses ironisches Lächeln spielte, ließ auf eine ungewöhnliche Persönlichkeit schließen. Er trat leichten, raschen Schrittes in den Hörsaal, ließ sich auf den hinter dem Katheder befindlichen Sessel nieder, in den er sich förmlich hineinkauerte, so daß er den Hörern kaum sichtbar wurde. Ein Bündel beschriebener Blätter in Händen, in das er übrigens niemals einen Blick hineinwarf, begann er nun seinen Vortrag. Seine Stimme, ein ausgesprochen hoher Tenor, klang spitz; er stieß die Worte ziemlich rasch heraus. Er hielt oft im Satze ein wenig inne, es entstand eine kurze Pause, aber nicht etwa ein Verlegenheitsschweigen, ein Suchen nach dem passenden Ausdruck. Er war vielmehr mit seinen Gedanken beschäftigt; er hielt eine Art Zwiegespräch mit seinem Geiste. Er schien die Zuhörerschaft für einen Augenblick ganz vergessen zu haben. Das gewährte dem Zuhörer einen eigenen Reiz. Man hatte die Empfindung, als setzte sich der große Geschichtserkenner in eine unmittelbare Beziehung zu den handelnden Persönlichkeiten, als sähe er ihnen ins Antlitz, als beobachtete er sie in ihrer Geisteswerkstätte. Ohne ein Kathederredner in dem hergebrachten Sinne zu sein, übte er auf die Zuhörer eine gewaltige Wirkung aus, indem er sie zum Mitdenken über die geschichtlichen Zusammenhänge zwang. Zum Nachschreiben eignete sich eine Rankesche Vorlesung im Kolleg durchaus nicht. Er setzte bei seinen Hörern sehr viel voraus. Man sollte ja bei Ranke nicht Geschichte lernen; darauf kam es bei seinen Vorlesungen ja auch gar nicht an. Den Entwicklungsspuren der die betreffende Zeit beherrschenden politischen Gedanken und Zielen nachzugehen, wie sich danach die Staaten einordneten, wie die geschichtlichen Tatsachen zur Reife gediehen, das aufzuweisen und nachzuweisen war des Meisters Absicht. Wer unter den Hörern das nachempfand, der hielt auch bis zum Semesterschluß bei Ranke aus. Man rückte dann enger zusammen, um ihm möglichst nahe zu kommen. Man freute sich schon im voraus auf die Fülle der allgemein anregenden Gedanken, die die zu erwartende Vorlesung bringen würde, und diese Zuversicht wurde nie getäuscht. Diese Gedankenniederschläge nachzuschreiben, das freilich hätte gar sehr gelohnt – aber auch ohne solche Gedächtniskrücke ist vieles haften geblieben und hat noch nach Jahrzehnten seine Wirkung getan. Das war der ideelle Gewinn, den man von den Rankeschen Vorlesungen, wenn auch nicht bequem, nach Hause tragen konnte.

Im Gegensatze zu diesem unendlich angeregten, unaufhörlich sprudelnden Geiste erscheint der feinsinnige, etwas in sich gekehrte Droysen äußerlich als der Bedächtigere in seinen Vorträgen. Sprach Ranke völlig frei, so hielt sich Droysen mehr an seine Niederschrift, ohne sich jedoch streng an sie zu binden. Sein blasses Gesicht, die gefurchte edle Stirn, das mild dreinblickende, sinnende braune Auge deuteten auf einen Denker, dem es an Gemüt nicht gebrach. Und so war es auch. Der unermüdliche Forscher in den preußischen Staatsurkundensammlungen war in der klassischen Literatur gründlich zu Hause und in unserem eigenen Schrifttum auf das beste bewandert. In seiner Jugend hatte er fast freundschaftliche Beziehungen zu Heinrich Heine, dessen Bekanntschaft er im Hause Abraham Mendelssohns, des Vaters von Felix, gemacht hatte. Droysens Geschichtsauffassung war auf andere Ziele eingestellt als die Rankes.

Er war einer der begeistertsten und einer der tätigsten Vertreter des eigentlich preußischen Staatsgedankens. Insofern hatte seine ganze Darstellungssweise eine gewisse Absicht, um nicht zu sagen, eine gewisse Tendenz. Wenn der schmächtige, durch mannigfache harte Kämpfe, Entbehrungen, durch Überanstrengungen geschwächte Gelehrte in seinen politischen Auseinandersetzungen darauf zu sprechen kam, daß es das Wesen des Staates bilde, Macht zu sein, und dabei wie drohend die etwas heisere Stimme erhob und die geballte zarte Hand emporstreckte, da beschlich den Hörer wohl ein leichtes Lächeln. Denn jenes übelbeleumdete Kraftmeiertum in Wort und Gebärde, das manchem späteren Geschichtslehrer an unserer Hochschule anhaftete, war Droysens Sache ganz und gar nicht. In dem angeführten Satze machte sich vielmehr nur so etwas wie verhaltene Leidenschaft kund. Er hatte sich zu diesem staatlichen Machtbekenntnis durch die Erfahrung im politischen Leben durchgerungen. Er hatte vielfach in die Entwickelung unseres politischen Lebens eingegriffen. Er war den Revolutionsstürmen von 1848 gegenüber nicht ein bloß leidender, ein sie überdenkender Zuschauer geblieben wie Ranke. Er war in der schleswig-holsteinschen Bewegung tätig gewesen; er hatte an der Frankfurter Nationalversammlung wesentlichen Anteil genommen. Das alles hatte natürlich auch starken Einfluß auf seine allgemeine Auffassung von dem Wesen der gerichtlichen Geschehnisse ausgeübt. Das kam auch in seinen Vorlesungen zum Ausdruck. Er ist darüber auch einmal sehr heftig mit Ranke zusammengeraten, der ihm die harten Worte zugerufen: „Sie verstehen nicht die Historie," worauf die schlagfertige Antwort erfolgte: „Die Geschichte wird zeigen, wer von uns beiden sie besser versteht, Sie oder ich!" Und die folgenden Ereignisse haben Droysen recht gegeben. Aber ein so ausgesprochener Preuße im staatspolitischen Sinne er auch immer geblieben, gewissen bedenklichen Erscheinungen in dem übertrieben ausgebildeten Preußentum gegenüber war Droysen keineswegs blind. Er war in des Wortes eigentlichster Bedeutung ein Mann von liberaler Weltanschauung, den jede konfessionelle Engherzigkeit innerlich abstieß. Man hatte stets den Eindruck, einem Manne von reinster, edelster Gesinnung gegenüberzustehen. Auch wenn man ihm nicht zustimmen konnte, empfand man die tiefste Achtung vor dem Manne, an dessen Lauterkeit kein Zweifel aufkommen konnte. Auf äußerliche Ehrungen legte er keinen Wert. Die Anerkennung seiner Berufsgenossen, die allgemeine Wertschätzung seiner Persönlichkeit und seiner umfassenden literarischen Leistungen waren ihm Lohn, der reichlich lohnet.

Magnus und Dove

Die beiden Physiker ergänzten einander in jedem Betrachte auf die wünschenswerteste Weise. Magnus, ein geborener Berliner, aus einer der vornehmsten und begütertsten Familien stammend, ein Bruder des berühmten Malers, ein Mann ernster, unablässiger Forschung, verband wissenschaftliche Gründlichkeit mit leuchtender Klarheit in der Darstellung. Seine Vorlesung über Experimentalphysik gehörte zu den besuchtesten in der Universität. In mehrstündiger Arbeit mit seinem Gehilfen wurde alles sorgfältig vorbereitet. Er besaß einen umfangreichen, vorzüglich geordneten physikalischen Apparat, den er aus seinem nahe der Universität am Kupfergraben belegenen Laboratorium für die Vorlesungszwecke hinüber in den Hörsaal schaffen ließ – die Universität selber verfügte damals kaum über die notwendigsten Instrumente! (Der Magnussche Apparat ist nach dem Tode des Forschers in den Besitz der Hochschule übergegangen.) So, auf das beste unterstützt, begann er seinen Vortrag, der darauf eingestellt war, daß jeder einzelne, auch der Minderbegabte, den Inhalt voll erfassen konnte. Alles klappte, niemals versagte ein Versuch. Nach der Vorlesung stand der überaus freundliche, umgängliche Herr seinen Schülern gern zur Verfügung und ging aufderen oft recht naive Fragen mit unerschöpflicher Geduld ein. Auf spekulative Erörterungen ließ er sich nicht ein. In seinem klar dahinfließenden freien Vortrage wollte er nur die wissenschaftlich gesicherten Tatsachen übermitteln. Gustav Magnus verleugnete niemals seine Zugehörigkeit zur besten Gesellschaft; er hielt in allen Stücken auf gewählte Form. In seiner Haltung, in seiner Rede, in seiner Kleidung bekundete er den weltmännisch gebildeten Mann. Dabei leuchtete ihm das menschenfreundliche Wohlwollen aus den milden hellbraunen Augen. Er ging in seiner Wissenschaft völlig auf, ohne jemals mit seiner Persönlichkeit in der Öffentlichkeit hervorzutreten. Er stand in der Wissenschaft seinen Mann, aber er war jeder Polemik abhold. Sein Leben verlief ohne starke Reibung. Er war eine sonnige Natur. „Tages Arbeit, abends Gäste, saure Wochen, frohe Feste" – so hielt er's sein Leben lang. In seinem Hause herrschte eine edle Geselligkeit, an der einzelne seiner studentischen Lieblinge teilnehmen durften. In dem Magnusschen Hause am Kupfergraben, einer der wenigen aus dem achtzehnten Jahrhundert stammenden Patrizierwohnstätten, die sich bis in unsere Zeit erhielten, hatte alles einen gewissen großen Stil, ohne daß man sich jedoch dadurch auch nur im geringsten beengt zu fühlen brauchte. Alles atmete Würde, indessen nichts verscheuchte die Vertraulichkeit.

In Doves Vorlesungen herrschte ein anderer Ton. Dieser Physiker war ein genialer, schöpferischer Geist. Seine Forschungen und Entdeckungen auf dem Gebiete der Wetterkunde – das Gesetz der Stürme rührt von ihm her – sind bahnbrechend geworden, sie haben seinen Namen auf dem ganzen Erdenrund berühmt gemacht. Er war ein Experimentator aus dem Handgelenk sozusagen, dem kein Versuch mißglückte, obwohl er auf die Vorbereitung nicht so viel Zeit verwenden tonnte wie sein Berufsgenosse Magnus, denn er war noch als Lehrer der Physik an der Kriegsakademie tätig und hatte überdies für die Einrichtung der meteorologischen Beobachtungsstationen zu sorgen. Wurden die Vorlesungen bei Magnus eifrig besucht, um die für die Prüfungen erforderlichen Kenntnisse in der Physik sich anzueignen, so ging man nachmittags zu Dove ins Kolleg, um physikalisch angeregt zu werden Er zeigte, woraus es beim physikalischen Denken vornehmlich ankomme, wie man an die Lösung einer physikalischen Frage herantreten müsse. Dabei verstand er es ganz ausgezeichnet, durch einen witzigen Vergleich mit Vorkommnissen aus dem Alltagsleben einen schwer zu deutenden physikalischen Vorgang anschaulich zu machen. Er war überhaupt zu allerhand scherzhaften Bemerkungen sowohl im ernsten Vorlesungssaale wie im Verkehr aufgelegt. Um seinen Mund spielten allerhand Spötteleien. Am glänzendsten kam seine außerordentliche Geschicklichkeit im Unterweisen bei den Prüfungen zum Vorschein. Er war geradezu ein Künstler in der Fragestellung. An der Art und

Rudolf Virchow

Nach einer von Ludwig Pietsch etwa 1854 angefertigten Zeichnung

Weise der Beantwortung merkte er, wes Geistes Kind der Prüfling sei, und daraufhin richtete er dann die weitere Unterhaltung, die sich von der ursprünglich gestellten Frage unter Umständen sehr weit entfernte und an ganz anderen Gebieten der Physik ihren befriedigenden oder ihren ungünstigen Abschluß fand. Dabei ereigneten sich dann gar nicht selten die drolligsten Zwischenfälle. So richtete er einmal bei einer Prüfung die Frage nach der Entstehung des Nordlichtes. Er wollte selbstverständlich den Prüfling auf die elektromagnetischen Vorgänge im allgemeinen hinlenken und dann das Gespräch in dieser Richtung fortsetzen. Der Prüfling jedoch stutzte, überlegte eine Weile, die Verlegenheit ist groß, endlich entfuhren dem in Ängsten Schwitzenden die geflügelten Worte: „Ich habe es gestern noch gewußt, aber ich habe es wieder vergessen." „Das ist wirklich ein gar nicht wieder gut zu machendes Unglück. Nun sind Sie der einzige Mensch auf der ganzen Erde gewesen, der das gewußt hat, und gerade Sie mußten es wieder vergessen." Dove gehörte zu den bekanntesten Persönlichkeiten der Stadt. Er liebte geselligen Verkehr, und er war überall wegen seines stets treffenden Witzes, seiner Schlagfertigkeit ein gern gesehener Gast. Er hatte nichts von der herkömmlichen, zuweilen unfreiwillig komischen Gebarung des deutschen Universitätslehrers an sich. Auf die Würdigkeitsgeste verstand er sich schon gar nicht. Er gab sich vielmehr ganz in der ihm angeborenen Leutseligkeit, und an seinem Stammtisch in der Hausmannschen Weinstube gab er den erheiternden Ton an. Hier hat er denn auch einmal zur Zeit des epidemisch gewordenen Tischrückens einen mit der Frage an ihn herantretenden Unbekannten, „was er denn vom wissenschaftlichen Standpunkt aus von der Sache halte?" die köstliche Antwort erteilt: „Weshalb sollte sich so ein Tisch nicht endlich fortbewegen? Der Klügere gibt eben nach." – Er war ein freier Geist, in dem Scharfsinn und Anmut sich innigst zu einer gewinnenden Harmonie vereinten. Er hat sich in seinem Alter des seltenen Glückes zu erfreuen gehabt, einige seiner Söhne in allgemein anerkannten akademischen Stellungen wirken zu sehen.

In der alten Anatomie

Hinter der alten Garnisonkirche stand ein elendes zweistöckiges Haus mit einer siebenfenstrigen Front, das so ungefähr aus der zweiten Hälfte des achtzehnten Jahrhunderts herstammen mochte. Es war ursprünglich für den damaligen Betrieb der Garnisonschule bestimmt. Man kann sich also schon ganz gut vorstellen, wie die Gesamtausstattung beschaffen war. Als nun aber die medizinische Fakultät an der neubegründeten Hochschule eröffnet wurde, verlegte die Verwaltung ganz einfach die wichtigste medizinische Arbeitsstätte, nämlich die Anatomie, in die ehemaligen Klassenzimmer der genannten Schule. Aus den zu ebener Erde gelegenen Schulzimmern wurde ein großer Raum geschaffen: ein in der Mitte aufgestellter grüner Kachelofen sorgte für die erforderliche Wärme. Eine Anzahl Holztische und Schemel wurde aufgestellt – und der neue Seziersaal für die Studenten war fix und fertig. Keinerlei Vorrichtung für Lufterneuerung, keinerlei Wasserspüleinrichtung, nichts. In diesem Zustande hat sich diese jeder Beschreibung spottende Anatomie fast Dreivierteljahrhundert erhalten, als die Universität bereits über sechshundert Medizinstudierende zählte. Es war eine Stätte des Grauens. Man sah sich in Dantes Hölle versetzt. Auf schmutzigen Tischen lagen die für die Sezierübungen bereitgehaltenen Leichen oder einzelne Stücke; Blut klebte an allen Ecken und Enden; die Wände, der Fußboden starrten von allerhand widerlichen Abfällen. Zwischen neunzig und hundert Menschen bewegten sich täglich in diesem unbeschreiblichen Raume. Einer war dem anderen im Wege. Man behalf sich, wie es eben gehen mochte. Es war fürchterlich mit anzusehen, und der alte Reichert, ewig aufgeregt, rannte von einem Seziertisch zum anderen und rief dann in höchster Verzweiflung, die Hände über dem Kopf zusammenschlagend: „Die Anatomie ist der Nagel zu meinem Sarge." In der Dämmerung während der kurzen Wintertage mußte man beim Arbeiten an der Leiche und von diesen entsetzenerregenden Bildern umgeben schon recht standhafte Nerven haben, um nicht von dem Grauen über die Wirklichkeit überwältigt zu werden. Hatte man dann schließlich diese Stätte der Furchtbarkeit verlassen, dann schleppte man den widerlichen Verwesungsgeruch noch stundenlang mit sich, wohin man ging. In dem Seziersaal gebrach es an jeglicher Gelegenheit, sich die von Blut und anderen Abfallstoffen klebrig gewordenen Hände gründlich zu säubern. Ein Paar Waschbecken und ein halbes Dutzend Handtücher, die wöchentlich gewechselt wurden, standen zur Reinigung der Hände und der Messer zur Verfügung. Keine Bitten, keine Beschwerden halfen. Die Unterrichtsverwaltung blieb ihnen gegenüber völlig taub, und erst um die Mitte der sechziger Jahre wurde dieser geradezu schmachvolle Zustand beseitigt. Die Berliner Anatomie jener Zeit war in ihrer Art eine der bemerkenswertesten Sehenswürdigkeiten der Stadt. „Da wendet sich der Gast mit Grausen." Wie die übrigen Unterrichtsmittel in dieser Anatomie beschaffen waren, das läßt sich nach den oben gemachten Andeutungen an den Fingern abzählen. Gedenkt man nach Jahrzehnten dieser Zustände, dann fragt man sich immer und immer wieder, wie derlei in einem Staate wie Preußen und noch dazu an seiner ersten, von über zweitausend Studierenden besuchten Landesuniversität überhaupt möglich sein konnte! Rudolf Virchow mochte im Abgeordnetenhause die schärfsten Angriffe gegen den Kultminister – wie der strammkonservative Abgeordnete v. Gerlach hartnäckig sagte – und seine Räte richten; er mochte auf das Unwürdige dieser Zustände in der Berliner Anatomie hinweisen – die Staatsregierung rückte und rührte sich nicht. Als dann das neue, in großen Ausmaßen ausgeführte anatomische Institut im Garten der Tierarzneischule fertiggestellt wurde, erhielt die elende Baracke eine ganz anders geartete Bestimmung. Das verfallene Haus wurde zur Amtswohnung für den Konsistorialpräsidenten der Mark Brandenburg eingerichtet. So haben denn auch Häuser, nicht bloß Schriften ihre Schicksale.

Ein Blick in die Staatsbibliothek

Der aus der Fridericianischen Zeit stammende Bibliotheksbau – wegen seiner geschweiften Schauseite allgemein „Die Kommode" genannt – war für die damaligen Bedürfnisse der preußischen Hauptstadt mehr als ausreichend. Im Erdgeschoß waren die Verwaltungsräume, die Zimmer für die Stand- und Fachkataloge und der Lesesaal untergebracht. Das Hauptgeschoß umfaßte in drei vornehm ausgestatteten mächtigen Sälen die eigentliche Büchersammlung. Über dem Haupteingang, hoch droben an der Dachbalustrade prangte die vielverspottete Inschrift „*nutrimentum spiritus*". Der Berliner übersetzte das einfach „Spiritus ist ein Nahrungsmittel". Betrat man die breite, weißgetünchte Eingangshalle, dann fielen einem zwei Marmorbüsten auf, deren eine den großen Altertumsforscher und Freund Goethes Friedrich August Wolf, die andere den berühmten Geiger und Komponisten Louis Spohr darstellte. Aus welchem Grunde gerade einem Musiker diese Ehrung und an solcher Stelle zuerkannt sein mochte, ist schwer zu ermitteln. Vermutlich geschah es der Symmetrie wegen, und weil keine andere Marmorbüste verfügbar war. Für den stetig sich mehrenden Bücherschatz war der Raum in den drei Prachtsälen, die durch zwei Stockwerke gingen, längst nicht mehr zureichend. Man half dem empfindlichen Mangel durch eingelegte Zwischenwände ab, so gut es gehen mochte. Zuletzt war nur noch der Mittelsaal in seiner ursprünglichen Gestalt übrig geblieben. Hier lagen auch die großen handschriftlichen Kostbarkeiten unter Glas in Schaukästen zur Besichtigung aus. An derartigen Schätzen, besonders an Handschriften aus unserer klassischen Literaturzeit und ganz hervorragend an Handschriften unserer Musiker von Bach bis hinan zu Beethoven, war schon damals die preußische Staatsbibliothek dank der Freigebigkeit Friedrich Wilhelms IV. sehr reich und viel beneidet. Anders war es allerdings um die Benutzungsmöglichkeit der Bücher bestellt. Der Weg, um zu dem erwünschten Buche zu gelangen, war umständlich und zeitraubend. Einen Einblick in das Bücherverzeichnis selbst zu tun, war dem Laienauge unerbittlich versagt. Nur den Bevorzugtesten unter den Sterblichen war der Eintritt in den geheiligten Raum des Katalogzimmers gestattet. Man mußte zu allerhand Listen seine Zuflucht nehmen, um zum Ziele zu gelangen. Bestellte man auf dem gewöhnlichen Wege ein Buch, dann konnte man mit ziemlicher Bestimmtheit darauf rechnen, am anderen Tage an der Buchausgabestelle die Antwort zu erhalten: verliehen oder nicht vorhanden. Es ist auch zuweilen vorgekommen, daß auf dem Bestellzettel der Vermerk zu lesen stand: „Wegen Dunkelheit nicht aufzufinden." Da ging dann freilich manchem die Geduld aus, und man wandte sich mit einer Beschwerde an den unnahbaren obersten Leiter der Staatsbücherei, an den berühmten Geheimrat Pertz, den Verfasser der Lebensbeschreibung des Reichsfreiherrn vom Stein, den Herausgeber des gewaltigen Urkundenwerkes, der *Monumenta Germanica*. Aber damit war denn auch alles Erdenkliche geschehen, und der Beschwerdeführer mochte anderweitig zusehen, wie er zu seinem Rechte kam. Versagten alle aufgewendeten Mittel, dann half der Geheime Kanzleirat Kunstmann aus. Das war ein echtes Berliner Menschenkind alten Schlages. Heiter, hilfsbereit, allzeit schlagfertig, nie um eine, wenn's sein mußte auch derbe Antwort in Verlegenheit. Dabei besaß er eine ungewöhnliche Gewandtheit in der Behandlung von geschäftlichen Angelegenheiten und eine beneidenswerte Klugheit in der Behandlung von Menschen. Und zu all diesen Vorzügen kam noch seine unbedingte Zuverlässigkeit hinzu. Sehr erklärlich daher, daß er eine über seine subalterne Tätigkeit als Beamter weit hinausgehende gesellschaftliche Stellung einnahm. Er war zur Zeit der Amtstätigkeit Pertz' ein sehr wichtiges Rad in dem Bibliotheksbetriebe. Sein Humor selbst in schwierigen Lebensverhältnissen war unverwüstlich. Sein Handexemplar der Bibliotheksstatuten, das allerdings nur den Vertrautesten zu Gesicht kam, wies davon gar satteste Proben auf. Ob sich diese nicht immer unverfängliche Urkunde erhalten haben mag? Sie gehörte als eine Perle in ihrer Art ins Märkische Provinzialmuseum. Kamen erlauchte Gäste, um die Merkwürdigkeiten der Bibliothek in Augenschein zu nehmen, da mußte er, wie er sagte, den Bärenführer abgeben. Da ist es denn auch wirklich vorgekommen, daß er solch einem hohen Besucher auf die Bemerkung, wenn man doch alle diese Bücherschätze im Kopfe hätte, die drastische Antwort zurückgab: „Da würde man auch ein rechtes Rindvieh sein." Als er am Lutter-Tisch unter allgemeinem Gelächter diese Geschichte zum Besten gab, fügte er gleichsam entschuldigend hinzu: „Ja, was hätte ich ihm denn sonst auf solch eine Frage antworten sollen?"

Kunstmann hatte seine Amtswohnung in der Behrenstraße, in unmittelbarer Wandnähe mit dem Hintergebäude des königlichen Palais. Sobald der alte Herrscher seine Ausfahrt machte, pflegte er den ihn am Fenster ehrerbietigst Begrüßenden mit den Worten anzureden: „Guten Morgen, Nachbar!"

In dem links vom Eingange zu ebener Erde gelegenen Lesesaale war an vier Tischen Arbeitsraum für höchstens vierzig Besucher vorhanden. Von irgendwelchen Bequemlichkeiten für die in diesem Saale Arbeitenden war keine Rede. Es gab damals weder einen gesonderten Raum für die Benutzung von Zeitschriften oder von Zeitungen, noch eine Arbeitsstätte für besondere Studien in Handschriften oder in wichtigen Kartenwerken. Für alle derartigen und ähnlichen wissenschaftlichen Arbeiten mußte der kleine, schlecht erleuchtete Lesesaal ausreichen. Unter den regelmäßigen Besuchern des Lesesaales mußten ungewollt zwei bereits damals recht angejahrte Männer auffallen. Beide, ganze Büchermassen vor sich, saßen in eifrigster Arbeit über dem Arbeitstisch gebeugt, ohne ihrer Umgebung auch nur die mindeste Beachtung zu schenken, Der unmittelbar neben ihnen stehende Sessel blieb stets unbesetzt. Jeder Leser kannte ja die beiden berühmten Gelehrten und vermied also ehrfurchtsvoll jede Störung ihrer Beschäftigung. Es waren aber auch zwei Charakterköpfe, dergleichen man nicht so leicht wieder antreffen mochte. Beide trugen langes Haar, das ihnen weit über den Nacken in glatten Strähnen herunterfiel. Beide hatten scharfe, durchgeistete Gesichter; beiden sprühte das innere Feuer aus den Augen. Beiden spielte ein sarkastisches Lächeln um die schmalen, festgeschlossenen Lippen. Beide waren unter ihren Berufsgenossen wegen ihres schlagfertigen Witzes, wegen ihres unbestechlichen Urteils sowohl über wissenschaftliche Leistungen wie über die öffentlichen Vorkommnisse bekannt und gefürchtet und anderseits doch wieder ihrer hohen, rein menschlichen Eigenschaften wegen geschätzt und geliebt. Theodor Mommsen und Leopold Zuntz, der Begründer der Wissenschaft vom Judentum. Vor beiden empfand man unwillkürlich eine Verehrung, eine Scheu. Eine geistige Würde umstrahlte sie, eine Hoheit, die nach dem bekannten Dichterworte die Vertraulichkeit verscheuchte. Wem es jedoch vergönnt war, in eine nähere Berührung mit dem einen oder dem anderen dieser Erlauchten zu treten, dem wurde es innerlich wohl bei ihrer Unterhaltung. Von beiden waren eine Menge scharftreffender, witziger Geschichten im Umlauf. So antwortete Zuntz einmal einigen ihm entgegenkommenden Leuten auf die an ihn gerichtete Frage, ob er der Dr. Auerbach sei, „nein; Sie irren von A bis Z., mein Name ist Zuntz!" Mommsen aber hatte bei einer Zusammenkunft von Gelehrten und Akademiemitgliedern, die sich über einen eben erschienenen und namentlich von katholischen Theologen heftig angegriffenen Band der großen kritischen Ausgabe der Werke Luthers heftig stritten und schließlich ihn um seine Meinung fragten, nur das eine Wort auf der Zunge: „Einstampfen!“ Da er als geborener Holste das „st“ spitz aussprach, klang das bitterböse Wort nur noch um so schärfer. Und dieser gefürchtete Kritiker war im Umgange einer der heitersten Menschen, dabei warmherzig und einer starken Rührung leicht zugänglich. Er ist bei der Leichenfeier Ludwig Bambergers, dem er einen Nachruf hielt, erschüttert zusammengebrochen, die Tränen stürzten ihm aus den Augen, er mußte zu sprechen aufhören! Es ist gar nicht hoch genug anzuschlagen, daß es der Preußischen Unterrichtsverwaltung gelang, noch in der Zeit unseres Aufstieges das neue Gebäude für die große Staatsbibliothek unter Dach und Fach zu bringen. Denn nach menschlichem Ermessen dürfte dieser Staatsbau wohl für Jahrzehnte hinaus der letzte sein, den das zertretene Preußen für rein wissenschaftliche Zwecke zu unternehmen in der Lage sein wird. Diese glücklichen Zeiten, in denen derartige Stätten für die Forschung in Berlin erstehen konnten, sind leider für die nächsten Geschlechter vorüber. Sie werden von der reichen Vergangenheit zehren müssen.

Außer der großen Staatsbibliothek war in der Taubenstraße in den beiden oberen Stockwerten des Staatspensionskassengebäudes die Universitätsbücherei auf das allernotdürftigste untergebracht. Hier spielte sich der Verkehr etwas weniger umständlich ab. Der Bibliothekar Ascherson, ein eingefleischter Berliner wie Kunstmann, ebenso hilfsbereit, ebenso gutmütig wie dieser; in allem übrigen aber diesem sprudelnd heiteren Menschenkinde so unähnlich wie nur denkbar. Er hatte die Haut-, Gesichtsfarbe und die Augen von einem wahren Albino, und in der Sprechweise bekundete sich eine kindliche Schüchternheit. In eine Mönchskutte gesteckt, hätte er einen prächtigen Klosterbruder, einen *bona fide* abgegeben. Brachte man diesem Bibliothekar ein Anliegen vor, dann konnte man sicher sein, daß er alle Hebel in Bewegung setzen würde, um zu helfen oder wenigstens Rat zu schaffen. Er lebte und webte nur in seinen Büchern, völlig weltfremd wie sein Bruder, der Botaniker, der eine Flora der Mark Brandenburg geschrieben. Sie waren beide einander zum Verwechseln ähnlich. Man mußte unwillkürlich stehen bleiben, sobald man diesen beiden von der Natur so auffällig ausgestatteten Menschenkindern begegnete. – Wie die gleichfalls nicht voneinander zu unterscheidenden gräflichen Brüder Brandenburg, der preußische Ministerpräsident nach der Revolution von 1848 und sein Bruder, der Generalmajor, beide bekanntlich Nachkommen aus der Ehe zwischen dem dicken zweiten Friedrich Wilhelm und der Gräfin Voß, so gehörte auch, wenngleich in einem ganz anderen Betracht, dies gelehrte Brüderpaar Ascherson zur gesellschaftlichen Signatur des damaligen Berlin.

In der Charité

Das königliche Krankenhaus zur Charité hatte vor fünfzig Jahren und darüber im wesentlichen noch die Gestalt und die innere Einrichtung bewahrt, die ihm sein Stifter Friedrich Wilhelm I., der Vater Friedrichs des Großen, verliehen hatte. Helligkeit in den Krankensälen, auf den Gängen und blinkende Sauberkeit bis in die äußersten Winkel waren seine Vorzüge, sein Schmuck. Sonst herrschte in allen Teilen der Verwaltung die bekannte altpreußische Knappheit. Das Krankenhaus hatte von Hause aus eine doppelte Bestimmung. Leidende aller Art, vorzugsweise Unbemittelte, sollten dort durch die Kunst der besten Ärzte Heilung oder zum mindesten Linderung finden; dann aber sollten hier die Militärärzte herangebildet werden. Erst mit der Gründung der Universität wurden einige der medizinischen Fakultät gehörige Kliniken hierher verlegt. Die Assistenzärzte wurden ausschließlich aus den Reihen der Militärärzte den betreffenden Professoren zugewiesen. Erst mit der Berufung Schönleins an die hiesige Universität änderte sich das; der neue Professor hatte sich ausdrücklich die Freiheit in der Wahl seiner wissenschaftlichen Mitarbeiter an der ersten Klinik für innere Medizin ausbedungen. Als ihm dann die Wahl zwischen zwei jungen Männern freigestellt wurde, die späterhin durch ihre Leistungen ihre Namen auf Erden berühmt machen sollten, nämlich Rudolf Virchow und Ludwig Traube, da entschied er sich für den letzteren. Ludwig Traube wurde später das allgemein anerkannte Haupt der Berliner klinischen Schule, aus der eine sehr große Anzahl ebenfalls hervorragender Kliniker hervorging, die an verschiedenen Hochschulen des In- und Auslandes wirkten und in dem Sinne ihres Berliner Meisters lehrten, Wir nennen Leyden in Königsberg, später sein Nachfolger, Fischer in Breslau, Jaffé in Königsberg, Nothnagel in Wien, Rosenstein in Groningen, dann in Leyden, Senator in Berlin, Leuthold, den späteren Generalarzt der preußischen und deutschen Armee. Damals, in den sechziger Jahren, stand er auf der Höhe seines Wirkens und seines Ruhmes als Lehrer und Leiter der propädeutischen Klinik. Als sein Name schon in den weitesten Kreisen der Ärzte- und Gelehrtenwelt berühmt war, hatte die preußische Unterrichtsverwaltung gezögert, ihm eine ordentliche Professur an der Berliner Universität zu übertragen, einzig und allein aus dem Grunde, weil er seinen jüdischen Glauben nicht aufgeben wollte. Die militärärztliche Verwaltung war nicht so engherzig gewesen; sie hatte den verdienstvollen Forscher und ausgezeichneten Lehrer längst zum Professor an dem militärärztlichen Friedrich-Wilhelm-Institut ernannt. Erst nach langen und schweren Mühen und zuletzt unter Drohungen gelang es, die Widerstände zu überwinden und Ludwig Traube als ordentlichen Professor in die medizinische Fakultät der Berliner Universität einziehen zu lassen. Es war der erste Fall dieser Art in der Geschichte der hiesigen Hochschule. Traube war ein musterhafter Lehrer, der sich in seiner Pflichterfüllung gar nicht genug tun konnte. Lange über die angesetzte Vorlesungszeit pflegten sich seine Unterweisungen am Krankenbette auszudehnen. Er war unermüdlich in seinen Erörterungen der Krankheitserscheinungen, in der Zurückführung derselben auf physikalisch-physiologische Gesetze. Die Untersuchungen fanden am Krankenbette in den Krankensälen statt, um sofort, wenn nötig, auch Vergleichsbeispiele heranziehen zu können. Nichts war für die eigentliche Krankenvorstellung vorher zugerichtet. Alles für die Feststellung des Krankheitszustandes Erforderliche geschah unmittelbar vor den Augen der Studenten, die an der geistigen Arbeit gleichfalls teilnehmen mußten. Auf diese Weise gestaltete sich sein klinischer Unterricht ungemein lebendig und eindrucksvoll. Das Endergebnis erwuchs gleichsam als ein organisches Erzeugnis aus der mit der denkbar größten Gewissenhaft angestellten Krankenuntersuchung. Dabei liebte er den Satz einzuschalten: „Merken Sie sich diesen Aphorismus!“ Ergab indessen der Befund an der Leiche einen diagnostischen Irrtum, da konnte der große Kliniker einen gewissen Ärger über sich selbst kaum unterdrücken; dann rief er den Umstehenden zuweilen die Worte zu: „Sehen Sie, die Natur ist eine listige Feindin, die uns umgarnt; wir müssen uns daher hüten, nicht in ihre Netze zu geraten.“ In seiner breiten schlesischen Mundart klang das wie verhaltene Wehmut. Traubes Gesundheit war eine recht schwankende, und nur durch seine außerordentlich vorsichtige Lebensweise wurde es ihm möglich, seinen schweren Verpflichtungen als Forscher, als Lehrer und als viel in Anspruch genommener konsultierender Arzt nachzukommen. Um sein Gehör zu schonen, auf das er bei seinen Krankenuntersuchungen ganz besonders angewiesen war, trug er stets Wattebäusche in den Ohren. Das war gewissermaßen sein Wahrzeichen. Traube lebte ganz ausschließlich seiner Wissenschaft und seinem Berufe. An den Vorgängen im öffentlichen Leben nahm er keinen Anteil. Erholung suchte und fand er im Verkehr mit vertrauten Freunden und Berufsgenossen. In der Fakultät hielt er sich zu Virchow, Langenbeck und zu Albrecht v. Graefe, der ihm besonders nahestand und für den er eine an Verehrung grenzende Bewunderung empfand. Der sonst so nüchtern denkende Mann geriet in eine förmliche innere Erregung, sobald er auf Graefe zu sprechen kam. Traube hat den Anstrengungen seines Berufes nicht lange standzuhalten vermocht. Als er dann, viel zu früh, seine Augen für immer geschlossen hatte, beschlossen seine Schüler, seine Freunde und die Charitéverwaltung, dem unsterblichen Kliniker ein Denkmal zu stiften als Zeichen ihrer unverbrüchlichen Dankbarkeit. Die Bronzebüste Traubes wurde dann im Garten der Charité aufgestellt. Das erste derartige Beispiel in Berlin. In jener Zeit, da man noch nichts von der später über Berlin hereingebrochenen Überschwemmung mit Denkmälern aus Bronze und Marmorstein ahnte, war solch eine Auszeichnung wirklich noch ein hohe Ehrung! Die Traube-Büste im Charitégarten hat viele, viele Jahre ganz vereinzelt dagestanden; dafür hat sie aber auch um so eindrucksvoller auf jeden Besucher gewirkt.

In vollem Gegensatz zu dem eben Genannten erschien Theodor Frerichs. War Traube nur wenig über mittelgroß, so hatte der Ostfriese Frerichs eine, man möchte sagen übertrieben lange, spindeldürre Figur. Blickte Traube mit seinen klaren Augen frei hinaus in seine Umgebung, so stierte Frerichs hinter einer dicken Brille mit wasserhellgrauen, glotzigen Augen in die Luft. Sprach jener lebendig, eindringlich, so stieß dieser die Worte langsam, klanglos, eintönig hervor. Ließ sich Traube in seinem Vortrage, nur auf die Sache gerichtet, etwas gehen, so sprach Frerichs druckreif. Kam es jenem niemals auf den äußeren Eindruck an, sobald er den Krankheitsfall nach allen Richtungen durchmusterte, so hatte die Krankenvorstellung bei Frerichs eher etwas Parademäßiges. Der Leidende wurde in seinem Bette in den Hörsaal hineingerollt, alle sonstigen Zurüstungen waren sorgfältig vorbereitet. Der gefeierte Kliniker erschien etwas nach ein Viertel auf Zwölf in dem langgestreckten, überfüllten Hörsaal und redete dann jedesmal den Kranken mit den ganz wie mechanisch herausgestoßenen Worten an: „Was fehlt mit Ihnen?“ Dann folgte ein kurzes Krankenexamen, die Verlesung der Krankengeschichte. In Gegenwart des aufgerufenen Studenten untersuchte Frerichs den Kranken, fragte den Praktikanten um seine Meinung, und ohne die Antwort erst abzuwarten, stellte er als das unerschütterliche Ergebnis der Untersuchung die Diagnose, die er dann in einem glänzenden Vortrage näher begründete. Er entwarf ein Krankheitsbild von solch einer verführerischen Klarheit, daß dem noch ganz unerfahrenen Praktikanten keine Rätselfrage mehr in den Sinn kommen konnte. Frerichs *locutus; causa finita*. Mit der stereotypen Aufforderung an den Studenten: „Beobachten Sie den Kranken genau,“ schloß die Vorstellung. Endete der Fall, was bei den ausgesuchten, meist sehr schweren Erkrankungen leider nicht gerade selten vorkam, mit dem Tode, dann behandelte Frerichs umständlich den Leichenbefund. Dabei pflegte er den Vortrag sitzend zu halten. Auch bei dieser Gelegenheit begann oder endete er mit den Worten: „wir haben gefunden, was wir angenommen.“ Stimmte die Sache jedoch nicht ganz, so brachte das den Vortragenden nicht in große Verlegenheiten. Zuallermeist blieb er ja in seinem Rechte. Am eifrigsten pflegten die jungen Doktoren vor der inneren Station der großen Staatsprüfung die Frerichsschen Vorlesungen zu besuchen. Für diese Examenzwecke waren sie so recht wie geschaffen. Die beiden großen Kliniker waren vielfach wissenschaftliche Gegner. Durch ein plumpes Eingreifen von wenig berufener Seite hatte der Streit eine persönliche Schärfe angenommen, und die beiden Kliniker gingen fortan achtlos aneinander vorüber. Begegneten sie einander im Charitégarten, wenn sie, von ihren Zuhörern begleitet, sich ins Pathologische Institut begaben, um den endgültigen Spruch des entscheidenden Richters zu erfahren, so vermieden die beiden klinischen Lehrer sich auch nur eines Blickes zu würdigen. Traube freilich hatte das stolze Bewußtsein, aus dem Streite als der allgemein anerkannte Sieger hervorgegangen zu sein. Für die begleitenden Studenten hatte solch eine Begegnung natürlich etwas sehr Peinliches. Nun deckt beide seit langen, langen Jahren der grüne Rasen. In der Erinnerung leben sie beide als eigenartige Persönlichkeiten wieder auf. Immerhin ein seltener Glücksfall, wenn gleichzeitig zwei derartig bedeutende Vertreter der inneren Medizin an einer Hochschule zu wirken berufen sind.

Rudolf Virchow

Bei der bloßen Nennung des großen Namens dringt eine fast erdrückende Fülle von Erinnerungen auf den Rückschauenden ein. Man gerät in keine geringe Verlegenheit, wenn man den Versuch macht, auch nur einige Ordnung in diese sich überstürzenden Eindrucksmassen zu bringen. Wo beginnen? Beim Forscher, beim Lehrer, beim Politiker, bei dem Menschen, beim Organisator wissenschaftlicher Genossenschaften, bei dem Leiter umfassender wissenschaftlicher Sammelwerke und Zeitschriften, beim Mitherausgeber gemeinverständlicher, aber trotzdem von echt wissenschaftlichem Geiste durchwehter Vortragsreihen aus allen Forschungsgebieten? Man möchte, angesichts dieses Überreichtums an Stoff in die Worte Fausts ausbrechen: „Wo faß ich dich, unendliche Natur?“ Welch unvergängliche Verdienste er sich als Stadtverordneter um die Entwicklung Berlins, um ihre Vergesundheitlichung erworben, davon ist an anderer Stelle ausführlicher die Rede gewesen. Hier soll nur einiges über seine Lehr- und Vortragsweise mitgeteilt werden. Ein hinreißender Kathederredner, etwa wie Frerichs in seinem Fache, ist Rudolf Virchow nie gewesen. Er wollte nicht blenden, sondern die Tatsachen mit möglichster Genauigkeit und Unbefangenheit darstellen, auf ihre Ursachen zurückführen und ihre Folgeerscheinungen am erkrankten Körper erläutern. Sein Hauptbestreben war darauf gerichtet, die Studenten, wie er immer wieder betonte, sehen zu lehren. Und was sahen seine durchdringenden Augen nicht alles bei den vorgewiesenen Präparaten und unter den massenhaft aufgestellten Vergrößerungsgläsern! Bei den Vorweisungen im Übungssaale seines pathologischen Instituts, da zeigte er sich in seiner ganzen Größe, in seiner ganzen Meisterschaft. Sein riesenhaftes Wissen, seine unermeßliche Erfahrung, sein eisernes, untrügliches Gedächtnis kamen ihm dabei in staunenerregender Weise zustatten. Gefürchtet waren ganz besonders die allmontaglichen Leichenöffnungen, die unter seiner Anleitung von den Studierenden ausgeführt werden mußten. Es war so etwas wie ein moralisches Spießrutenlaufen. Wer hätte es ihm, dem unvergleichlichen Meister in dieser tiefernsten Kunst, auch nur entfernt recht machen können! Wagte dann einmal einer der beinahe gefolterten Studenten eine Entgegnung wie die, daß man nicht vor ihm stände, wenn man das alles so wüßte wie er, dann blickte er den Kühnen wohl scharf, aber durchaus nicht ärgerlich oder gar übelwollend an und erwiderte halb ernst, halb lächelnd, „so grob brauchen Sie auch nicht zu werden“, und die Sache war erledigt. Trotz seiner Schärfe, trotz seiner Sarkasmen war er von seinen zahlreichen Hörern nicht bloß bewundert, sondern verehrt, ja geliebt. Jeder empfand etwas von der Größe dieses außerordentlichen Mannes, dem er gegenüberstand. Zu dieser Demonstrationsstunde, die auf 8 Uhr morgens angesetzt war, pflegte er indessen erst viel später zu erscheinen. Er hatte sich regelmäßig in seine häuslichen Arbeiten dermaßen vertieft, daß er eben die angesetzte Zeit versäumte. Gehörte er doch zu den wenigen Menschen, die ihr ganzes Leben lang mit etwa fünf Stunden Schlaf auskamen. Das wußten ja die Studenten, und deshalb wurden sie niemals über den verspäteten Beginn unwillig. Machte man ihn aber darauf aufmerksam, daß es doch zweckmäßiger sein würde, wenn er die Anfangszeit später ansetzen würde, dann entgegnete er lächelnd: „Das würde gar nichts nützen, ich würde eben nur noch um so viel später herkommen.“ Die eigentliche Vorlesung über allgemeine Pathologie hielt Virchow jedoch pünktlich inne, denn er war ja im Institut bereits anwesend und brauchte nur von seinem langjährigen, vertrauten Diener Fischer daran erinnert zu werden, daß es Zeit sei, in den Vorlesungssaal hinüberzugehen.

Hier spielte sich auch die berühmte Forderungsszene mit dem Ministerpräsidenten Otto v. Bismarck-Schönhausen ab. Virchow hatte ihn tags zuvor im Abgeordnetenhause heftig angegriffen und dabei eine leise Anspielung auf die Glaubwürdigkeit gewisser ministerieller Äußerungen sich erlaubt. Darauf sandte ihm Bismarck einen hohen Militär als Kartellträger. Dieser traf Virchow nicht in seiner Wohnung; er wurde ins Pathologische Institut gewiesen, wohin er sich natürlich sofort begab, um sich seines Auftrages zu entledigen. Er kam gerade in die Vorlesungszeit und wurde vom Assistenten gemeldet. Daß eine Forderung seitens Bismarcks bevorstünde, hatten die Zeitungen bereits angedeutet. Der Verfassungskonflikt hatte seinen Höhepunkt erreicht. Plötzlich erschien Virchows Assistent im Vorlesungssaale, raunte ihm einige Worte ins Ohr, worauf der Assistent wieder verschwand. Der ganze Vorgang hatte kaum eine Minute gedauert. Die Zuhörerschaft, die den Zusammenhang ahnte, war in der höchsten Spannung. Virchow aber fuhr, ohne auch nur die leiseste Erregung zu verraten, im gewohnten Tone in seiner Vorlesung fort. Er hat bekanntlich die Forderung mit dem Hinweis auf die Verfassungsbestimmung der Immunität für die im Abgeordnetenhause während der Verhandlungen gemachten Äußerungen abgelehnt, und dabei hatte es denn auch sein Bewenden.

Und noch eines späteren Vorkommnisses sei hier gedacht. Nach schweren Kämpfen innerhalb der Fakultäten wurde endlich in den siebziger Jahren die Wahl Virchows zum Rektor der Universität durchgesetzt. Bei einer der großen Hoffestlichkeiten erschien auch die Magnifizenz in dem prunkvollen, goldgestickten Purpursammetmantel – aber ohne jedes Ordensabzeichen. Dem alten Herren war diese Ordenslosigkeit am Rektoratsgewand natürlich sofort aufgefallen. Er äußerte seinem Flügeladjutanten (es soll der Graf Lehndorff gewesen sein) sein Befremden darüber mit den Worten, ob ihn denn Virchow in seinem Haufe beleidigen wolle, indem er, ohne seine preußischen Orden angelegt zu haben, bei der Festlichkeit erscheine. Der Generaladjutant entgegnete, Virchow werde wohl im Hinblick auf seine Haltung während des Verfassungskonfliktes keinen preußischen Orden besitzen. Kaiser Wilhelm beauftragte nun den Adjutanten, sich bei Virchow nach dem Sachverhalt zu erkundigen. Die Vermutung des Adjutanten erwies sich denn auch als zutreffend. Virchow fügte dann noch hinzu, das Eiserne

Kreuz habe er indessen anzulegen Bedenken getragen, weil ihm das wie eine Herausforderung hätte ausgedeutet werden können. Als nun dem Kaiser die Antwort überbracht wurde, sagte er lächelnd, ja den roten Vogel Vierter[3] können wir ihm doch unmöglich geben. Und doch müsse er mit der untersten Klasse beginnen. Da wurde denn die nun einmal nach den Ordensbestimmungen nicht zu umgehende Reihenfolge in dem Sinne eingehalten, daß Virchow die beiden Klassen unmittelbar nacheinander erhielt. Die zweite Klasse wurde dann durch Kaiser Friedrich hinzuverliehen.

Im Leben war Virchow der anspruchloseste Mensch. Wissenschaftliche Reisen waren ihm allerdings ein Bedürfnis, und für dessen Befriedigung hatte er, der sonst so sparsame Haushalter und kluge Verwalter seiner Habe, keinerlei Kosten gescheut. Seine Behausung in der Schellingstraße glich einem Museum; überall standen oder lagen prähistorische Stücke aller Art, Schädel, Knochenreste. Und an den Wänden, auf Tischen, Stühlen, kurz überall waren riesige Büchermassen aufgestapelt. Er hat eine der größten Privatbibliotheken Berlins besessen. Nach seinem Tode ist der allergrößte Teil dieser Schätze den Museen und einzelnen Bibliotheken überwiesen worden. Viele Gelehrtengesellschaften, mancher volkstümliche Verein hat aus diesem Virchowschen Nachlasse kostbare Geschenke erhalten. Zur Kennzeichnung des stets großsinnigen Menschen Virchow gehört wohl unbedingt auch diese Tatsache.

Bernhard v. Langenbeck

Der bekannteste und bewundertste Berliner Arzt neben Albrecht v. Graefe war Bernhard v. Langenbeck, dessen chirurgische Kunst staunenswerte Erfolge schuf und Tausenden Heilung von schwersten Leiden, Wiederherstellung der Gebrauchsfähigkeit schadhaft gewordener Gliedmaßen brachte, Verstümmelungen, Entstellungen aller Art beseitigte. Das Vertrauen der Hilfeerflehenden war grenzenlos. Und nicht bloß die unvergleichliche Kunst Langenbecks,

3 Roter Adlerorden IV. Klasse

nein, sein gewinnendes Wesen, die ihm angeborene Herzenshöflichkeit rechtfertigte das allgemeine Zutrauen vollkommen. Zurückhaltend in Wort und in Bewegung wie ein Aristokrat, dabei echt menschlich in seinem Auftreten vereinigte er alle Eigenschaften des ausgezeichneten Arztes mit dem Anstande des vielerfahrenen Weltmannes. Und dennoch war nichts Gemachtes, nichts Angenommenes, nichts Beabsichtigtes in seiner ganzen Erscheinung. Alles war bei ihm der Ausfluß seines natürlichen Wesens, sogar die ausgesprochene Eleganz in seiner Haltung, in seiner Lebensführung bildete einen unveräußerlichen Bestandteil seiner Persönlichkeit. Er verkehrte fast ausschließlich in der vornehmsten Gesellschaft; er hatte einflußreiche Beziehungen zu den höfischen Kreisen, er stand in hoher Achtung und Wertschätzung bei dem greisen Herrscher. Aber weit davon entfernt, durch diese seine Ausnahmestellung hoffärtig zu werden, blieb er menschenfreundlich gegen jedermann, ohne jedoch jemals herablassend zu werden. Er war unermüdlich tätig in seinem Beruf; er war des Sommers schon um 6 Uhr des Morgens an der Arbeit bei den Operationsübungen, die er vor Studierenden und Ärzten hielt. Dann pflegte er seinen Morgenritt im Tiergarten zu machen. Es gewährte wirklich einen ästhetischen Genuß, dem eleganten, sehnigen Reiter in den Alleen zu begegnen, wie er in schlankem Galopp dahinsprengte. Jedermann kannte ihn; alle grüßten ihn achtungsvoll. Sie taten sich förmlich etwas darauf zugute, vor dem Vielbewunderten den Hut zu ziehen. In den Blicken der Grüßenden drückte sich so etwas wie Stolz darüber aus: das ist unser Langenbeck. Die chirurgische Klinik hielt er des Nachmittags zwischen 2 und 4 Uhr im großen Operationssaal, dessen Sitzreihen amphitheatralisch angeordnet waren. Der enge Raum vermochte die Zahl der Zuschauer kaum zu fassen. Man reckte den Hals, um etwas von den Vorgängen zu erhaschen, die sich tief unten abspielten. Für die auf den oberen Bänken Sitzenden eine vergebliche Mühe, denn den Meister umstanden die Gehilfen, die Lehrlinge, Ärzte, die von weither gekommen waren, um den unbestritten größten deutschen Operateur seiner Zeit bei seiner Arbeit unmittelbar beobachten zu können. Der aufgerufene Student stand zumeist verschüchtert vor dem bewunderten Lehrer und beantwortete zaghaft die an ihn gerichteten Fragen. Niemals wurde Langenbeck unwillig, sobald der Gefragte versagte. Er glitt darüber hinweg; ließ sich jedoch in eine kurze Unterredung mit dem angehenden Mediziner ein, wenn ein auch nur einigermaßen zutreffender Bescheid gegeben wurde, um sofort über den Plan der auszuführenden Operation sich zu äußern. Mit der gespanntesten Aufmerksamkeit folgte man den kühnen Eingriffen, die mit sicherem Blicke und mit ruhiger Hand ausgeführt wurden. Das Gebäude der Universitätsklinik in der Ziegelstraße war ein schauderhafter alter Kasten, in dem auch nicht die allergeringste hygienische Fürsorge eingerichtet werden konnte. Als dann dank dem großen Einflusse Langenbecks endlich der Neubau in Angriff genommen wurde, als erster unter allen Berliner Kliniken, da konnte er erst die vollen Früchte seiner genialen Kunst ernten. Sehr lange hatte sich indessen der allverehrte Meister dieser glücklichen Umstände nicht erfreut. Langenbecks letzte Lebensjahre, die er außerhalb Berlins verbrachte, waren durch mancherlei widerliche Schicksale verdüstert.

Albrecht v. Graefe

Die eindruckvollste Persönlichkeit unter den Berliner medizinischen Größen jener Zeit war unbestreitbar und unbestritten Albrecht v. Graefe. Schon sein Äußeres kündigte eine ungewöhnliche Seele an. Die gelblich blasse Gesichtsfarbe, die edle Stirn, das milde, sammetartige, tiefschwarze, sinnende Augenpaar, der lange Bart, das in Strähnen herabfallende Haar, der leidende Gesichtsausdruck, die sanfte Sprechweise – das Gesamtbild ließ unwillkürlich die Vorstellung an den Heiland auftauchen. Eine unwiderstehliche Gewalt, ein Zauber ging von dem hehren Manne auf seine Umgebung aus. Die Hörer hingen an den Lippen des Meisters, die Hilfesuchenden, die in hellen Scharen aus allen Ländern, namentlich aus dem Osten ihm zuströmten, vergötterten ihn. Diesen war er wirklich ein Heiland, dem sie in unerschütterlicher Zuversicht vertrauten und vertrauen durften, hatte er doch vielfach Wunder an ihnen verrichtet! In einem nur ganz mangelhaft hergerichteten Hause an der Nordwestecke der Karlstraße hatte er seine weltberühmt gewordene Wirkungsstätte aufgeschlagen. Auf den Gängen, auf den Treppen wimmelte es von Menschen, die durch Graefes Zauberhände von ihren Augenleiden befreit sein wollten. Seine Tätigkeit im Dienste der Leidenden war unermüdlich, am Tage und in der Nacht. Und diese unerschöpfliche Geduld, diese unendliche Menschenliebe! Sein Ruhm erfüllte längst die ganze Erde, und noch immer entbehrte die Berliner medizinische Fakultät der Ehre, den unsterblichen Schöpfer der neuen, auf wissenschaftlich-physiologischer Grundlage emporgestiegenen Augenheilkunde unter ihren ordentlichen Mitgliedern begrüßen zu dürfen. Erst als der Unwille in der ärztlichen Welt allgemein und offenbar geworden, konnten die Widerstände in der Fakultät überwunden werden, und Albrecht v. Graefe erhielt endlich die ordentliche Professur für Augenheilkunde, die nunmehr als ein selbständiges Gebiet ein für allemal von dem mit ihr bis dahin verbundenen Lehrstuhl für Chirurgie abgetrennt wurde.

Von dem Menschengewimmel in jenem Eckhause an der Karlstraße macht man sich keine Vorstellung. Es war ein unaufhörliches Kommen und Gehen, ein Hin- und Hergewoge; hier wurden zahllose Kranke aus der Stadt abgefertigt, hier blieben je nach den erforderlichen Umständen die Operierten in dauernder Behandlung, hier hielt Graefe seine Vorlesungen, hier wurden Operationsanleitungen vorgenommen. Es war ein förmlicher wissenschaftlicher Marktbetrieb, der sich nur so lange aufrechterhalten ließ, als der beherrschende Geist des Meisters in ihm und über ihm waltete. Als dann der seit langem schon kränkelnde Held seinem Leiden erlag, zerfiel das Reich des Großen sehr bald. Die Diadochen, wenn dieser Ausdruck erlaubt ist, traten die gewaltige Erbschaft *cum beneficio inventarii* an. Der Hörsaal Graefes aber wurde in eine – Schnapsstube umgewandelt! „Das ist das Los des Schönen auf der Erde!“

Der alte Jüngken

Der Leiter der chirurgischen und augenärztlichen Abteilung im Charitékrankenhause war ein drolliger Kauz. Er diente seines altfränkischen Wesens halber vielfach als Zielscheibe des Witzes bei seinen Assistenten und seinen Zuhörern. Er ragte wie ein seltsam sich ausnehmender Überrest aus einer längst verklungenen Vergangenheit in die lebendige Gegenwart hinein. Alles an ihm und in ihm, seine Kleidung, besonders der ungeheuerliche Zylinderhut, sein ganzes Gehaben, sein Wagen, sein Kutscher, womöglich sein Gespann, seine Wissenschaft, sein Operationsverfahren stammten aus jener Zeit, da er in Paris seine Studien unter den französischen Meistern während der dreißiger Jahre vollendete. Dabei war er stehengeblieben. Was in der Zwischenzeit sich in der Wissenschaft ereignete, davon nahm er nur insoweit Notiz, als er jede Veränderung als unnütz, ja meistens als schädlich verwarf. Er hielt sich wie ein vornehmer, großer Herr nach altfranzösischem Schnitt. Er erschien stets im Frack und weißer Binde. Wenn er, umgeben von einem Stabe von Assistenten und Unterärzten, durch die Krankensäle schritt, nach allen Seiten höflich grüßend und dann mit den Worten: „Guten Morgen, meine libben Kollegen!" die Studenten im Operationssaale anredete, dann machte er den Eindruck, als sollte ein öffentliches Schauspiel abgehalten werden. Und das waren auch seine Demonstrationen in einem gewissen Sinne. Sobald er in seinem unfreiwillig komischen Pathos seine längst veralteten wissenschaftlichen Anschauungen vortrug, vermochten sich die Zuhörer in ihrem jugendlichen Übermut zuweilen, trotz des Ernstes der Stunde, des Lachens nicht zu erwehren. Da brauste der alte Herr da unten vor dem Operationstisch in hellem Zorn auf und machte die „libben Kollegen" auf das Unschickliche ihres Benehmens mit Worten aufmerksam, die an Deutlichkeit nichts zu wünschen übrig ließen. Jüngken war ein Verfechter der „heroischen Heilmethode", um, wie er sich ausdrückte, „den Organismus umzustimmen". Er sparte nicht mit der Verordnung von ergiebigen Aderlässen, von Schröpftöpfen, von reichlich anzusetzenden Blutegeln; er schreckte vor der Anwendung von weißglühendem Eisen nicht zurück und ermunterte den operierenden Stabsarzt, recht „dreust" vorzugehen. Virchow hatte zuweilen die etwas boshafte Anwandlung, bei besonders krassen Fällen den Befund in einem versiegelten Schreiben an Jüngken in den Operationssaal zu schicken. Mit großer Feierlichkeit nahm er die Sendung entgegen und sagte: „Nun wollen wir hören, was der Meister schreibt.“ Bedächtig durchlas er den Inhalt, steckte, ohne eine Miene zu verziehen, das Schriftstück in die Brusttasche und brach in den Ruf aus: „Der Herr Professor Virchow mag ein sehr großer pathologischer Anatom sein, von Chirurgie versteht er absolutement nichts.“ Und damit war die Sache erledigt. Trotz seiner chirurgischen Gewaltmaßregeln hatte er staunenswerte Heilerfolge. Man pflegte in den vertrauten Kreisen zu sagen, kommt der Kranke erst lebend aus dem Operationszimmer, dann bringt ihn Jüngken schon durch. Abgesehen von der Pflege, von der reichlichen Ernährung, die er unter Umständen anordnete und deren genaue Durchführung er peinlich überwachte, hielt er mit der unerbittlichsten Strenge auf eine ständige Lufterneuerung in den Krankensälen und auf die höchste Sauberkeit bis in die letzten Saalecken hinein. Lange vor der entscheidenden Wendung in der Wundbehandlung durch Lister hatte der alte Jüngken durch seine unerbittlich durchgeführten Desinfektionsmethoden den gefürchteten Wundkrankheiten, die besonders in den Krankenhäusern so zahlreiche Opfer verlangten, einen wirksamen Damm entgegenzusetzen vermocht.

In seiner ganzen „Meisterpracht“ entfaltete sich indessen der alte Jüngken in seinem Heim. Er bewohnte eines der angesehensten Häuser in der Stadt. Hinter dem Gießhause an der Kupfergrabenecke stand, da wo jetzt das etwas überladene Geschäftshaus der Preußenkasse sich befindet, ein in edlen, einfachen Verhältnissen gehaltener palastartiger Bau, der über dem Haupteingang die Inschrift trug: „*Au Parlement Anglais.*“ Betrat man die Hausflur, so fand man sich urplötzlich in eine andere Welt versetzt. Die breiten Wandflächen, in pompejanischem Rot gehalten, die sauberen Gipsabgüsse berühmter antiker Reliefplatten, die in bestimmten, schön abgemessenen Abständen eingelassen waren, machten auf den Beschauer einen feierlichen Eindruck. Eine bequem ansteigende Treppe führte in die Wohn- und Empfangsräume Jüngkens, die im strengsten Stile der napoleonischen Zeit ausgestattet waren. Ein steinalter Diener meldete den Studierenden an, der bei Jüngken seinen Besuch machen mußte, weil er nur in seiner Behausung den Vorlesungsbogen unterzeichnete. Feierlich, besuchsgemäß, nicht salopp studentisch gekleidet, behandschuht, betrat man ein wenig verlegen den schönen, großen Arbeitsraum. Jüngken in seinem hellgrünen Seidendamastschlafrock mit hellrosa Kragen und Ärmelaufschlägen erhob sich rasch von seinem Sitze, sobald er des eingetretenen Studenten ansichtig geworden, ging auf ihn zu, geleitete ihn an den Arbeitstisch, ersuchte ihn Platz zu nehmen und musterte dabei genau den Anzug des jungen Menschen. Der angehende Arzt muß auch äußerlich etwas auf sich halten, pflegte er zu sagen. War die Formalität der Vorlesungsbescheinigung beendet, dann gab der Alte mit aller Feierlichkeit den Kollegienbogen dem sich tief verneigenden Studiosen zurück, reichte ihm herablassend die Hand und entließ ihn mit den Worten: „Leben Sie wohl, libber Kollege!" Abermalige gegenseitige tiefe Verbeugung, die Szene war beendet. Das alles erschien dem Studenten in der etwas übertriebenen Förmlichkeit wohl komisch: aber es lag darin ein gewisses Gefühl für gesellschaftlichen Stil, den die Folgezeit im Gegensatze nur allzusehr vernachlässigte.

Am Ende dieser Bildnisreihe hervorragender Mediziner mögen noch einige Bemerkungen als Anhang ihren Platz finden. Im Vorlesungsverzeichnis unserer Hochschule fand sich noch regelmäßig während der sechziger Jahre der Name Schultz-Schultzenstein. Er war neben Du Bois-Reymond Professor der Physiologie. Freilich nur *partibus infidelium,* wie es im römischen Kirchenstile heißt. Vorlesungen hat er nämlich nicht mehr gehalten. Er war eine Art von wissenschaftlichem Petrefakt, der an seiner Lehre von der Blutmauserung unverbrüchlich festhielt. Kennzeichnend für seine Lebensrichtung war seine unüberwindliche Abneigung gegen die Eisenbahn. Er hat sein Leben lang niemals einen Eisenbahnzug benutzt. Er hat an dem Kutschwagen ebenso unverbrüchlich festgehalten wie an seiner Lehre von der Blutmauserung. Der Professor Kranichfeld war dagegen ein absonderlicher Kauz ganz anderen Schlages. Er hatte allerhand medizinische Sonderfächer betrieben, so unter anderem Augenheilkunde und – Geisteskrankheiten. Seine hauptsächlichsten Bemühungen erstreckten sich indessen auf das Gebiet der öffentlichen Gesundheitspflege. Er führte einen unerbittlichen Kampf gegen die Trunksucht. Gewiß ein sehr löbliches Beginnen. Aber er vergriff sich dabei ganz fürchterlich in der Wahl seiner Mittel. Er erwartete alles Heil von der Rückkehr zum starren

Kirchenglauben. Er hatte auch eine eigene Kapelle in der Chausseestraße errichtet. Am übelsten aber bekam es ihm daß er in seinen vermeintlich medizinisch-wissenschaftlichen Werken sich aus die Urkunden des Alten und Neuen Testaments stützte. In einem Werke über die krankhaften Veränderungen des menschlichen Körpers infolge des Alkoholgenusses hat diese seine Krankheitslehre auf biblischer Grundlage wahrhaft groteske Ungeheuerlichkeiten zutage gefördert. So behandelte er gewisse Krankheitserscheinungen unter Bezeichnungen wie „kalter Glaubenshandgemütskrebs" oder „Verbleichen der Handschrift Gottes im äußersten Kreise der Leiblichkeit". Mögen großgünstige ärztliche Leser dieser Zeilen ihren Scharfsinn anstrengen, wenn sie dazu die Lust anwandeln sollte, um hinter den Sinn dieser närrischen Wortungetüme zu kommen. Kranichfeld ist übrigens erst gegen Ende der sechziger Jahre von der Berliner Bildfläche verschwunden. Er hat die bewegteste Zeit der neueren Geschichte durchlebt. Der Jenenser Zusammenbruch, die Freiheitskriege, die Julirevolution, der Sturm von 1848, die preußische Reaktion, die liberale Ära, der Verfassungskonflikt, der schleswig-holsteinische Krieg, der Sommerfeldzug von 1866, all das ist an ihm vorübergegangen, ohne ihn irgendwie beeinflußt zu haben. Nur pietistischen Schrullen hat er sein Leben lang angehangen, und in diesem geistigen Wirrsale ist er wie in einem Moor versunken. Daß aber ein Mann von solch einer Geistesbeschaffenheit jemals hat eine Professur in Berlin bekleiden können, wenn auch nur eine außerordentliche, das ist eben das Bemerkenswerte. Während er in seiner Kapelle seine sinnverwirrenden Vorträge vor einer kleinen Gemeinde Einfältiger im Geiste hielt, veranstaltete das liebe Söhnchen, eine Zeitlang Privatdozent der Gottesgelahrtheit, Zechgelage mit seinen Kumpanen. „Und das ist der Humor davon."

Das alte Gelehrtengeschlecht hat seine Bestimmung erfüllt; sein Höhepunkt ist überschritten, und es neigt sich allmählich dem Niedergang entgegen. Noch strahlt es im vollen Nachglanz seiner Ruhmesfülle. Aber die Entwickelung schreitet unaufhaltsam vorwärts. Neue Kräfte sind am Werke; neue Bahnen werden gebrochen. Zur reinen, lediglich auf die Erkenntnis der ursächlichen Zusammenhänge gerichteten Forschung gesellt sich richtunggebend die wissenschaftliche Technik. Sie wird zur Beherrscherin der Welt, die sie zusehends umgestaltet. Sie gewinnt ihren vollendeten Ausdruck in Deutschland. Aus dem Lande der Denker und Dichter ist zum Erstaunen der gesamten gebildeten Welt ein Land der Ingenieure, der Elektrotechniker geworden. Organisation der geistigen und der körperlichen Arbeit ist die allgemeine Losung. Deutschland steht auf der Höhe seiner Macht. Sein Einfluß auf die politische Gestaltung der Dinge ist unter der Regierung Wilhelms I. und seines eisernen Kanzlers von entscheidender Bedeutung. Deutschland, der verachtete geographische Begriff von ehedem, erlangt binnen zweier Jahrzehnte eine Weltstellung, und Berlin, die Hauptstadt des jungaufstrebenden Reiches, nimmt daran nicht nur seinen gebührenden Anteil, sondern wächst sozusagen über sich selbst hinaus. Ein technisches Genie wie der ehemalige Artillerieleutnant und später Mitglied der preußischen Akademie der Wissenschaften Werner Siemens steht richtunggebend an der Pforte zum Eingang in das neue Zeitalter der die Welt umspannenden und sie äußerlich und innerlich umgestaltenden wissenschaftlichen Technik. Das in Entwicklungswehen begriffene Berlin wird in mancher Beziehung zum Mittelpunkt dieser neuen Arbeitsform. In der Entwicklungsgeschichte des neuen Berlin gebührt daher diesem unsterblichen Namen Werner Siemens ein erster Platz. Neben ihm muß dann Robert Koch genannt werden. Was jener für die wissenschaftliche Technik der Neuzeit, das bedeutet dieser für deren biologische Forschung. Als aus dem schlichten Wollsteiner Kreis-Physiker sich der unsterbliche Entdecker des Milzbrand-, des Tuberkelbazillus entpuppt hatte, war seines Bleibens naturgemäß in dem stillen Landstädtchen nicht länger. Er wurde in die Reichshauptstadt berufen, um hier eine seinem Forscherrufe entsprechende Wirkungsstätte zu erlangen. Er geriet dabei zunächst in einen Widerstreit mit Rudolf Virchow, der leider unlösbar wurde. Koch wurde zunächst das Lehramt für öffentliche Gesundheitspflege und die Leitung des hygienischen Instituts übertragen, dem als vorläufige Unterkunftsstätte die ehemaligen Räume des Polytechnikums in der Klosterstraße überlassen wurden. Hier hielt er zunächst seine theoretischen Vorlesungen, hier wurden in den verschwiegenen Arbeitssälen die Methoden der Züchtung jener Kleintierlebewesen ausgebaut, die in dem Haushalt des menschlichen Körpers eine so ungeheuer wichtige Stellung einnehmen, hier wurden die Grundlagen für das neue Heilverfahren bei einer ganzen Reihe von übertragbaren Erkrankungen an Menschen und an manchen Haustieren geschaffen. Als dann endlich Robert Koch mit seinem, das gewaltigste Aufsehen in der gesamten Welt erregenden Vortrag über das Tuberkulin im Jahre 1890 hervortrat, da wurde mit einem Male Berlin zum Wallfahrtsorte für ungezählte Leidende, die hier die Erlösung von dem Übel erhofften, und für viele Hunderte von Forschern und Ärzten, die von dem allseitig anerkannten Meister in das Wesen seiner neuen Lehren und in die Anwendungsart seines neuen Heilverfahrens eingeweiht sein wollten. Wer die ungeheure Erregtheit, in der die gesamte Bevölkerung des bereits zur Weltstadt gewordenen Berlin schwebte, nicht selbst mit empfunden, der macht sich von der Verfassung der damaligen Öffentlichkeit keine Vorstellung. Die Geschichte dieser Tuberkulin-Erregung bildet ein ganz eigenartiges Kapitel der Geschichte des öffentlichen Geistes und verdiente gar wohl, unter Zugrundelegung des damaligen urkundlichen Materials ausführlich dargestellt zu werden. Wie etwa drei Jahrzehnte früher unter Rudolf Virchows Führung Berlin der Mittelpunkt der pathologisch-anatomischen Forschung geworden war, so gestaltete es sich Ende der achtziger Jahre unter Robert Kochs Leitung zur Hauptarbeitsstatte für die auf biologischer Grundlage sich aufbauende Lehre von der öffentlichen Gesundheitspflege, von der Vergesundheitlichung des Volkes. Der Tag der Veröffentlichung dieses Vortrages über die Tuberkuloseuntersuchungen und die Verwendung des Tuberkulins als Heilmittel gegen die Krankheit, der 13. November 1890, in der von Paul Boerner begründeten „Deutschen medizinischen Wochenschrift" bleibt für immer denkwürdig in der Geschichte. Robert Koch wurde daraufhin zum Ehrenbürger der Stadt Berlin ernannt und in den Staatsrat berufen.

Die Presse

Die vormärzliche Berliner Presse

Das Revolutionsjahr 1848 war auch das Geburtsjahr der Berliner Presse; denn die bis dahin in der Preußischen Landeshauptstadt erschienenen Tagesblätter konnten beim besten Willen nicht für politische Zeitungen gelten Die „Vossische Zeitung", die „Königlich privilegierte Berlinische Zeitung von Staats- und gelehrten Sachen", wie ihr breitspuriger Titel lautete; die „Spenersche Zeitung", oder wie der Volksmund beide benannte: „Tante Voß" und „Onkel Spener", das war die ganze journalistische Herrlichkeit des vormärzlichen Berlin. In dieser volkstümlichen Bezeichnung der beiden hauptstädtischen Tageszeitungen sprach sich aber auch das Urteil über das Wesen derselben aus. Eine gutmütig-spießbürgerliche Langeweile atmete aus jeder Zeile dieser Blätter. Der Dürftigkeit des Inhalts entsprach auch die Form und die Ausstattung. Ein löschpapiernes Quartblättchen; das war die damalige „Vossische Zeitung", und in dieser wirklich mitleiderregenden Gestalt verblieb sie noch eine geraume Zeit nach dem achtundvierziger Sturm. Hofnachrichten, Mitteilungen aus den Ministerien, Berichte über Unglücksfälle, das war der hauptsächliche und regelmäßig wiederkehrende Inhalt, mit dem sich der Berliner Spießbürger aus jener Zeit völlig zufriedengab. Hier und da drang auch einmal eine Mitteilung aus Paris oder aus London, sobald ein Thiers oder ein Palmerston ihre Brandreden in den Parlamenten hielten, an das Ohr des Berliner Zeitungslesers, der dann seine Augenbrauen in die Höhe zog und sich gar mächtig ob solchen unangemessenen Treibens entrüsten mochte. Für das geistige Bedürfnis, für die „Bildung" – denn darauf hielt der Berliner gar mächtige Stücke – sorgte wohl ausgiebig die Theaterkritik. Ein öffentliches Leben, öffentliche Versammlungen, Vereine gab es ja damals überhaupt nicht. Nur für das Theater, für Musik zeigte sich eine lebhafte, allgemeine Teilnahme, und so kam es denn, daß die „Rezension" einen unverhältnismäßig breiten

Raum in den Zeitungen beanspruchte und daß der „Rezensent", die stadtkundige Persönlichkeit, auch der Zeitung das eigentliche Gepräge gab. Den Namen des Zeitungsleiters kannte kaum ein Mensch in Berlin, aber den Theaterrezensenten Rellstab, den alten, schrulligen Gubitz von der Vossischen jedermann. Daran hat sich noch bis tief hinein in die sechziger und siebziger Jahre nicht viel geändert. Als die „Vossische Zeitung" bereits längst ihre Wandlung vollzogen hatte und zur Wortführerin des religiös aufgeklärten und des politisch liberal denkenden Berliner Bürgertums geworden war, da trat in der breiten Öffentlichkeit nicht etwa der ausschlaggebende politische Leiter oder der Verfasser der Leitartikel in die Erscheinung, sondern der Beschreiber der großen Hoffestlichkeiten, der Opernhausbälle, der Faschingsfestlichkeiten bei Kroll zugleich der angesehene Kunstschriftsteller Ludwig Pietsch. Wer in dem damaligen Berlin kannte Männer wie Werner, Lindner, Guido Weiß auch nur dem Namen nach? Gleichwohl hatten diese führende Stellungen an der „Vossischen Zeitung" inne. Aber ihr Geist, ihr Wesen verkörperte sich in der Öffentlichkeit, lediglich in der stadtbekannten Persönlichkeit Ludwig Pietsch', der von der Malerei in die Schriftstellerei hinübergewechselt hatte. Und verhielt es sich mit den Persönlichkeiten der „National-Zeitung", die doch von Hause aus als eine parteipolitische Zeitung begründet worden, nicht ebenso? Die allgemein gebildeten Kreise kannten den feinen, zierlichen, geistvollen Karl Frenzel aus seinen blendend geschriebenen Theaterkritiken, aus seinen Aufsätzen über bedeutsame literarische Erscheinungen, sie kannten den blinden Gumprecht aus seinen ungemein anschaulichen Darstellungen aller musikalischen Vorkommnisse. Aber wer wußte etwas von Otto Michaelis? Und selbst der Chefredakteur der „National-Zeitung", der „alte Zabel" – er ist so eigentlich jung wohl nie in seinem ganzen Leben gewesen – war nur in engsten, wirklich ernsten politischen Kreisen bekannt. Wie Ludwig Pietsch in der Öffentlichkeit identisch war mit der „Vossischen", so Karl Frenzel und Otto Gumprecht mit der „National-Zeitung". Karl Frenzel aber blieb der Berliner Lesewelt und mehr noch den auswärtigen Lesern der „National-Zeitung" lediglich der Verfasser zahlloser theaterkritischer, geschichtlicher, literarischer Aufsätze. Daß er all-sonntäglich die ausgezeichneten politischen Wochenübersichten an der Spitze des Blattes veröffentlichte, die von den Gebildeten aller Parteien mit der größten Anteilnahme gelesen wurden, das war eigentlich nur für die Eingeweihten kein Geheimnis. Erst mit dem Eintritt Friedrich Dernburgs und Köbners hat sich das geändert. Doch mit der Nennung dieser Namen haben wir in unseren Erinnerungen weit vorausgegriffen. Wir wollen daher, um in der Erzählung von der Entwicklung der Berliner Presse nicht allzu sprunghaft zu verfahren, zu unserem Ausgangspunkt zurückkehren.

Also: Seit dem Revolutionsjahre 1848 kann man erst von einer Berliner Tagespresse im eigentlichen Wortsinne reden. Damals wurden diejenigen drei Zeitungen gegründet, die für die nächsten Jahrzehnte, bis zum Heranbrechen des weltgeschichtlich gewordenen Zeitalters unter Wilhelm I., Bismarck und Moltke, von entscheidendem Einflusse auf die politische Gestalt der Hauptstadt und über sie hinaus, auf die Entwicklung der politischen Zustände des Landes geworden sind. Diese drei Zeitungen sind die „Volks-Zeitung", die „National-Zeitung" und die „Kreuz-Zeitung", oder wie man damals mit Vorliebe sagte, „Die Neue Preußische".

Alle drei waren unmittelbare Erzeugnisse des Sturmjahres 1848. Die Not der Zeit hatte sie ins Dasein gerufen, und die drei Hauptsächlichsten politischen Strömungen, die sich sofort nach dem Wirbel des Frühjahrs endgültig durchgesetzt, zeigten sich in ihnen als dauernd und entscheidend wirksam. In der „Volks-Zeitung" kam die rein demokratische Auffassung zum Ausdruck. Die „National-Zeitung" brachte die Forderungen des politisch und religiös freisinnigen, allgemein gebildeten Bürgertums zur Geltung, berücksichtigte dabei von Anfang an in vollem Maße literarische und künstlerische Angelegenheiten. Das Feuilleton der „National-Zeitung", zu dessen ständigen Mitarbeitern die angesehensten Schriftsteller, auch Universitätslehrer zählten, hatte sich sehr bald eine geachtete Stellung in der gesamten gebildeten deutschen Lesewelt errungen. Daneben wandte sie auch den wirtschaftlichen Fragen die gebührende Aufmerksamkeit zu. Es wird sich im Laufe dieser Darstellung noch Gelegenheit bieten, näher auf diese Teilgebiete der „National-Zeitung" einzugehen. Hier möge es an diesen kurzen Andeutungen sein Genügen haben. Die „Neue Preußische" endlich war als die Vertreterin der konservativen Elemente in allen staatlichen, kirchlichen und gesellschaftlichen Fragen ins Leben gerufen worden. Mit vollstem Ernste, mit größter Scharfe, mit ausgesprochener Begabung und gründlicher Sachkenntnis, aber freilich auch mit bitterstem Hasse und rücksichtsloser Feindseligkeit, die selbst vor dem Äußersten nicht zurückschreckte, sobald es die Vernichtung des politischen Gegners galt, vertrat die „Neue Preußische" ihre staatspolitische und ihre streng evangelische Weltanschauung. Aber so schroff, so unversöhnlich sie sich den Forderungen der Zeit und gewissen sie beherrschenden Ideen entgegen stemmen mochte, in ihrer äußerlichen Gestalt zeigte sich die „Neue Preußische" als die modernste. Glich sie doch in ihrem Formate den großen führenden Blättern der westeuropäischen Hauptstädte, von denen man im übrigen nicht eben viel im Lager der preußischen Konservativen wissen wollte. Aber über die Bedeutung einer straff einheitlich geleiteten Presse für die Geltendmachung parteipolitischer Forderungen und Meinungen war man sich unter den preußischen Junkern, die sich zur Begründung der „Neuen Preußischen" zusammentaten, nicht einen Augenblick im unklaren. Zu diesen zeitungsgründenden Junkern gehört auch, wie allgemein bekannt, der Freiherr Otto v. Bismarck-Schönhausen. von dem der Satzungsentwurf zu diesem Aktienunternehmen herrührte. Es verdient wohl hervorgehoben zu werden, daß Otto v, Bismarck in seinem Satzungsentwurf schon auf die Bedeutung der Zeitungsanzeige hinwies, und daß es sehr wichtig sei. diesem Zweige des Zeitungsbetriebes eine ganz besondere Aufmerksamkeit und Pflege angedeihen zu lassen. Die „Neue Preußische" war in ungleich höherem Grade als *Parteiorgan* gedacht als die beiden anderen oben genannten. Die „Neue Preußische" war von Anfang an Eigentum der konservativen Partei in des Wortes richtigstem Sinne. Das war bei der „National-Zeitung" lange nicht der Fall. Obwohl die zu ihrer Begründung erforderlichen Geldmittel ebenfalls durch Anteilscheine aus den bemittelten freiheitlich gesinnten Bürgerkreisen zusammengebracht werden mußten, ist sie niemals im Sinne der „Neuen Preußischen" ein Parteiorgan gewesen. Sehr ausgedehnt ist die Zahl der festen Bezieher beider Zeitungen niemals gewesen. Wohl aber war ihr Leserkreis ein sehr weit verbreiteter und ein sehr einflußreicher. Jeder gut durchdachte und anschaulich geschriebene Aufsatz konnte auf viele aufmerksame und gebildete Leser rechnen. Es gehört zu den angenehmsten journalistischen Erinnerungen, wenn Karl Frenzel über den einen oder den anderen der für das Feuilleton der „National-Zeitung" geschriebenen Aufsätze so etwas wie eine

Eprikrise erstattete. „Na, da haben Sie ja wieder einmal was Schönes angerichtet! Hier lesen Sie einmal die eingegangenen Briefe. Da sind auch Bücher für Sie; daraus können Sie ja am besten ersehen, wie Ihr Aufsatz gewirkt hat.“ Die gebildeten Leser der „National-Zeitung“ nahmen eben innerlich Anteil an dem Blatte, mit dem sie sich gelegentlich in der angedeuteten Weise auseinandersetzten. Manche dauernde, anregende, belehrende Bekanntschaft knüpft sich an diese lebendige Beziehung zwischen dem Zeitungsleser und dem Zeitungsschreiber. Den jungen Journalisten taten die Stimmen aus dem Publikum gar wohl, auch wenn sie nicht zustimmend waren. Darum war es ein Vergnügen, damals für die „National-Zeitung“ tätig sein zu können, und es war auch ein heißersehntes Ziel für den angehenden Zeitungsmenschen. Karl Frenzel war ein scharfer Beurteiler der einlaufenden Arbeiten, der nicht leicht eine Unebenheit oder eine literarische Ungenauigkeit durchschlüpfen ließ. Man würde indessen völlig in die Irre gehen, wenn man ihn für einen pedantischen Schulmeister ausgeben wollte. Davon war er völlig frei trotz der Oberlehrerprüfung, die er mit Glanz bestanden. Aber sein ausgesprochener Sinn für erlesenen Geschmack im Schrifttum wie im Leben duldete weder Gewaltsamkeiten noch Verstiegenheiten in Auffassung oder Darstellung. Am wenigsten mochte er etwas von Geistreicheleien wissen.

Neben Karl Frenzel und Otto Gumprecht, dem blinden Musikkritiker und Ballettrezensenten der „National-Zeitung“, gehörten zu ihren angesehensten Redaktionsmitgliedern Otto Michaelis, ein ungewöhnlich begabter Volkswirtschaftler, der später in der Konfliktszeit als oppositioneller Landtagsabgeordneter durch seinen Eisenbahnantrag sich einen großen Namen gemacht, und Julius Schweitzer. Erregten die wirtschaftlichen Abhandlungen des ersteren lebhafte Beachtung in weiten Kreisen, so daß ihr Verfasser zuletzt den Redaktionsstuhl mit einem Sessel im Handelsministerium vertauschte, so war Julius Schweitzer jahrzehntelang der geachtetste und gefürchtetste Beurteiler der Vorgänge auf der Berliner Börse. Seine Wochenberichte, die am Sonnabend zu erscheinen pflegten, verschafften der „National-Zeitung“ sehr bald den Ruf eines in allen Fragen des Geldmarktes führenden Blattes. Nebenher erfreute sich Julius Schweitzer hoher Achtung in bürgerlichen Kreisen, die auch ihren Ausdruck in der hohen Stellung fand, welche er in der Royal

York Loge einnahm. Um die Berliner Schreiberzunft hat er sich aber ein ganz besonders großes und bleibendes Verdienst dadurch erworben, daß er zu den Mitbegründern des Vereins „Berliner Presse" gehörte, dessen Schatzmeisteramt er bis an sein Lebensende ebenso klug und zähe als mildsinnig verwaltete.

Und nun zum dritten journalistischen Erzeugnis des Sturmjahres, zur „Berliner Volks-Zeitung" oder wie sie kurzweg hieß, zur „Volks-Zeitung". Sie war aus der „Urwähler-Zeitung" hervorgegangen. Entschieden demokratisch, aber keineswegs republikanisch, war sie am wenigsten Parteiorgan im Sinne des politischen Tageskampfes, sondern, wie es schon an der Spitze des Blattes hieß, „Organ für Jedermann aus dem Volke". Das kam auch schon an der äußerlichen Ausgestaltung zum Ausdruck. Das Format der „Neuen Preußischen" hatte einen feudalen Anstrich, das der „National-Zeitung" deutete auf eine gewisse gutbürgerliche Behäbigkeit hin, das der „Volks-Zeitung" entsprach den Ansprüchen der breitdemokratischen Volksschichten jener Zeit am besten. Sie verdankt ihr Dasein dem kühnen Wagemut eines ungewöhnlich vielseitig veranlagten Schriftstellers, den überdies noch bis in sein hohes Alter hinein eine wahrhaft großartige Sorglosigkeit in allen wirtschaftlichen Lebenslagen auszeichnete, nämlich Aaron Bernstein. Er war als ein völlig mittelloser Jüngling aus einem westpreußischen Städtchen nach Berlin gewandert, um hier seinem unaufhaltsamen Drang nach Wissen Genüge tun zu können. In seiner Heimat hatte er fast ausschließlich hebräischen, beziehungsweise talmudischen Studien obgelegen. Hier in Berlin galt es, sich vor allem mit den ersten Anfängen deutscher Bildung vertraut zu machen. Dank seiner ungewöhnlich raschen Fassungsgabe, seinem unermüdlichen Fleiße überwand er in kurzer Zeit alle sich ihm entgegenstellenden Schwierigkeiten. Der junge, aufstrebende Bernstein fand tatkräftige Unterstützung bei einflußreichen Persönlichkeiten, die es ihm sehr bald ermöglichten, seine literarischen Versuche in den vormärzlichen Berliner Blättern zu veröffentlichen. Eine seiner ersten Arbeiten bewegte sich auf ästhetisch-kritischem Gebiete. Der Besuch der ersten großen Kunstausstellung regte ihn zu allerhand Betrachtungen an. Er schrieb sie nieder und hatte die ihn mit dem ganzen ersten Autorenstolz erfüllende Genugtuung, sich – wenn auch unter einem angenommenen Namen – gedruckt zu sehen. Sein Lebensweg war entschieden. Bernstein war nunmehr der Tagesschriftstellerei verfallen. Allerdings der Tagesschriftstellerei im besten Begriffssinne. Kunstausstellungsberichte hat er allerdings nicht wieder verfaßt. Aber einem ganz andersartigen Wissensgebiete, auf dem er späterhin so Rühmliches leisten sollte, hat er sich damals nur um so rühriger zugewandt, nämlich der Naturwissenschaft. Er trat mit einer astronomischen Arbeit an die Öffentlichkeit, durch die er die Aufmerksamkeit der Fachmänner auf sich lenkte. Kurz, Bernstein regte sich nach mannigfachen Richtungen hin kräftig und mit Erfolg, und er zählte sehr bald mit zu den in der damaligen Berliner Öffentlichkeit gekannten und geschätzten Männern. Die eigentlich entscheidende Wendung in Bernsteins Leben brachten indessen die politischen Bewegungen in Preußen, die zu der Zusammenberufung des Vereinigten Landtages und später zu den Kämpfen des Jahres 1848 und zum Eintritt Preußens in die Reihe der konstitutionellen Staaten führten. Er gründete die „Urwähler-Zeitung", aus der dann sehr bald die „Volks-Zeitung" entstand. In dem jungen, feurigen, den demokratischen Anschauungen unverbrüchlich treu hingegebenen Franz Duncker fand er den erwünschten Verleger für sein kühnes Zeitungsunternehmen. Franz Duncker gehört einer der bemerkenswertesten Berliner Familien an. Sie nimmt in der Entwicklungsgeschichte der preußischen Hauptstadt eine so eigenartige Stellung ein wie kaum eine zweite. In den vier Brüdern, alle weitaus über den Durchschnitt begabt, verkörperten sich die vier verschiedenen politischen Zeitströmungen in ihren reinsten Formen. Alexander, der Major in der Landwehr, Buchhändler seines Zeichens, vertrat die unverfälscht preußische Richtung. Max, der berühmte Verfasser der Geschichte des Altertums, Lehrer an der Hallenser Hochschule, später in der bekannten Vertrauensstellung beim Kronprinzen Friedrich Wilhelm, gehörte zu den Vertretern der liberal-konstitutionellen Richtung, zu der Männer wie Joh. Gustav Droyßen, Dahlmann zählten. Der dritte Bruder, der spätere Bürgermeister von Berlin, ein ungewöhnlich feingebildeter Mann, huldigte einer entschieden ausgesprochenen bürgerlich-liberalen Auffassung; Franz aber war der Demokrat schlechthin. Seine schlanke Gestalt, sein üppiges, ins Rötliche schimmernde, lang herabwallende Haupthaar, der stattliche Vollbart, seine lebhafte Sprechweise – all das ließ schon von weitem den Volksmann in ihm erkennen. Er war in einem gewissen Sinne sogar etwas sozialistisch angehaucht und stand zu Ferdinand Lassalle eine Zeitlang in sehr engen, freundschaftlichen Beziehungen. Der geniale, hinreißende Volkstribun hat jahrelang in dem gastlichen Hause Franz Dunckers in der Potsdamer Straße verkehrt, und erst der völlige Bruch Lassalles mit der Fortschrittspartei, anfangs der sechziger Jahre, zerriß die Fäden, die beide Männer miteinander verknüpften. Wir sind mit diesen Hindeutungen indessen der Zeit sehr weit vorausgeeilt, brechen die Abschweifung ab und kehren zu unserer Erzählung wieder zurück.

Franz Duncker war, kurz gesagt, der Verleger nach dem Herzen Bernsteins, und dieser wiederum verstand es ausgezeichnet, die durchaus auf ideale Zwecke gerichtete Persönlichkeit ganz in den Dienst der Zeitung zu stellen. Beide Männer haben denn auch unverbrüchlich treu zueinander gehalten in guten und in schlimmen Tagen, und nur der Tod vermochte die vielverschlungenen Beziehungen beider zu lösen.

Das „Organ für Jedermann aus dem Volke“, wie die nähere Bezeichnung der „Volks-Zeitung“ lautete, bedeutete in jedem Betrachte einen Merkstein in der Entwicklung der deutschen politischen Tagespresse. Der täglich an der Spitze des Blattes erscheinende „Leitartikel“ war die große Änderung, die bahnbrechend für die junge politische Tagesschriftstellerei in Deutschland wurde. Bis in sein hohes Alter hinein hat Bernstein mit äußerst seltenen, nur durch Krankheit veranlaßten Unterbrechungen seinen Leitartikel tagaus tagein geschrieben! Und fast jeder dieser kurzen, scharf zugespitzten, klaren, an witzigen, aber dem Verständnis, der Veranschaulichung des Gesagten dienenden Anspielungen reichen Artikel war in seiner Art ein journalistisches Kunstwerk. Schon in der Wahl der Überschrift verriet sich der Meister der volkstümlichen Denk- und Schreibweise. Ein Leitartikel der „Volks-Zeitung“ bildete oft genug das Tagesgespräch in dem Berlin des Ministeriums Manteuffel-Raumer, des Polizeipräsidenten Hinckeldey und später während der Konfliktszeit in den sechziger Jahren. Manche von ihnen haben sich noch viele, viele Jahre ihres schlagfertigen Witzes, ihrer treffsicheren Polemik halber in der Erinnerung erhalten! Als Friedrich Wilhelm IV. den Vereinigten Landtag mit der berühmten Rede eröffnete und an deren Ende die Gelöbnisworte aussprach: „Ich und mein Haus, wir wollen dem Herrn dienen,“ da erinnerte sich der außerordentlich bibelfeste Bernstein sofort der Herkunft dieser echt gottesdemütigen Worte im Buche Josua. Sie finden sich bekanntlich, wenn auch in einer leichten Abweichung von der königlichen Fassung, im 27. Kapitel. Vers 18. Wie aber lautet die Luthersche Überschrift zu diesem Kapitel? „Josuas letzter Landtag." Die Leitartikelüberschrift war nunmehr von selbst gegeben. Und damit die treffendste Antwort, die sich ja sehr bald in ihrer ganzen ungeahnten geschichtlichen Voraussicht bewähren sollte. Das war ein Meisterstück journalistischer Polemik.

Weitausgesponnene staatsrechtliche Theorien seinen Lesern vorzutragen lag weder in der Absicht des Leitartikelschreibers, noch entsprach das den Zwecken und Zielen der „Volks-Zeitung". Es kam vor allem darauf an, dem Bedürfnis des Tages zu genügen, den Sinn der Stunde zu erfassen und veranschaulichend darzustellen. Darauf aber verstand sich Bernstein meisterlich. Wenn er in späteren Jahren mancherlei aus seinen Erlebnissen während der Zeit des Belagerungszustandes in Berlin unter General Wrangel und während der Reaktionszeit zum besten gab, ließ er unbeabsichtigt den einen und den anderen Hörer einen lehrreichen Blick in seine journalistische Werkstatt tun. Bernstein war keineswegs ein Radikaler nach der landläufigen Auffassung; aber er war ein überzeugter und unerschrockener Verfechter demokratischer Grundsätze. Eigentümlich war ihm bei aller Schärfe in der journalistischen Bekämpfung des Gegners ein gewisses Phlegma, eine ironische Ruhe, Er lächelte selbst bei den bittersten Auseinandersetzungen mit dem Gegner, den er dadurch häufig zu verhängnisvollen Unvorsichtigkeiten reizte. Hatte er seinen Gegner erst in diese Stimmung gebracht, dann zerzauste er ihn erbarmungslos und ließ ihn dabei die ganze ätzende Schärfe seines Spottes fühlen, ohne jedoch jemals die literarischen Verkehrsformen zu verletzen. Er besaß einen natürlichen untrüglichen Geschmack und einen tüchtigen Zusatz von Humor, mit dem er dem Widerpart zu begegnen und ihn zu entwaffnen wußte. Bernstein war ein durchaus selbständiger Politiker und auf keine Parteiformel unbedingt eingeschworen. Er wich daher in manchen wichtigen Fragen, insbesondere in wirtschaftlichen, von den Anschauungen und von den Forderungen der Fortschrittspartei ab, zu deren Mitbegründern er selbst gehörte. Er vertrat dann seinen eigenen Standpunkt mit einer unerbittlichen Zähigkeit, die an Starrsinn grenzte. Das zeigte sich am auffälligsten in der Währungsfrage. Er war ein heftiger Gegner der Goldwährung, und fast täglich fand man in der „Volks-Zeitung" während der langwierigen Kämpfe im Reichstage den unermüdlichen Wortführer auf seinem Platze. Er hat damals vielleicht an die hundert Leitartikel über diese allerdings grundlegende Frage im deutschen Wirtschaftsleben niedergeschrieben. Und diese Leitungssätze erschienen mit einer fortlaufenden Nummer versehen! Das kennzeichnet wiederum den ganzen Bernstein. Heutzutage wäre ein derartiges Verfahren in einer Zeitung doch einfach undenkbar. Man stelle sich nur für einen Augenblick einen Zeitungsaufsatz vor, der mit einer Ziffer 50 bis 60 oder 70 versehen wäre! Aber das focht Bernstein nicht im allermindesten an und, bemerkenswert genug, auch seine damaligen Leser nicht.

Doch genug von dem politischen Schriftsteller Bernstein. Er hat noch auf einem weitab von den politischen Tageskämpfen liegenden Gebiete einschneidend, richtunggebend in die Entwicklung des deutschen Zeitungswesens eingegriffen. Mit einem ungewöhnlichen Eifer hatte sich Bernstein nämlich schon vor langer Zeit mit naturwissenschaftlichen, namentlich mit physikalischen Studien beschäftigt. Als er nun nach eigenem Ermessen über eine Zeitung verfügen konnte, war sein Entschluß sehr bald gefaßt, in echt volkstümlichem Sinne seine Leser über naturwissenschaftliche Fragen aufzuklären. Und so verfaßte er denn allwöchentlich solch einen über einen naturwissenschaftlichen Gegenstand unterrichtenden Aufsatz. Auf diesem Gebiete kann man Bernstein ohne jede Übertreibung als einen unübertroffenen Meister bezeichnen. Diese Bernsteinschen naturwissenschaftlichen Aufsätze verschafften der „Volks-Zeitung" einen über ihre parteipolitischen Grenzen weit hinausgreifenden Leserkreis und eine hohe Beachtung selbst unter den erbittertsten politischen Gegnern. Diese Aufsätze erschienen später gesammelt als „Naturwissenschaftliche Volksbücher" und wurden alsbald in die Sprachen aller europäischen Kulturvölker, auch sogar ins Russische übertragen. Aber ungleich anregender waren seine mündlichen Auseinandersetzungen über naturwissenschaftliche, namentlich über elektrotechnische Probleme, wenn er im traulichen Familien- und Freundeskreise darauf zu sprechen kam. Die Erinnerungen an jene in der Bernsteinschen Wohnung in der Dessauer Straße 3 verlebten Abende sind den wenigen noch Überlebenden unverblaßt geblieben. Es sah zuweilen recht kraus in jenen einfach-behaglichen Räumen aus, wenn Bernstein seine elektrischen Versuche anstellte und den gespannt lauschenden Hörern erklärte. Mancher, später zu hohem Ansehen in der Wissenschaft gelangte Jüngling hat im Bernsteinschen Hause diesen in zwanglosen Unterhaltungen dargebotenen Belehrungen beigewohnt. Es waren unvergeßliche Stunden.

Und noch eine weitere, dritte Neuerung führte Bernstein bei der „Volks-Zeitung“ ein. Seine naturwissenschaftlichen Beschäftigungen hatten neben der Elektrizität und ihrer praktischen Verwendbarkeit vornehmlich der Witterungskunde gegolten. Er entschloß sich daher trotz aller Unvollkommenheiten des damaligen wissenschaftlichen Standes der Wind- und Wetterkunde zur Veröffentlichung regelmäßiger Wetterberichte und Wettervoraussagen. Irrtümer, Fehlvoraussagen waren unvermeidlich, so daß die Berliner über diese ewigen Falschmeldungen im Wetterberichte der „Volks-Zeitung“ ihre schlechten und manchmal auch guten Witze machten. Bernstein ließ sich dadurch nicht im allermindesten stören, er fuhr vielmehr eine ganz geraume Weile mit seinen Veröffentlichungen fort. Schließlich gab er den Kampf gegen diese unaufhörlichen Sticheleien auf und stellte die Veröffentlichungen seiner Wetterberichte ein. Den späteren gründlichen Wandel in dieser Beziehung hat Bernstein nicht mehr erlebt. Aber das Verdienst gebührt ihm, der Erste gewesen zu sein, der die Wichtigkeit derartiger regelmäßiger Veröffentlichungen in der Tagespresse erkannt und durchzuführen versucht hat. Und so hat sich denn Bernstein in vielfacher Hinsicht ein dauerndes, rühmliches Andenken in der Entwicklungsgeschichte der Berliner Tagespresse gesichert.

In seinem äußeren Gehaben erinnerte Bernstein auch nicht entfernt an den demokratischen Politiker aus dem Jahre 1848. Sein glattrasiertes volles Gesicht, seine milden, braunen Augen, die ruhig beobachtend hinter den Brillengläsern hervorlugten, seine rundliche Gestalt – all das ließ eher auf einen behäbigen preußischen Konsistorialrat schließen als auf einen unerbittlichen journalistischen Verfechter volkstümlicher, freiheitlicher Forderungen.

Neben Bernstein, dem unverdrossen und vielseitig tätigen, ganz ausnahmsweise gut veranlagten Tagesschriftsteller vermochten seine regelmäßigen Mitarbeiter keine nennenswerte Rolle zu spielen. Er und er allein war es, der der „Urwähler-Zeitung“ und später der „Volks-Zeitung“ den Stempel seines Geistes und seines Gemütes aufdrückte. Und das blieb so lange, bis er seine Augen für immer schloß. Ein einziger jedoch, der dem Mitarbeiterstabe der „Volks-Zeitung“ von Anfang an zugehörte und der als „Verantwortlicher“ zeichnete, verdient es seiner Eigenart wegen, daß man seiner gedenke: nämlich Hermann Holdheim, der Sohn des berühmten jüdischen Theologen und Predigers an der Berliner jüdischen Reformgemeinde. Er war als Student in den Strudel der Revolution und dann in die politische Tagesschriftstellerei geraten. In Holdheims Kopfe hatten wirklich die anscheinend unverträglichsten Eigenschaften und Eigenheiten Platz: eine unerschütterliche Gleichgültigkeit gegen alles äußerliche Ungemach neben einer unbeugsamen Entschlossenheit, eine bis zum Leichtsinn sich steigernde Sorglosigkeit neben einer ganz unverkennbaren Kleinbürgerlichkeit im Alltagsleben, eine an Bummligkeit grenzende Lässigkeit neben ernstestem Pflichtgefühl. Aber ganz besonders war ihm die goldene Gabe verliehen, allen Lagen im Leben gegenüber die angeborene Heiterkeit der Seele sich nicht trüben zu lassen, niemals die Ruhe zu verlieren. Das war in jenen Zeiten des Belagerungszustandes, der Hinckeldeyschen Polizeiwirtschaft, der Manteuffel-Westphalenschen Regierung wahrlich für einen verfehmten demokratischgesinnten Tagesschriftsteller keine leichte Aufgabe. Doch an Hermann Holdheims Gleichmut prallte alles wirkungslos ab. Eines Tages hatte Bernstein wieder einmal einen seiner erheiterndsten, doch zugleich stacheligsten Leiter gegen den „heiligen Vater“ Nikolaus I. von Rußland, bekanntlich den Schwager Königs Friedrich Wilhelm IV. gerichtet. Beschlagnahme der betreffenden „Volks-Zeitungs“-Nummer und Anklage war die rasche Antwort auf den Angriff gegen die geheiligte Person des Zaren, der noch obendrein Ehrenbürger von Berlin war. Die Zeit für die Hauptverhandlung nahte heran; Holdheim blieb ganz teilnahmlos, als ob ihn die Sache nicht im allermindesten anginge. Endlich fragt der ständige Rechtsbeistand der „Volks-Zeitung“, ein durch seinen Scharfsinn, seine Beredsamkeit, seine Schlagfertigkeit stadtbekannter Anwalt an, wie er sich denn eigentlich zu dem Falle stellen solle. Diesmal, fügte er besorgt hinzu, könne es sozusagen um Kopf und Kragen gehen. Holdheim antwortete, er verzichte gerade diesmal auf jeden Rechtsbeistand, er würde sich selber verteidigen. Die Stunde der Hauptverhandlung war da; wiederum saß der „Verantwortliche" der „Volks-Zeitung" auf dem Armesünderstühlchen. Der Staatsanwalt hielt eine donnernde – Rede gegen die Preßfrechheit, die vor nichts mehr Respekt bewahre, die ihren leichtfertigen Spott selbst gegen geheiligte Personen wie den allverehrten Zaren Nikolaus, den nahen Anverwandten des Königshauses, richte. Es müsse endlich ein „Exempel statuiert" werden. Er beantragte demgemäß eine empfindliche Gefängnisstrafe. Der Vorsitzende fragte nunmehr den Angeklagten, was er zu seiner Rechtfertigung anzuführen habe. Statt einer Antwort fragte Holdheim den Vorsitzenden nach des Zaren Legitimation zu dem Strafantrage, denn ohne diese war ein Strafantrag wegen Beleidigung eines auswärtigen Herrschers überhaupt nicht angängig. Man kann sich die verdutzten Gesichter des Staatsanwaltes und der Richter unschwer vorstellen. „Und das fragen Sie erst jetzt? Weshalb haben Sie denn diesen Einwand nicht vor Beginn der Verhandlung geltend gemacht?" „Ich habe keine Veranlassung gehabt, den hohen Gerichtshof vorher auf diese Unterlassung aufmerksam zu machen." Schmunzelnd setzte sich der Angeklagte nieder, klappte seine Mappe zusammen, und die Sache hatte ihr unerwartetes Ende erreicht. In den Arbeitsraum der „Volks-Zeitung" zurückgekehrt, erzählte er auf die auf ihn einstürmenden Fragen knapp und bündig den Hergang. Das war ein echter Holdheim. Doch unschätzbar für die Redaktion war sein untrügliches Personen- und Sachengedächtnis. Er war ein lebendes Archiv. Wenn niemand eine Auskunft zu erteilen wußte, Hermann Holdheim gab stets zuverlässigen Bescheid. Aus der Redaktion ging's dann zu Schmelzer ins „Hotel de Hambourg" (wie man dazumal sagte) in die „Heilige Geiststraße". Dort war das erheiternde Stelldichein aller Berliner Bühnenkünstler und aller auswärtigen Bühnenberühmtheiten. Fritzchen Schmelzer war der bevorzugte Lieblingswirt des fahrenden Volkes, und er wußte diese Ehre nach Gebühr zu schätzen. Seine Künstlergäste bildeten den Stolz seines Hauses; er sorgte wahrhaft väterlich für ihr Wohl. Das Künstlerzimmer seines Gasthofs war eine Sehenswürdigkeit des damaligen Berlin. Eine Sammlung von Bildnissen der berühmtesten Bühnenkünstler aus aller Herren Ländern schmückte die Wände. Selbstverständlich hatten sich alle Gäste des Hauses durch Widmungen an ihren lieben, freundlichen Wirt verewigt. Da sah man sie alle beieinander. Adelheid Ristori, den Neger Jan Aldridge, den Pariser Roger mit dem künstlichen Arm, der in den Partien des Raoul in den „Hugenotten“, George Brown in der „Weißen Dame“, Edgardo in der „Lucie von Lammermoor“, aber auch durch den Vortrag deutscher, namentlich Schubertscher Lieder seine Zuhörer hinriß, Bogumil Dawison, Julia Rettich, Albert Niemann, Fichtner, Amalie Heizinger, Friederike Goßmann, Hedwig Raabe, Friedrich Haase, Adolf Sonnenthal. Ja, wer war da in dieser Gedenkhalle der Bühnenkunst nicht vertreten! Wo mag aber diese kostbare Bildnissammlung hingekommen sein? Vermutlich in alle Windrichtungen hin zerstoben wie so manches für die Kulturgeschichte Berlins Wertvolle, das sich in den Künstlerzimmern der Berliner Gasthöfe, Weinstuben, Bierwirtschaften im Laufe der Jahrzehnte angehäuft hatte.

Und schließlich sei noch eines anderen Redaktionsmitgliedes der „Volks-Zeitung“ gedacht, Rudolf Elchos. Ein auffallend schöner Mensch, hoch gewachsen, schlank, schwarzlockig, glich er mehr einem italienischen Künstler als einem deutschen Schriftsteller. Er hatte eine stürmische Vergangenheit hinter sich, als er eines Tages an die Tür Franz Dunckers anklopfte und um Beschäftigung bat. Eine andere Empfehlung als sein gewinnendes Äußere, sein freies, männliches Auftreten und – einen Ausweis über seine Zugehörigkeit zu Garibaldis Freischar hatte er nicht. In seiner Begeisterung für die Freiheit Italiens hatte sich der jugendliche Schwärmer Elcho kurz entschlossen auf und davon gemacht und sich unter die „Rothemden“ des berühmten italienischen Freiheitskämpfers einreihen lassen. Nach dem beendeten italienisch-österreichischen Kriege wandte er sich wieder heimwärts und gelangte nach abenteuerlichen Wanderungen schließlich nach Berlin, das seine Heimatstätte werden sollte. Der Revolutionär mit dem Kindergemüte, der Kämpfer für Italiens Freiheit unter Josef Garibaldi wurde dann an der „Volks-Zeitung“ der Leiter des künstlerisch-literarischen Teiles. Er waltete jahrzehntelang dieses Amtes mit sicherem Geschmacke und einem bei voller Entschiedenheit milden Urteil. Er ist der einzige Überlebende aus jener Zeit.

Und noch eines Vierten aus dem Arbeiterstabe der damaligen „Volks-Zeitung“ ist zu gedenken, Heinrich Steinitz! Ohne ihn bliebe das Erinnerungsbild unvollständig. Es eignete ihm der Zug unfreiwilliger Komik, die zuweilen unwiderstehlich wirkte. Steinitz war von Hause aus Jurist, der an der Referendarecke Schiffbruch gelitten. So wandte er sich denn der Tagesschriftstellerei zu. Während seine Genossen vom Redaktionstisch sich auf ihre stille Arbeit beim Schreibtisch beschränkten, war Steinitz vielfach auch als Parteiredner tätig. In seiner guten Zeit gehörte er zu den beliebteren Wortführern. Allein es ging leider sehr rasch mit ihm abwärts. Er wurde immer lässiger und immer zerstreuter, so daß er schließlich wie geistesabwesend einherzuwandeln schien. Wäre er nicht so schwerfällig, so bemitleidenswert unbeholfen gewesen, man hätte dem heruntergekommenen, begabten Menschen recht gram sein müssen. Er entwaffnete indessen jede zornige Aufwallung durch seine dicke Gleichgültigkeit, mit der er die quälenden Sorgen seines zwecklos gewordenen Daseins ertrug. Zum richtigen Bohemien gebrach es ihm an der erforderlichen Leichtlebigkeit, an der heiteren und erheiternden Sorglosigkeit, an der Unbedenklichkeit in der Erfassung des Augenblickes, der sich darbietenden günstigen Gelegenheit. Er kam stets zu spät und fand entweder die Tafel leer oder bis auf den letzten Platz besetzt. Unermüdlich und unerschöpflich war er nur im Pläneschmieden, um aus seinem Alltagselend hinaus in eine bürgerlich gesicherte Stellung zu gelangen. Er hat es denn auch wirklich einmal bis zu einer Abart von einem Zeitungsbesitz gebracht. Bei seiner Unbeholfenheit in allen geschäftlichen Angelegenheiten kann man sich unschwer denken, welch ein rasches Ende diese Herrlichkeit nehmen mußte. Aber ein Lichtstrahl war auch in dieses unglückliche Dasein gefallen, ein Schimmer, der sein ganzes späteres Leben vergoldete. Das war sein fast freundschaftlicher Verkehr mit Franz Leo Benedikt Waldeck, dem berühmten Obertribunalsrat und Führer der preußischen Demokratie. Steinitz hatte eine Geschichte des Prozesses Waldeck geschrieben, der den schimpflichsten Flecken in der preußischen Reaktionszeit ausmachte und für immer ausmachen wird. Von dieser gelungenen Arbeit, die zugleich die Lebensgeschichte des gefeierten Volksmannes und Abgeordneten enthielt, zehrte Heinrich Steinitz sein ganzes Leben lang. Diese seine Beziehung zu Waldeck hielt ihn noch einigermaßen aufrecht. Mit dem Tode Waldecks brach der arme Steinitz völlig zusammen und verlor allmählich jeden Halt. Fortan blieb er völlig widerstandslos allen Unbilden des Lebens gegenüber, bis den ermüdeten Wanderer der Allerbarmer in seine Knochenarme schloß.

Im Herzen des damaligen Berlin, in der Breiten Straße, schlug auch das journalistische Herz der preußischen Haupt- und Residenzstadt. Hier hatte die „Vossische Zeitung", die „Königlich privilegierte Berlinische Zeitung von Staats- und gelehrten Sachen" ihren Sitz aufgeschlagen, der unerschütterlich zu sein schien wie Roms Kapitol. So umständlich, vermodert und den Spott herausfordernd wie ihr Titel war auch größtenteils ihr Inhalt, obgleich eine ganze Anzahl geistvoller Schriftsteller zu ihrem Redaktionsstabe und ihren ständigen Mitarbeitern zählte. Aber über dem Ganzen webte eine muffige Langeweile, gegen die selbst eine so feine journalistische Feder wie die Guido Weiß' vergeblich anzukämpfen suchte. „Tante Voß" vertrat eine gewisse spießbürgerlich-liberale Richtung, und namentlich in religiösen Fragen zeigte sie sich ganz unbedingt „fritzisch". Aber alles mußte gar weise und bedächtig und wohlabgeklärt abgefaßt sein. Es durfte nach keiner Seite hin irgendwie Anstoß erregt werden. In dem sanftgemuten Lyriker Hermann Klettke hatte die „Vossische Zeitung" just den ihr völlig entsprechenden Leiter gefunden und für lange Jahre behalten. Wenn man in sein überaus kärglich ausgestattetes Arbeitszimmer trat und in das milde, von wallendem Haar und einem üppigen Vollbart umrahmte Gesicht blickte, wenn man dann das fein lispelnde Stimmchen vernahm, dann wußte man sofort Bescheid um ihn. Auf grimme journalistische Fehde war diese dichterische Natur nicht gestellt. Klettke war durch die Laune des Geschicks auf diesen Posten gestellt – das weitere mußte sich finden. Selbst in den Tagen der hochgehenden Wogen während des Militärkonflikts der sechziger Jahre hielt dieser idyllische Gleichmut Klettkes allen auf ihn einstürmenden Anmutungen gegenüber unerschütterlich fest. Klettke war eben alles andere eher als eine politisch fühlende und denkende Natur. Alles ging in der Redaktion der Tante seinen geruhigen Schritt. Kaum ein Laut störte die heilige Stille. Es gab kein Hasten, kein Jagen, und nur selten störte der Schritt des Telegraphenboten die Redakteure aus ihrer behaglichen Beschaulichkeit. Der Nachrichtendienst war der denkbar kümmerlichste, das verfügbare Zeitungsmaterial so dürftig wie nur möglich, politische Berichterstatter in den europäischen Hauptstädten leisteten sich die damaligen Zeitungen nur ganz ausnahmsweise, kurz, die redaktionelle Arbeit in jenen längst entschwundenen und verklungenen Zeiten war eine angenehme, die in ihrer Bedächtigkeit keinerlei starke Anforderungen an die Nervenkräfte stellte. Die Zeitung erschien nur einmal täglich, am Montag überhaupt nicht. Der Sonntag war ein wirklicher Feiertag für den Redakteur, für den Journalisten überhaupt, und die sämtlichen Abende in der Woche gehörten ihm ebenfalls. Das war ein herrliches Schlaraffenleben, dem sich der Zeitungsschreiber vor länger als einem halben Jahrhundert in dem alten Berlin hingeben konnte. Nachtberichte über wichtige Ereignisse gab es ebensowenig wie Nachtkritiken über Theater oder musikalische Aufführungen. Damals hatte der Mensch noch Zeit zu warten. Die Zeitungen brauchten die Nachrichten nicht brühwarm ihren Lesern vorzusetzen, die literarischen oder künstlerischen Urteile nicht aus der Pistole herauszuschießen. Von solchen redaktionellen Zuständen machen sich die Zeitungsschreiber der Gegenwart kaum noch eine schwache Vorstellung. Mit einer nur schwer unterdrückbaren Wehmut gedenkt indessen der Überlebende jenes für immer entschwundenen paradiesischen Zeitalters des Berliner Zeitungswesens. Aber freilich, dieser journalistischen Lichtseite, wenn man so sagen darf, stand eine Kehrseite gegenüber, von der sich die Gegenwart ebenfalls keinen Begriff machen kann. Der ganzen äußeren Kümmerlichkeit der damaligen Berliner Zeitungen entsprach die Dürftigkeit der Besoldung auch der leitenden Schriftsteller auf das vollkommenste. Selbst nach dem damaligen allgemeinen Zuschnitt der Berliner Lebensführung, der Lebensmittel-Wohnungspreise bemessen, waren die Gehälter der Redakteure, der ständigen Mitarbeiter, der Berichterstatter über alle Maßen kläglich. Dazu kam noch die völlige Unsicherheit des ganzen bürgerlichen Zustandes des Zeitungsschreibers jener Zeit. Traten Krankheiten oder sonstige unliebsame Zwischenfälle ein, dann klopfte unerbittliche Not an die Tür. Es gab weder eine journalistische Vereinigung – der Verein Berliner Presse ist erst um die Mitte der sechziger Jahre gegründet worden, und er zählte noch zu Anfang der siebziger Jahre kaum ein halbes hundert Mitglieder, von denen eine erhebliche Zahl nicht einmal den eigentlichen Zeitungsschreibern angehörte – noch irgendeine journalistische Hilfskasse. Der Zeitungsschreiber schwebte mit seinem ganzen bürgerlichen Dasein völlig in der Luft, allen Unbilden des Lebens schutzlos preisgegeben. Was Wunder, wenn dieses allgemeine Elend, unter dem die Zeitungsschreiber litten, nicht eben viel zur allgemeinen Achtung des Berufes beitrug. Um so mehr verdient es rühmend anerkannt zu werden, daß der damalige Zeitungsschreiber im allgemeinen allen goldenen Verlockungen gegenüber sich unzugänglich erwies. Bestechlichkeit, Verleugnung der Überzeugung um äußerer Vorteile willen gehörten zu den allerseltensten Ausnahmen. Der Ehrenschild der Berliner Zeitungsschreiber – und das gleiche gilt von der gesamten deutschen Journalistik – hat sich stets blank erhalten trotz der Kärglichkeit ihrer Entlohnung. Das Durchschnittsgehalt der Zeitungsredakteure betrug zu jenen Zeiten nicht über 500 Taler. Und es verdient der Nachwelt überliefert zu werden, denn es gehört mit zum Kulturbilde jener Zeit, daß, als ein Mann von der schriftstellerischen Begabung wie Guido Weiß von dem Besitzer der „Vossischen Zeitung" eine Gehaltsaufbesserung um 100 Taler erbat, von diesem gefragt wurde, ob er ihn denn zugrunderichten wolle! – Mit derartigen unwürdigen Zuständen hat die wirtschaftliche Entwicklung, die nach dem böhmischen, besonders nach dem deutsch-französischen Feldzuge einsetzte, gründlich aufgeräumt. Hungerlöhne für Berliner Journalisten wie damals vor länger als einem Halbjahrhundert werden heutzutage nicht mehr gezahlt, wenngleich auch jetzt noch die Durchschnittsgehälter den so unendlich gestiegenen Lebensbedürfnissen gegenüber nicht immer und nicht überall entsprechend höher gehalten sind. Reichtümer sammelt auch der heutige Zeitungsschreiber nur in ganz ausnahmsweise seltensten Fällen, und dann Pflegt noch meistens dabei ein bedenkliches – „doch fragt man mich nur nicht wie" mit im Spiele zu sein. Doch sei es an diesen Andeutungen genug.

Die Entwicklung der Berliner Tagespresse, die so kraftvoll in dem Sturmjahr 1848 eingesetzt, blieb in den ihm folgenden zwei Jahrzehnten völlig stockend. Kein Wunder auch. In der Reaktionszeit lastete ein allgemeiner Druck aus Preußen, und Berlin insbesondere litt unter der Polizeiwillkür Hinckeldeys und seines Nachfolgers, so daß selbst dem Mutigsten die Lust zur Begründung eines neuen Zeitungsunternehmens vergehen mußte. Zu all den unausbleiblichen Schwierigkeiten seitens der Staatsaufsichtsbehörden gesellten sich die materiellen: die nicht unbeträchtliche Kautionsgestellung und der empfindliche Zeitungsstempel. Auch die so hoffnungsfroh begrüßte Regentschaft des Prinzen von Preußen, späteren Königs Wilhelm I., ja sogar die in liberalisierendem Fahrwasser, wenn man so sagen darf, dahinsegelnde „Neue Ära" änderte an diesem Beharrungszustande der hauptstädtischen Tagespresse nichts. Ehe man sich's versah, war der schöne Traum verflogen. Die Ministerien Hohenzollern-Auerswald und ihre Hauptmitarbeiter Schwerin, Pathow, Bonin, Bethmann Hollweg traten einer nach dem anderen vom öffentlichen Schauplätze ab. Mit dem Eintritt des Kriegsministers Albrecht v. Roon erschien ein ganz andersgearteter Mann auf der politischen Bühne Preußens. Auch währte es nicht lange, und Otto v. Bismarck-Schönhausen wurde an die Spitze der Staatsregierung berufen, um die Wirrungen und Irrungen des Verfassungskonflikts zu lösen. Da der Ölzweig, den der gefürchtete Junker von 1848 in die Sitzung der Budgetkommission brachte, die erwartete Wirkung nicht tat, so versuchte der neue Ministerpräsident es vorerst mit der weltberühmten alexandrinischen Methode. Er zerhieb einfach den Knoten und erließ die gleichfalls zu einer großen geschichtlichen Bedeutung gelangten „Preßordnungen" vom Jahre 1863. Der Scheffelsche Vers bewährte sich auch in dieser ganz und gar nicht mehr prähistorischen" Zeit für die gesamte Presse Preußens und für die seiner Hauptstadt insbesondere. „Sie kamen zu tief in die Kreide, da war es natürlich vorbei."

Erst nach dem reinigenden politischen Gewitter des Jahres 1866 änderten sich mit den allgemein umgestalteten Zuständen in Preußen auch die Preßverhältnisse der Hauptstadt. Die bestehenden Zeitungen, namentlich das für die eigentliche Berliner Bürgerschaft zumeist in Betracht kommende Blatt, die „Vossische Zeitung", begannen den gesteigerten Ansprüchen der neu hereingebrochenen Zeit wenigstens einigermaßen Rechnung zu tragen. Der gar zu altmodisch gewordene äußere Zuschnitt wich nach und nach einer mehr zeitgemäßen Form, und mit ihr erweiterte sich der Inhalt. Mehr und mehr wurde sie zu einem Spiegel der Zeitverhältnisse. Die ehemalige kleinbürgerliche Hauptstadt wurde durch die gewaltigen politischen Ereignisse aus der geruhigen Behaglichkeit ihres bisherigen Daseins gar mächtig aufgerüttelt. Ihre Bedeutung wuchs zusehends. Auf allen Gebieten regte es sich mächtig: lange zurückgehaltene Kräfte drängten unwiderstehlich sich zu entfalten, in lebendiger Arbeit sich zu betätigen. Von diesem allgemeinen Triebe nach Betätigung konnte die hauptstädtische Presse unmöglich unberührt bleiben. Dazu kam die Rückwirkung der infolge der alle Welt in Staunen versetzenden kriegerischen Ereignisse auf die innerpolitischen Parteiverhältnisse. Der Tag von Königgrätz, an dem das alte Österreich für immer zertrümmert wurde, war auch für die bis dahin geschlossene Opposition im Abgeordnetenhause verhängnisvoll geworden. Derselbe 3. Juli 1866 entschied nicht nur über das Schicksal der Donaumonarchie, sondern auch durch den Ausfall der Wahlen zum preußischen Landtage über die Zukunft der eigentlichen entschieden bürgerlich-liberalen Partei in Preußen. Unter dem Kanonendonner von Königgrätz erlag auch die preußische Demokratie. Der Wahlausgang am Tage von Königgrätz bedeutete einen Vernichtungsschlag für die Fortschrittspartei. Sie hat sich in Wahrheit von diesem Schlage nie wieder erholt.

Für die hauptstädtische Tagespresse wurde indessen die durch den Ausgang des böhmischen Feldzuges geschaffene politische Lage insofern von einiger Bedeutung, als sie zur Begründung einer neuen Zeitung führte. Das *demokratisch* gesinnt gebliebene Häuflein unter der Führung Johann Jacobys, des Verfassers der zu einer weltgeschichtlichen Berühmtheit gelangten Flugschrift „Vier Fragen eines Ostpreußen“, entbehrte der journalistischen Vertretung. Diesem Mangel sollte das neue Blatt „Die Zukunft“ abhelfen, zu deren Leiter Dr. Guido Weiß bestellt wurde. Um diesen geistvollen Schriftsteller scharte sich eine Anzahl jüngerer aufstrebender Talente, die allesamt ihrem Führer mit einer herzlichen Ergebenheit anhingen. Guido Weiß war wie sein Herr und Meister Johann Jacoby von Hause aus Mediziner. Die Stürme des Jahres 1848 hatten ihn aus seiner ursprünglichen Bahn hinausgeschleudert und in die politische Schriftstellerei hineingedrängt. Er war bis zum Jahre 1866 an der „Vossischen Zeitung“ tätig gewesen. Bei diesem „guten Revolutionär“, um einen einmal in einer Sitzung des preußischen Abgeordnetenhauses von Rudolf Virchow geprägten Ausdruck zu gebrauchen, erinnerte äußerlich nichts an den Demokraten aus jener Zeit. Guido Weiß hielt vielmehr in jedem Betracht auf gute Form, auf bewußte Haltung, ihm war nichts unleidlicher, als der Mangel an gesellschaftlicher Bildung. Wie auf einen durchgefeilten Stil, so hielt er auf Wohlanständigkeit, ja auf eine gewisse Zierlichkeit in der Kleidung und mehr noch in seinem ganzen Auftreten. Sein Äußeres war stets wohlgepflegt; in seinem ganzen Gehaben lag ein Selbstbewußtsein, eine Würde, die zudringliche Vertraulichkeit fernhielt. Zum Volksmanne, im wahren Sinne des Wortes, war Guido Weiß im Zuschnitte verdorben, ebenso wie zum Volksschriftsteller. Für den einen wie für den anderen gebrach es ihm an der erforderlichen, die Massen hinreißenden Leidenschaftlichkeit im Wesen und im Ausdruck. Er war Demokrat aus Überzeugung, aber Aristokrat in seinem Fühlen und in seinem Empfinden. Und wie er selber, so sollte auch sein Blatt ein Spiegel demokratischer Geistesbildung werden. „Die Zukunft" sollte gewissermaßen die Demokratie gesellschaftsfähig machen. Darauf war der Gesamtton abgestimmt. Nur um Gottes willen nicht in den Brustton der Überzeugung verfallen. Das war Guido Weiß' erste und nachdringlichste Mahnung an seine Jünger. Im übrigen ließ er seinen Mitarbeitern vollste Freiheit, sich nach ihrer Eigenart zu entwickeln. Unvergeßlich bleibt die Art, wie er an den ihm übergebenen Arbeiten hier und da Verbesserungen anbrachte, kleine Lichter aufsetzte, durch ein hinzugefügtes Wort dem Gedanken einen schärferen Ausdruck verlieh. An den von ihm vorgenommenen Änderungen konnte der junge Journalist gar manches lernen, sobald er auf diese Dinge gehörig achtete. In Guido Weißens Schule, wenn dieses Wort auf dessen Art überhaupt angewendet werden darf, hat mancher sein Bestes gelernt, dem später in der breiten Öffentlichkeit eine ansehnliche Rolle zu spielen beschieden war. Er selbst schrieb ein ausgezeichnetes Deutsch, das an Lessings und an Börnes Stil erinnerte. Aber er liebte es mehr als unbedingt nötig war, sich in dunklen Anspielungen zu ergehen. Ja, es gewann zuweilen den Anschein, als wollte er seinen Lesern so etwas wie ein Rätsel zur Lösung aufgeben. Man wird im Ernste nicht behaupten wollen, daß eine solche Darstellungsweise für eine politische Tageszeitung die angemessene ist. Aber Guido Weiß hatte seinen Spaß an ihr. Das ist für ihn kennzeichnend. Der ganze Stab von Mitarbeitern hing mit der Begeisterung jugendlicher Idealisten an dem jungen Blatte und an dessen Führer. Jeder war bestrebt, sein Bestes zu geben. Noch jetzt, nach einem halben Jahrhundert, denken die wenigen Überlebenden an jene unwiederbringlich dahingeschwundene Zeit ihrer journalistischen Jugendideale! „Die Zukunft" war auch in ihrer ersten Zeit und in ihrer ursprünglichen Ausgestaltung das Blatt der gebildeten, politisch empfindenden Jugend. Sie wurde viel unter den Studenten, namentlich unter den Medizinern gelesen. Als indessen später die Umwandlung in ein großes Blatt, auch mit einem selbständig geleiteten Handelsteil, von dem Verwaltungsrate beschlossen war, konnte dessen baldiger Zusammenbruch mit aller Sicherheit vorausgesagt werden. Dem Unternehmen gebrach es an der nun einmal unentbehrlichen gesicherten materiellen Grundlage, und Guido Weiß war alles eher als ein Geschäftsmann. So geschah denn das Unabwendbare. Nach wenigen Jahren erlosch das so strahlend aufgegangene Licht. „Die Zukunft" sollte nicht sowohl rein wirtschaftlichen Interessen oder der Befriedigung eines persönlichen Ehrgeizes dienen, als vielmehr ausschließlich der Verwirklichung eines politischen Gedankens geweiht sein. In diesem Umstande liegt ihre Bedeutung für die Entwicklung der Berliner Presse. Guido Weiß hat dann später eine politisch-literarische Wochenschrift herausgegeben, die er nach dem Vorbilde des von ihm höchlichst bewunderten Börne „Die Waage" nannte. Auch ihr war kein allzu langes Dasein beschieden. Im Verkehr war Guido Weiß von einer bezwingenden Liebenswürdigkeit, der seine Neigung zu feinem Spott nicht nur keinen Abbruch tat, sondern ihren Reiz nur noch erhöhte. Mit Bewußtsein bitter und scharf abweisend, trat er nur der hohlen Anmaßlichkeit oder gewissen schriftstellerisch erborgten Berühmtheiten entgegen. In derlei Dingen kannte er keinerlei Schonung, und gar manche jener Persönlichkeiten, die damals Ende der sechziger und während der siebziger Jahre, in der Zeit der politischen Flitterwochen der Nationalliberalen eine große Rolle im politischen und gesellschaftlichen Leben Berlins spielten, hat Guido Weiß' scharf geschliffener publizistischer Pfeil empfindlich genug getroffen. Daß er weder durch seine Zeitung „Die Zukunft" noch durch seine Wochenschrift „Die Waage" einen fühlbar starken Einfluß auf seine zeitgenössische Umgebung gewinnen konnte, lag an der Ungunst der allgemeinen politischen Verhältnisse. Der Umschwung in der Gesinnung des preußischen Volkes seit 1864 und mehr und entscheidend seit 1866, die Indemnitätserklärung nach dem Nikolsburger Frieden, die den Verfassungskonflikt endgültig schloß, all das hatte der unbeugsam starren Auffassung Johann Jakobys und seines publizistischen Anhanges unter der Führung von Guido Weiß die Nährwurzeln abgegraben, wenn man so sagen darf. Um so erfolgreicher war dafür Guido Weiß in seinen Bestrebungen um die Hebung des Ansehens der hauptstädtischen Presse im öffentlichen Leben, um die Verbesserung der wirtschaftlichen Lage ihrer Angehörigen. In dem anfangs der sechziger Jahre begründeten Verein Berliner Presse hat er von Anfang eine führende Stellung eingenommen und bis zu seiner Übersiedelung nach Frankfurt a. Main behauptet. Er hat das zarte Pflänzlein sorgsam betreut und vor gefährlichen Stürmen behütet. Daß der neue Journalisten- und *Schriftstellerverein*, denn als solcher trat er damals ins Leben, die schweren Kinderkrankheiten überstehen konnte, war nicht zum wenigsten Weiß' Verdienst. Er war ein ausgezeichneter Verhandlungsleiter, der selbst die Widerstrebendsten und die Reiz-barsten unter dem Federvolk fest in den Zügeln zu halten verstand. Weiß war einer der besten Vorsitzenden im Verein Berliner Presse; er hat an der Schaffung seiner ersten, allerdings noch recht bescheidenen Wohlfahrtseinrichtungen tatkräftigen Anteil genommen. Mit der Entwickelungsgeschichte des Vereins Berliner Presse ist der Name Guido Weiß unauslöschlich verknüpft.

Während das Blatt der strengsten demokratischen Richtung nach kurzem Bestande sein Erscheinen einstellen mußte, erhielten sich zwei ganz andersgeartete journalistische Unternehmungen aus ungefähr derselben Zeit am Leben und wußten sich in der Zeiten Stürme durchzusetzen. Die eine dieser beiden hauptstädtischen Zeitungen, „Die Post", wurde in der Mitte der sechziger Jahre, also noch zwei Jahre früher als „Die Zukunft" durch Dr. Bethel Henry Strousberg begründet. Das Blatt führte sich rein äußerlich als ein „großes" ein. Es war ganz ausgesprochen zur Unterstützung der großartigen wirtschaftlichen Unternehmungen seines überkühnen Besitzers ins Leben gerufen worden und vertrat im übrigen einen gemäßigt konservativen Standpunkt. Grundsätzliche, starrkonservative Anschauungen, etwa im Sinne der Brüder Leopold und Ludwig v. Gerlich oder der preußischen Junker zu vertreten, konnte selbstverständlich nicht die Absicht des Begründers der „Post" sein. Herr Dr. Strousberg war vielmehr ein rücksichtsloser Vertreter des reinen und ausschließlichen Nützlichkeitsgedankens im Leben des einzelnen wie der Gesamtheit. Er hatte in seinen englischen Lehr- und Wanderjahren den unschätzbaren Wert einer journalistischen Vertretung wirtschaftlicher, industrieller Unternehmungen kennen gelernt. Einen gleichen Dienst sollte ihm *sein* Blatt „Die Post" leisten.

Solch eine Verbindung zwischen Großunternehmertum auf industriellem Gebiete und Journalistik, solch eine unverhüllt zugegebene „Personalunion“ war eine in dem damaligen Berlin, ja in ganz Preußen und darüber hinaus, soweit die deutsche Zunge klingt, ungekannte, kaum geahnte Erscheinung. Diesem Umstande verdankt „Die Post“ ihre bemerkenswerte Sonderstellung innerhalb der Entwicklungsgeschichte der Berliner Presse. Solange Herrn Dr. Strousbergs Glücksstern in blendendstem Lichte erstrahlte, hatte „Die Post“ gute Tage. Die Sorgen der Kinderkrankheiten einer politischen Zeitung blieben ihr erspart: Herr Dr. Strousberg war seinem ganzen Wesen nach kein Mann, der mit seinen Mitteln knauserte. Erst mit dem jähen Sturze des kühnen industriellen Unternehmers lernte auch die mit so großem Aufwande ins Leben gerufene Zeitung die Kehrseite des Lebens kennen Ihr erster verantwortlicher Redakteur, das so schön klingende Wort „Hauptschriftleiter“ war damals noch nicht „geprägt“, der „dicke“ Richter, war der Mann ganz nach dem Herzen Strousbergs. Leben und Leben lassen war der oberste Leitsatz dieses unverwüstlich heiteren, genußfrohen gutmütigen, unverdrossen hilfsbereiten Menschen. Richter pflegte wie jener Theaterdirektor zu sagen: „Nach Neune ist alles aus!“ Solange „Die Post“ aus den reichlich spendenden Strousbergschen Röhren gespeist wurde, blieb ihr jede eigentlich journalistische Bedeutung versagt. Sie war eben Strousberg-offiziös – und damit war ihr Urteil in der Öffentlichkeit gesprochen. Erst nachdem sie aus dem wirtschaftlichen Zusammenbruche Strousbergs in den Besitz der inzwischen zu großem Ansehen unter der Führung Kardorffs. Bethusy-Hucs, Friedenthals gelangten freikonservativen Partei hinübergerettet wurde, gewann das ehemalige Strousberg-offiziöse Blatt eine wirklich politische Gestalt und unter der Leitung des klugen, kenntnisreichen und charaktervollen Dr. Keißner eine hochgeachtete journalistische Stellung. Ein ungetrübtes Dasein war indessen der „Post“ nicht beschieden. Unter den wechselvollen Schicksalen der freikonservativen Partei in den späteren Jahren litt auch die Zeitung nur allzu empfindlich, so daß ihr Fortbestand mehr als einmal auf das ernstlichste gefährdet war. Es gelang ihr schließlich, sich mühselig über Wasser zu halten.

Da es indessen nicht der Zweck dieser Blätter ist, die Schicksale jeder einzelnen Berliner Zeitung bis ins einzelne zu verfolgen, so lassen wir es an dem Gesagten genug sein und wenden uns einem anderen Zeitungsunternehmen zu. dessen Begründung in das Jahr 1868 fällt, nämlich dem „Berliner Börsen-Courier".

Bis zum Jahre 1866 hatte die Börse der preußischen Landeshauptstadt keine besondere Bedeutung. Damals wurde sie von dem blanken Frankfurter Stern überstrahlt. Erst der Tag von Königgrätz brachte auch in diesem Betracht eine gewaltige Veränderung in den Berliner Zuständen hervor. Die einzige journalistische Vertreterin der kaufmännischen und der Börsenwelt, die „Berliner Börsen-Zeitung", spielte bis zu dem genannten Jahre keine eben sehr hervorragende Rolle. Ihr Besitzer, Herr Killisch. der später geadelt wurde und unter dem Namen Killisch v. Horn sich eine gewisse, wenn auch vielfach hart bestrittene Geltung zu verschaffen wußte, war im Grunde doch nicht die Persönlichkeit, um der von ihm geleiteten Zeitung zu einer anerkannten Stellung in der Öffentlichkeit zu verhelfen. Fand sie hier und da dennoch eine gewisse Beachtung, so geschah dies trotz ihres Besitzers und Leiters.

Zu den hervorragenderen Mitarbeitern an der „Berliner Börsen-Zeitung" gehörte in jenen Tagen Georg Davidsohn. Er war aus dem Bankfach in die Tagesschriftstellerei hinübergewechselt. Neben seinem eigentlichen Berufe als Beobachter und Beurteiler der wirtschaftlichen Vorgänge, ja über ihnen standen ihm literarische, ästhetische, zumeist theatralische und zu allermeist musikalische Interessen. Er war, was man damals einen „Schöngeist" nannte. Man verstand darunter gemeinhin einen besonders in der sogenannten „schönen" Literatur einigermaßen belesenen jungen Mann, der einen gewissen Trieb nach dem „Höheren" in sich spürte und dem es in seinem kaufmännischen Berufe nicht wohl war. Das heißersehnte Ziel solch eines „Schöngeistes" war stets die Tagesschriftstellerei. Zu dieser Menschenart gehörte Georg Davidsohn. Er hatte durch seine Tätigkeit an der „Börsen-Zeitung" manche Beziehung zu einflußreichen Persönlichkeiten in den Kreisen der Finanz, der Schriftsteller, der Musiker anzuknüpfen verstanden. Sein freundliches, zuvorkommendes Wesen, seine natürliche Gutmütigkeit erleichterten ihm sein Fortkommen, und so faßte er denn wagemutig den Entschluß, sich aus seiner Abhängigkeit von dem Killischschen Blatte loszulösen und ein eigenes Blatt zu begründen, den „Berliner Börsen-Courier". Dies junge Zeitungsunternehmen hatte zunächst schwer um sein Dasein zu ringen; dank der schriftstellerischen und der gesellschaftlichen Gewandtheit des Besitzers gelang es, das Fahrzeug glücklich durch alle Fährlichkeiten über Untiefen hinüberzuschaffen. Unterstützte die ältere „Börsen-Zeitung“, soweit sie überhaupt politisch in Betracht kam, im großen und ganzen die Bestrebungen der national-liberalen Partei, so wandte sich der junge „Berliner Börsen-Courier“ entschieden den Anschauungen der Fortschrittspartei zu. Auf künstlerischem, insbesondere auf musikalischem Gebiete huldigte der „Börsen-Courier“ mit einer offensichtlichen Geflissenheit sogar den allerfortgeschrittensten Lehren und Auffassungen der Liszt-Wagnerschen Richtung. Das junge Blatt wurde von Anfang an das anerkannte Sprachrohr der Wagner-Liszt-Gemeinde in Berlin. Davidsohn war ein begeisterter Anhänger der neudeutschen romantischen Musik und der beiden Unsterblichen an der Spitze. Er vertrat deren Sache in seinem Blatte bei jeder sich darbietenden Gelegenheit mit einer wahren leidenschaftlichen Hingabe, und er focht manchen heftigen Strauß mit der damals in Berlin noch sehr mächtigen Gegenpartei aus. Georg Davidsohn war das anerkannte journalistische Haupt der Wagnerianer: ein Umstand, der wiederum auf dessen gesellschaftliche Stellung recht bedeutungsvoll zurückwirkte. Das entschiedene Bekenntnis zur Wagner-Sache, das Eintreten für die Kunstanschauung des damals noch viel angefochtenen Meisters erschloß Georg Davidsohn die vornehmsten gesellschaftlichen Kreise der Hauptstadt. Er fühlte sich trotz seines demokratisch gerichteten Glaubensbekenntnisses doch nicht wenig geschmeichelt, in den Empfangsräumen der Gräfin Marie v. Schleinitz, der Gemahlin des preußischen Hausministers, erscheinen zu dürfen. Hier in diesen Räumen des ehemaligen Reimerschen Hauses in der Wilhelmstraße hatten nämlich die Wagnerianer ihr gesellschaftliches Hauptquartier aufgeschlagen. Hier riß der unvergeßliche, leider in der Blüte der Jahre dahingeraffte Karl Tausig durch sein unvergleichliches Klavierspiel die erlesenste Zuhörerschaft zu stürmischem Beifall hin. Hier in dem aristokratischsten Zirkel Berlins erschien Arm in Arm mit dem großen Klaviervirtuosen Karl Tausig der Journalist Georg Davidsohn. Fürwahr kein geringer gesellschaftlicher Triumph für ein Mitglied jener Schreiberzunft, die damals noch stärker als heute unter dem Urteilsspruch litt, daß ihr nur Leute angehörten, die ihren

Beruf eigentlich verfehlt hätten. Georg Davidsohn schwelgte in den Wonnen seiner gehobenen gesellschaftlichen Stellung. Er war eine vielumworbene Persönlichkeit: von den verschiedensten Seiten her bemühte man sich um das Wohlwollen des einflußreichen Besitzers des „Berliner Börsen-Courier". Das schmeichelte seinem Ehrgeiz nicht wenig. Man las ihm sein Glücksbewußtsein förmlich von den Mienen ab. Der ungeahnte Aufschwung nach dem Deutsch-Französischen Kriege kam dem jungen Zeitungsunternehmen Davidsohns ganz besonders zugute. Die Gründerzeit anfangs der siebziger Jahre war hereingebrochen und mit ihr das „goldene" Zeitalter in des Wortes verwegenster Bedeutung für die mit der Börse in Verbindung stehende Presse. Es kann nicht unsere Absicht sein, an dieser Stelle über die ungeheuren sittlichen Schäden dieser Beziehungen in weitere Betrachtungen einzutreten. Es kommt uns vielmehr ja nur darauf an, die Persönlichkeit Georg Davidsohns während jener brausenden, verführerischen, die Begriffe und Anschauungen der Menschen tief beeinflussenden und verwirrenden Zeit scharf hervortreten zu lassen. Es gelang ihm rasch, sich die Mittel zu einem behaglichen Dasein zu verschaffen. Eine lebensfrohe Natur, wie er war, suchte er seine Befriedigung darin, um sich herum Freude zu verbreiten. Er war der angenehmste Zeitungsverleger seinen Mitarbeitern gegenüber, den man sich denken kann. Er ließ jedem seiner Redakteure, soweit es sich um politische, literarische Angelegenheiten handelte völlig freie Hand. Und mehr als einmal geriet der politische Teil des „Börsen-Courier" zu jener Zeit – die Laskerschen Reden hatten unter die Gründer wie Donner und Blitz eingeschlagen – mit der Haltung der wirtschaftlichen Abteilung in einen schroffen Widerspruch, Es gab dann wohl manche erregte Auftritte, man ging dann auch wohl etwas schmollend auseinander, sonst aber blieb alles beim alten. Die damalige Zusammensetzung der „Börsen-Courier"-Redaktion erinnerte in mehr als einer Beziehung an Gustav Freytags „Journalisten". Ein arbeitsames, heiteres, anspruchloses Völkchen saß da beieinander. In einem und demselben Räume in dem ersten Stockwerke des Eckhauses Mohren- und Charlottenstraße wurde an dem rein politischen, lokalen, künstlerischen Interessen gewidmeten Morgenblatte emsig gebraut. Jeder war in seine Arbeit vertieft, nur hin und wieder wurde die heilige Stille durch ein schmerzlich klingendes „Au!" unterbrochen, sobald ein blutiger Kalauer dem Gehege der Zähne entschlüpft war. Noch nach Jahrzehnten treten diese Bilder einer entschwundenen Zeit, die im Vergleiche mit der so von Grund aus veränderten Gegenwart, ihren ins Ungeheuerliche gesteigerten journalistischen Bedürfnissen und Anforderungen uns wie eine Märchenwelt erscheint, beglückend und erheiternd vor die Seele. Diese Wandlung zwischen damals und heute kommt uns, wenn wir zurückblicken, wie ein Wunder vor, wie „ein unbegreiflich hohes Wunder". Das verhätschelte Lieblingslind des Verlegers wie der gesamten außerwirtschaftlichen Redaktion war jedoch die literarische Sonntagsbeilage „Die Station". Sie war ihrer Anlage und ihrer Ausgestaltung nach eine Neuheit in der hauptstädtischen Tagespresse. Außer mannigfachen Beiträgen aus verschiedenen Wissensgebieten brachte „Die Station" Wochenübersichten über alle wichtigen theatralischen und musikalischen Vorkommnisse in Berlin. Bei außergewöhnlichen Anlässen ließ „Die Station" auch von anderwärts sich Berichte erstatten. Diese Wochenübersichten, namentlich die von Hans Herrig geschriebenen Theaterkritiken, erfreuten sich einer tiefen Beachtung in weiten gebildeten Kreisen, Theaterkritiken im hergebrachten Sinne waren sie ganz und gar nicht. Sie enthielten vielmehr Gedankeneingebungen eines literarischen Gemütes, das beim Anschauen eines Bühnenvorganges in seltsam-eigenartiger Weise erregt wurde. Dazu hatte eine so verträumte Natur wie Hans Herrig eine Woche Zeit, um den Gedankenstoff in sich ausgären zu lassen. Die Theaternachtkritik war eben damals noch nicht in Ausnahme gekommen. Hans Herrig wäre allein schon bei dem Gedanken an eine solche Hetzkritik, oder soll man lieber sagen an eine solche Kritikhetze, vor Schauder zusammengebrochen. Ähnlich wie die Vorkommnisse im Bereiche des gesprochenen Schauspiels wurden die des gesungenen in einer Wochenschau behandelt. Daß dies unter einem wohlbehüteten Decknamen jahrelang durchgeführt werden konnte, mag gleichfalls für jene Zeit als kennzeichnend erscheinen. Es ist damals viel darüber hin und her geraten worden, wer sich wohl hinter jenem „Eusebius", Robert Schumannschen Angedenkens, versteckt haben mochte. Aber es erriet es doch keiner.

Georg Davidsohns wirtschaftlicher Stern erlosch indessen sehr bald. Auf den Taumel der Gründerjahre folgte bekanntlich ein jäher Absturz. Der Eigentümer des „Börsen-Courier" war ein schlechter

Rechner, und sein Unternehmen war in hohem Maße gefährdet. In diesem kritischen Augenblick trat sein jüngerer Bruder Robert auf die Schanze. Der war nun freilich aus einem ganz anderen Holze geschnitten wie der weichliche Georg. Er war ein rücksichtslos auf sein Ziel lossteuernder junger Mensch. Er wollte sich so rasch als möglich zur Geltung bringen. Es gelang ihm in verhältnismäßig kurzer Zeit, das leck gewordene journalistische Schifflein seines Bruders wieder seetüchtig zu machen. Und wer will es sagen, wie sich der Lebenslauf dieses sehr begabten und tatkräftigen Zeitungseigentümers und Journalisten gestaltet hätte, wenn nicht ein damals in den siebziger Jahren großes und peinliches Aussehen erregender Vorfall die Stellung Robert Davidsohns in Berlin unmöglich gemacht hätte. Kurz entschlossen schüttelte er den Berliner Staub von seinen Füßen, sattelte um und vertauschte das Redaktionszimmer mit der Studierstube. Wirtschaftlich unabhängig, oblag er mit eisernem Fleiße seinen geschichtlichen Forschungen, die ihn schließlich nach Florenz führten, wo er dauernden Aufenthalt nahm und ein grundlegendes Geschichtswerk dieser unvergleichlichen Stadt zu schreiben unternahm. Solch ein Sprung aus der leichteren Tagesschriftstellerei in die Gefilde der ernsten Geschichtsforschung ist schon an und für sich ein selten beobachtetes Vorkommnis. Noch seltener, daß solch ein Wagnis auch gelingt.

Die weltgeschichtlichen Ereignisse der Jahre 1870/71 hatten *zunächst* keine offensichtlichen Einwirkungen auf die Entwicklung der hauptstädtischen Presse zur Folge. Einzig die Kriegsberichterstattung hatte zur Verlebendigung des Zeitungsstoffes beigetragen, und neben die schriftliche Arbeit der Kriegsberichterstatter trat die umfangreiche telegraphische. Sonst verblieb noch in dem eigentlichen redaktionellen Zeitungsbetrieb alles beim alten. Die bestehenden Berliner Zeitungen liefen im großen und ganzen in den ausgefahrenen alten Gleisen. Ein neuer weltgeschichtlicher Tag war wohl zum Erstaunen der gesamten Menschheit über Preußen-Deutschland herangebrochen. Dank dem gewaltigen Staatsmanne, der die Geschicke des neuen Deutschen Reiches mit einer von der gesamten Welt anerkannten und gefürchteten Meisterschaft lenkte, war aus der bisher verhältnismäßig wenig im Auslande beachteten preußischen Landeshaupt- und Beamtenstadt der Mittelpunkt der europäischen, das hieß damals soviel als der Weltpolitik geworden.

Die politisch entwickelten westlichen europäischen Großstaaten bezeigten nach den Tagen von Wörth, Mars-la-Tour, Sedan, nach dem Einzuge der preußisch-deutschen Heere naturgemäß ein lebhafteres Verlangen als bisher, von dem Leben und Treiben Berlins Kenntnis zu erhalten. Die führenden englischen und französischen Zeitungen berichteten wohl gelegentlich über wichtige Ereignisse, insbesondere über gesellschaftliche, namentlich über künstlerische Vorkommnisse. Berlin wurde eben noch nicht politisch für voll genommen – für diesen journalistischen Nebenberuf fanden sich geeignete Kräfte in Gestalt gebildeter französischer Sprachlehrer oder englischer Erzieherinnen in vornehmen und *allervornehmsten* Häusern.

Das wurde nunmehr nach dem politischen Wettersturz des Deutsch-Französischen Krieges gründlich anders. London, Paris, später New York entsandten gewissermaßen ihre journalistischen Gesandtschaften nach Berlin, das für diese auswärtigen journalistischen Vertreter ein völliges Neuland war. Unser Berlin wurde in jenen Jahren von der ausländischen Journalistik als ein ihnen bisher unbekannt gebliebenes Stück Welt ganz rechtschaffen entdeckt. Von dieser kulturgeschichtlich und politisch doch sehr wichtigen Wandlung blieb indessen die Berliner Tagespresse noch fast ganz unberührt. Erst im Laufe der siebziger Jahre trat auch in dieser Beziehung die entscheidende Wendung ein. Vorerst aber regte sich noch nichts in dem deutschen Blätterwalde. Der Antrieb kam von einer ganz anderen Seite her, von der man das kaum hätte erwarten sollen.

Im Jahre 1871, also im Reichsgründungsjahre, wagte sich ein Zeitungsunternehmen schüchtern in die Öffentlichkeit, das zunächst auch nicht die allermindeste Beachtung auf sich zu lenken vermochte. Eine gewisse Kühnheit gehörte dazu, wenn sich ein im öffentlichen Leben bisher unbekannter Mann dazu entschloß, neben den alteingesessenen journalistischen Berliner Groß- und Mittelmächten sich einen Platz erkämpfen zu wollen.

Dieser mutige Mann war Rudolf Mosse. Er hatte 1867 ein Anzeigenvermittelungsgeschäft begründet, das erfolgreiche Aussichten eröffnete. Da blitzte in ihm der Gedanke auf, neben diesem Vermittelungsgeschäft ein Zeitungsunternehmen zu begründen. Es war gewissermaßen das kaufmännische „Aperçu“, wenn man so sagen darf. Eine Zeitung und ein Anzeigenvermittelungsgeschäft nebeneinander zu führen, war eine Form des Betriebes, die damals in Deutschland noch nicht bekannt war. Sie bot die Möglichkeit, nach vielen Seiten hin wirksam zu arbeiten und mit dem Emporwachsen des einen Teiles gleichzeitig den anderen zu stützen und zu heben. Auf dieser Grundlage trat das „Berliner Tageblatt“ ins Leben. Die kaufmännische Voraussetzung war an und für sich richtig. Gleichwohl blieb das Unternehmen ein Wagnis. Indessen der weitere Erfolg hat dann den Beweis für die Treffsicherheit des „Aperçu“ in einem staunenerregenden Maße erbracht.

Die ersten Redakteure des „Berliner Tageblatts“ waren Langmann, Knetschke, Menger. Dieser, ein ehemaliger Jenenser Theologe, war ein Mensch mit einem Kindergemüt, der zu eigener Erbauung Balladen dichtete und Hohenstaufen-Trauerspiele verfaßte, die niemals das Lampenlicht erblicken sollten. Das focht indessen diese brave Seele nicht im mindesten an. Er schrieb seine fünffüßigen Jambentragödien ruhig fort bis an sein selig Ende. Mit dem Eintritt Adolf Streckfuß‘, eines aus der Sturmzeit von 1848 bekannten Schriftstellers und Volksredners, erhielt das bis dahin politisch ganz farblose „Berliner Tageblatt“ einen ausgesprochenen liberalen Charakter. Ohne sich im eigentlichen Sinne als Organ einer parlamentarischen Partei auszugeben, vertrat es doch im allgemeinen diejenigen politischen und wirtschaftlichen Anschauungen, wie sie in der damaligen Fortschrittspartei ihren Ausdruck fanden.

Indessen war Adolf Streckfuß doch nicht der rechte Steuermann für das junge Zeitungsunternehmen, das sich unter allen Umständen durchsetzen und zur Geltung bringen wollte. In den drei kärglich ausgestatteten Arbeitsstübchen, ganz hinten auf dem Hofe des Hauses in der Jerusalemer Straße walteten die paar Redakteure harmlos ihres bescheidenen Amtes, und sie waren froh, sobald das Blättchen rechtzeitig fertiggestellt werden konnte. Sollte das bisher unbedeutende Blättchen einen Aufschwung nehmen und sich Ansehen in der Öffentlichkeit erkämpfen, so mußte gründlicher Wandel geschaffen werden. Das war klar, und der Wille hierzu stand bei dem jungen, unternehmungslustigen Besitzer unerschütterlich fest. Die ersten Versuche, die zur Vervollständigung des ständigen Mitarbeiterstabes gemacht wurden, schlugen zunächst fehl. Besonders große Schwierigkeiten traten bei der Wahl eines geeigneten obersten Leiters zutage.

Endlich war nach mancherlei vorsichtigem Hin- und Hertasten der Mann gefunden, der die entscheidende Wendung herbeiführen und dem „Berliner Tageblatt" die Stellung in der deutschen Tagespresse verschaffen sollte, die es allen offenen und geheimen Anfeindungen zum Trotze tatsächlich sich erkämpft hat. Dieser Mann nach dem Herzen des Eigentümers war Arthur Levysohn. Er war auf dem Umwege über den Buchhandel in die Tagesschriftstellerei hineingeglitten und hat dann in ihr einen rühmlichen, wenngleich oftmals in bitterböser, gehässiger Weise angefochtenen Platz errungen. Arthur Levysohn war der Sohn eines Verlagsbuchhändlers in der durch ihren Weinbau bekannten mittelschlesischen Stadt Grünberg. In seinem Vaterhause wehte eine geistig lebhaft angeregte Luft. Der mit einer ungewöhnlichen Empfänglichkeit für die Eindrücke seiner Umgebung begabte Jüngling wuchs in den literarischen und politischen Anschauungen des „jungen Deutschland" heran, denen er auch im wesentlichen sein ganzes Leben hindurch treu anhänglich geblieben ist. Er ging nach Paris, um sich dort in seinem buchhändlerischen Berufe weiterzubilden. Allein sein Trieb, sich schriftstellerisch zu betätigen, wurde übermächtig in ihm. Er sandte aufs Geratewohl Briefe über bemerkenswerte Pariser Vorkommnisse an die „Kölnische Zeitung", die vor der Redaktion des führenden rheinischen Blattes Gnade fanden und abgedruckt wurden. Nach und nach gestalteten sich die Beziehungen zwischen dem Pariser Mitarbeiter und der Kölnischen immer inniger, bis ihm schließlich die Vertretung des zu stets höherem Einfluß gelangenden rheinischen Blattes in der französischen Hauptstadt, damals in den sechziger Jahren unter Louis Napoleon der Brennpunkt der politischen Weltinteressen, übertragen wurde. Jetzt saß Arthur Levysohn fest in seinem journalistischen Sattel. Von seiner buchhändlerischen Tätigkeit her knüpften sich ihm Verbindungen mit literarischen, künstlerischen und schauspielerischen Kreisen, die ihm in seiner nunmehrigen journalistischen Stellung wertvoll wurden. Anderseits eröffnete ihm sein Vertrauensverhältnis zu einem Blatte von der Bedeutung der „Kölnischen Zeitung" den Zutritt zu wichtigen politischen Persönlichkeiten in der französischen Hauptstadt. Seine kluge Anpassungsfähigkeit, seine entschiedene

Begabung für die Beurteilung von Fragen in der auswärtigen Politik, seine ausgesprochene Findigkeit in der Beschaffung zuverlässiger Nachrichten, seine gewandte, leichtflüssige, eine umfassende literarische Bildung sehr gern verratende Schreibweise machten ihn gar bald zu einem viel beachteten Publizisten. Und noch in späten, späten Jahren dachte er mit Freude, halb und halb mit Wehmut, an jene Pariser Zeit als an die unwiederbringlich schönste seines ganzen Lebens. In diesen Beziehungen zur „Kölnischen Zeitung" verblieb Arthur Levysohn bis zum Ausbruch des Deutsch-Französischen Krieges. Vorerst hielt er sich noch in Frankreich auf und leitete kurze Zeit den halbamtlichen *„Moniteur de Versailles"*. Indessen trübte sich sehr bald das Verhältnis zur politischen Abteilung im Hauptquartier. Arthur Levysohn schnürte sein Bündel und wandte seine Schritte zunächst nach Wien. Er fand hier sehr rasch eine Anstellung am „Neuen Wiener Tagblatt". Jedoch lange hielt er es an der schönen blauen Donau nicht aus. Es zog ihn in die deutsche Heimat mit unwiderstehlicher Gewalt. Die junge Reichshauptstadt und ihre Entwickelungsmöglichkeiten, ganz besonders die journalistischen, lockten ihn, und so entschloß er sich, nach Berlin umzusiedeln, wo seiner eine große Aufgabe wartete. Arthur Levysohn hatte in Paris die Schule des modernen Tagesschriftstellers gründlich durchgemacht. Er handhabte das dazu erforderliche Rüstzeug meisterlich. Gerade an derartig erzogenen Tagesschriftstellern mangelte es aber in dem damaligen Berlin fast ganz und gar. Hier gedachte er einzusetzen und auf eine zeitgemäße Umgestaltung der Berliner Tagesschriftstellerei in dem eben angedeuteten Sinne einzuwirken. Verschiedene Verhandlungen mit den führenden liberalen Zeitungen führten zu keinem gedeihlichen Ergebnis. Da führte endlich ein glücklicher Zufall die beiden Männer zusammen, die wie geschaffen füreinander waren, um ihre vorläufig noch ein wenig unsicheren Absichten in die Wirklichkeit umzusetzen. Der unternehmungseifrige Rudolf Mosse hatte in Arthur Levysohn den Mann seiner Wahl gefunden, dem er die Leitung seiner Zeitung, des „Berliner Tageblatts", übertrug. Ursprünglich ging der Ehrgeiz der Begründer des jungen journalistischen Unternehmens nur dahin, „*das* Berliner Lokalblatt" zu werden. So stand es wörtlich in der ersten Ankündigung zu lesen. Und bis zum Eintritt Arthur Levysohns in die leitende Stellung hatte sich auch wirklich das „Berliner

Tageblatt“ innerhalb dieses ihm zugewiesenen engen Rahmens gehalten. Das sollte nun sehr bald ganz anders werden. Der neue, in der Pariser Schule erzogene Leiter des „Berliner Tageblatts“ hatte von Anfang an den Gedanken gefaßt, die ihm anvertraute Zeitung den inzwischen so gründlich veränderten politischen Verhältnissen des aufstrebenden neuen Deutschen Reiches und seiner Hauptstadt entsprechend umzugestalten. Es galt vor allem, den Verleger für die Verwirklichung dieser Absicht zu gewinnen. Eine Umgestaltung im Sinne des neuen Leiters war ohne erhebliche Mehraufwendungen nicht ins Werk zu setzen. Der kluge, vorsichtige und sorgsam wägende Rudolf Mosse folgte nicht gleich den hochfliegenden Plänen Arthur Levysohns – aber er folgte ihnen schließlich gern. Und so konnte denn Levysohn darangehen, seinen längst bei ihm feststehenden Absichten einen vollgültigen Ausdruck zu geben. Er erweiterte seinen Redaktionsstab, er zog von allen Seiten her ständige Mitarbeiter heran; der Handelsteil wurde zu einer großen, selbständigen Abteilung ausgebildet. Vor allem aber wurde der telegraphische Nachrichtendienst in einer bis dahin in Berlin ungekannten. ja ungeahnten Ausdehnung eingerichtet. In allen europäischen Großstädten, später auch in Amerika und den übrigen Weltteilen war ein ganzes Heer von Berichterstattern aufgeboten, um dem „Berliner Tageblatt“ über wichtige Vorkommnisse auf allen Gebieten des öffentlichen Lebens möglichst ausführliche Mitteilungen zukommen zu lassen. Dieser telegraphische Nachrichtendienst verschlang jährlich Hunderttausende von Mark. Aber das „Berliner Tageblatt“ gewann dadurch einen Vorsprung vor seinen Mitbewerbern, der sich um so mehr erweitern mußte, je länger sie damit zögerten, es dem kecken Neuling in dieser Hinsicht gleichzutun. Schließlich entschlossen sich einzelne Berliner Zeitungen, namentlich die „Vossische“ unter der Leitung von Friedrich Stephany, dem Beispiele des „Berliner Tageblatt“ zu folgen, das kleinlich-spießbürgerliche Gewand abzustreifen und ein Neuzeitliches anzulegen. Allein die Umwandlung geschah nicht entschlossen genug, und so konnte der nun einmal errungene Vorsprung des jungen journalistischen Mitbewerbers nicht mehr eingeholt weiden. Dank der unverdrossenen, unermüdlichen Arbeitslust und Arbeitskraft Arthur Levyjohns saß das „Berliner Tageblatt“ gar bald fest im Sattel. Und die vielfachen, teils recht gehässigen Angriffe von offenen und versteckten Feinden, deren es sich von Anfang an zu erfreuen hatte, trugen recht wenig zu dessen innerer Kräftigung und zu dessen äußeren Ausbreitung bei.

Arthur Levnsohn war ein ungewöhnlich begabter, erstaunlich rasch arbeitender Journalist. Er war sozusagen stets sprungbereit, wo es galt, eine schwierig gewordene redaktionelle Lage schnell entschlossen zu retten. In die entlegensten Gebiete der Tagesschriftstellerei griff er dann gelegentlich und mit vielem Erfolge ein. In solchen ungewöhnlichen Fällen fühlte er sich so recht in seinem journalistischen Fahrwasser; darin wurde ihm ganz – kannibalisch wohl. Das machte ihm sichtlich den meisten Spaß. Aber weit entfernt davon, auf seine großen Erfolge als Tagesschriftsteller neidisch zu sein und sie ängstlich vor dem Wettbewerb anderer zu schützen, war es ihm ein wahres Herzensbedürfnis, junge Begabungen nach Möglichkeit zu fördern und sie in die Öffentlichkeit einzuführen. Er *spielte* nicht nur die Rolle eines Beschützers aufkeimender Talente, er *war* es auch. Walter Gottheil, den leider so früh dahingerafften Erzähler der „Berliner Märchen" Julius Stinde, Hermann Sudermann, Fritz Mauthner, um nur die Hervorragendsten zu nennen, hat Arthur Levysohn die ersten Wege in die literarische Öffentlichkeit gebahnt. Hätte er lediglich sich auf die Leitung einer politischen Zeitung, wie das „Berliner Tageblatt" beschränkt, dann wäre es ihm bei diesem seinen Bestreben, die jungen schriftstellerischen Begabungen wirksam zu fördern, nicht so leicht und nicht so nachhaltig gelungen. Allein neben dem „Berliner Tageblatt" verfügte Arthur Levysohn über das „Deutsche Montagsblatt" als über sein Eigentum. Hier konnte er frei schalten. Es war sein journalistisches Schoßkind, dem er jegliches Gute zuwendete. Hier trafen sich die Jungen und die Alten vom deutschen Blätterwald zusammen. Hier ließ Fritz Mauthner die ersten Proben seiner so treffend witzigen, übermütigen Spöttereien „Nach berühmten Mustern" auslegen; hier entfaltete Julius Stindes „Wilhelmine Buchholz" zuerst ihre rednerische und ihre seelische Anmut; hier ließ Alexander Moszkowsky seiner behaglich breiten, humoristischen Laune die Zügel schießen. Hier schrieb der unvergeßliche Ernst Dohm seine stachelig-witzigen Wochenübersichten in gereimter Prosa: sprachbildnerische Meisterstücke, die an Rückert oder Bodenstedt erinnerten. Dohm war der witzigste und der gelehrteste unter den „Gelehrten des Kladderadatsch"; er war von den theologischen und philosophischen

Bänken her zu denen der Spötter hinübergeglitten, und er schwang da unerbittlich und unermüdlich jahrzehntelang seine Geißel über hoch und niedrig. Seine formvollendeten Leitgedichte im „Kladderadatsch“ hätten ein besseres Los verdient, als spurlos von den Windströmungen der Zeit hinweggeweht zu werden. Sein Gleichmut auch den widerlichsten Umständen gegenüber, in die er gelegentlich hineingeriet, war unerschütterlich; er erschien dann wie ein klassischer Stoiker. Aber der Schalk in ihm war nicht minder mächtig, so daß er sehr bald über jenen die Oberhand gewann. Er war unwiderstehlich hinreißend, wenn er aus seiner Studienzeit von seinen dramatischen Arbeitswochen erzählte, die er in Gemeinschaft mit Hermann Maron, ebenfalls einem späteren Mitarbeiter am „Berliner Tageblatt“, im Dienste des Wirtes „Zum schwarzen Adler“ in Schöneberg, dem bekannten Westvororte Berlins, zu verbringen verpflichtet war. Die beiden übermütigen, allzeit geldbedürftigen jungen Schriftsteller hatten mit jenem Gastwirt und Besitzer einer Bühne ein Abkommen verabredet, kraft dessen sie jeden Monat mindestens zwei Theaterstücke – Ritter- oder Schauerdramen -abzuliefern hätten. Jedes Stück wurde mit einem Doppel-Friedrichsdor – 10 Taler in Gold – honoriert. Der Goldfuchs wurde selbstverständlich sehr bald bei Lutter und Wagner in Sekt, Rotwein und andere bekömmliche Dinge umgewandelt und auf die kurze Geldflut folgte dann regelmäßig die peinliche Ebbe. Der nächste Ablieferungstag der neuen Dramen war indessen noch recht weit entfernt. Da wußte Hermann Maron – denn er war Volkswirtschaftler von Fach! – Rat zu schaffen. Er bewies dem Wirt zum Schwarzen Adler unwiderleglich, wie unbedingt notwendig die Anwesenheit der beiden Autoren während der Bühnenproben sei. Das leuchtete denn auch dem wackeren Schöneberger Wirt ein. Da aber die Proben in die Zeit des Mittagessens fielen, so fühlte er ein menschliches Rühren mit den Berlinern, die sich so eifrig um das Gelingen ihrer dramatischen Aufführungen bemühten, und lud sie dann auch zu Gaste. Der Volkswirt Maron fand es nach und nach zweckmäßig, ganze Akte der fürchterlichen Bühnenerzeugnisse an Ort und Stelle zu verfassen, um auf diese Weise sich in günstigere Ernährungsbedingungen zu versetzen. Maron war nach Vollendung seiner Studien Hilfsarbeiter im landwirtschaftlichen Ministerium, machte dann die berühmt gewordene erste preußische Expedition nach Ostasien unter dem

Grafen Fritz Eulenburg, dem späteren Minister des Innern während des Verfassungskonflikts in den sechziger Jahren, mit. In die Heimat zurückgekehrt, trieb er eine Zeitlang Landwirtschaft, und zwar mit solchem Erfolge, daß dabei seiner Frau und sein eigenes Vermögen völlig draufgehen mußte. Er verlegte seinen Wohnsitz aus Oberschlesien nach Berlin, wo er einige Jahre Sekretär der Handelskammer wurde. Er war ein kenntnisvoller Mann von bestrickender Liebenswürdigkeit im Umgang, aber eine Bohêmenatur durch und durch und zu einer irgendwie gearteten regelmäßigen Arbeit unfähig. Brannte ihm nicht das Feuer unter den Nägeln, so war er nicht dazu zu bringen, sich an den Schreibtisch zu setzen. Dann freilich ging die Arbeit rasch vonstatten, und es ist nur zu bedauern, daß der begabte Schriftsteller so gänzlich undiszipliniert blieb. Maron hat denn auch ein erschütterndes Ende gefunden. Eines Morgens, am Frühstückstisch, erschoß er seine Frau, eine hochgebildete Dame aus gutem Hause, eine feinsinnige Schriftstellerin, und dann sich selbst. Dem bedauernswerten, haltlosen Menschen war nicht zu helfen! Und so ist er denn an seiner Bohêmenatur zugrundegegangen. Ernst Dohm dagegen ließ sich doch niemals in seinem vielbewegten Leben ganz unterkriegen. Es gab für ihn eine unüberschreitbare Grenze – und er hatte dank seiner Liebenswürdigkeit im gesellschaftlichen Verkehr stets zuverlässige Freunde, die für ihn in Notfällen in die Bresche traten. So hielt er sich denn stets über Wasser und er verlor niemals seinen Zusammenhang mit der guten Gesellschaft. Vor allem aber: er war trotz seines Hanges zum Sichgehenlassen der gewissenhafteste, pflichttreueste Arbeiter am „Kladderadatsch". Hier stand er ganz seinen Mann; hier war er die Zuverlässigkeit selbst; hier war er stets und unfehlbar pünktlich auf seinem Posten. Während der Zeit des Verfassungskonfliktes gehörte Ernst Dohm zu den erbittertsten und bissigsten Gegnern des Herrn v. Bismarck-Schönhausen. Später hat er freilich mit so vielen anderen und nicht den Schlechtesten gründlich umgelernt.

Ernst Dohm ist tatsächlich mit einem Witz auf der Zunge aus dem Leben geschieden, und das war folgendermaßen zugegangen. Sein langjähriger Freund Rudolph Genée, in jeder Hinsicht das Gegenstück des unverwüstlichen Spötters, hatte die Gewohnheit, jedesmal, sobald ein gemeinsamer Bekannter das Zeitliche gesegnet, sich mit Dohm in Verbindung zu setzen und ihn der Kostenersparnis halber aufzufordern, in Gemeinschaft mit ihm nach dem Friedhof zu fahren. Als nun Dohm selber schwerkrank daniederlag, bat er den alten Freund brieflich um seinen Besuch; denn er wollte für immer Abschied von ihm nehmen. Genée kam und suchte den Schwerkranken zu trösten. Er werde auch diesmal, wie schon öfters, den Anfall überstehen. Dohm ließ das nicht gelten. Er blieb dabei, daß es mit ihm zu Ende gehe. „Aber, lieber Genée", fügte er hinzu, „wenn du die Anzeige von meinem Tode in der Zeitung liest, dann tue mir den Gefallen und fahre allein auf den Kirchhof hin." Ein paar Stunden später hatte Dohm seine Rechnung mit dem Himmel gemacht. – Mit einem lachenden und einem tränenden Auge hat Genée diese kleine Geschichte als Kennzeichen für Dohms Spötterei zum besten gegeben. Bei den wenigen noch Überlebenden wird sich jedoch das Andenken an den witz- und geistsprudelnden Menschen Dohm unverblaßt erhalten.

Nach dieser etwas länger als beabsichtigt gewordenen Abschweifung lenken wir wieder ein. um zu Arthur Levysohns redaktioneller Tätigkeit am „Berliner Tageblatt" zurückzugelangen.

Sein oberster Grundsatz war, die selbständig denkenden Mitarbeiter möglichst frei sich bewegen zu lassen. Das führte zuweilen zu schweren Unstimmigkeiten. Es herrschte unter seiner Leitung eine wahrhaft republikanische Ungebundenheit in der Redaktion. Gar mancher Leser mag bedenklich den Kopf geschüttelt haben, sobald er die zuweilen widerspruchsvolle Haltung der Zeitung selbst in wichtigen Fragen bemerkte. Arthur Levysohn litt eben gar sehr an den Fehlern seiner Vorzüge. Und trotz alledem war er ein ausgezeichneter Leiter des Blattes. Wollte man sich mit seiner Ansicht durchsetzen, dann gab es ein fast unfehlbares Mittel. Man schrieb seinen Leiter und gab ihn in die Setzerei. Lag dann der Fahnenabzug auf seinem Arbeitspult, dann hatte man halbgewonnenes Spiel. Er modelte dann an dem Aufsatze herum, kraute sich hinter den Ohren, wurde wohl hier und da bedenklich, schließlich ließ er aus einer gewissen Scheu vor der geleisteten geistigen Arbeit der Sache ihren Lauf. Er verließ sich dann eben auf die Kurzlebigkeit des Zeitungsblattes. Wurde ihm jedoch die Geschichte zu bunt, dann wußte er durch eine geschickt angebrachte, kaum bemerkbare Änderung, durch ein gestrichenes oder ein hinzugefügtes Wort den Sinn des Ganzen abzuschwächen oder gar in sein Gegenteil zu verwandeln.

In dieser Kunst war er ein vollendeter Meister. Kam dann der Leitartikelschreiber zu ihm, um sich über die Bescherung zu beklagen, dann schlug er über die gelungene Fopperei eine helle Lache auf und entwaffnete auf diese Weise auch die bestvorbereitete Entrüstung. Eine gewisse Wankelmütigkeit ist Arthur Levysohn allerdings nicht abzusprechen. Aber, es hieße doch, ihm schweres Unrecht antun, wollte man ihm Überzeugungstreue absprechen. Wenn es galt, stellte er seinen Mann, und er hat dann auch als ein rechtschaffen denkender und wirkender Tagesschriftsteller gebüßt. Er hat für seine offen ausgesprochene Überzeugung eine lange Haft über sich ergehen lassen müssen. Seinen heißesten Wunsch, in den Sielen zu sterben, hat ihm das Schicksal nicht erfüllt. Er ist nach einem langen Siechtum seinem schweren Leiden erlegen.

Neben der führenden Persönlichkeit am „Berliner Tageblatt" behauptete sich bis an sein Lebensende in einer bevorzugten Stellung Siegismund Haber, dem die Leitung der Witzbeilage „Ulk" zugefallen war. Für das „Berliner Tageblatt" schrieb er die Sonntagsplaudereien, in denen er nach seiner hausbackenen, derb volkstümlichen Betrachtungsweise die Vorkommnisse der Woche durchhechelte. Haber war aus dem kaufmännischen Berufe in den literarischen übergegangen, wie David Kalisch, einer der Väter des „Kladderadatsch". Er hatte auch wie dieser sich mit Erfolg der Berliner Posse zugewendet und mit seinem Einakter „Ein Stündchen auf dem Kontor" die lebhafte und andauernde Anteilnahme der Zuhörerschaft im Wallner-Theater gewonnen. An satirischer Schärfe, an blendendem Witz konnte sich Siegismund Haber nicht mit den Gelehrten des „Kladderadatsch" messen, er hielt sich mehr in der Ebene Salingré-Wilcken-Belly-Ed. Jacobsohn; indessen mit seinen Figuren „Nunne", besonders mit „Paula Erbswurst" hat er einen guten Griff ins Volkstümliche getan. Diese „Konfektionsdame" erfreute sich lange Zeit hindurch einer in die weitesten Kreise hineinreichenden Beliebtheit; ihr „doch ich will nicht vorgreifen" hat sich eine ganze Weile als geflügeltes Wort behauptet. Haber war eine durchaus kernige, bürgerliche Natur; er konnte in seiner urwüchsigen Derbheit an einen Handwerksmeister erinnern. Er war gutmütig und hilfsbereit, er hat keiner Menschenfeele jemals mit Bewußtsein wehgetan.

Das kann man nun freilich von dem damaligen Herrscher *unter* dem Strich, von Oskar Blumenthal, nicht gerade behaupten. Er trug als Theaterkritiker seinen Spitznamen „Der Blutige“ nicht mit Unrecht. Auf eine bissige Bemerkung zu verzichten, eine spöttelnde Bosheit gegen einen Theaterschriftsteller, gegen einen dünkelhaften Theaterkritiker, gegen einen mittelmäßigen Darsteller in der Feder zurückzuhalten, war ihm glatt unmöglich. Freilich wurde ihm diese seine Art dann vielfach mit der gleichen Münze zurückgezahlt, als er seine ersten Schritte als dramatischer Schriftsteller in der Öffentlichkeit wagte. Jedes seiner neuen Bühnenwerke bedeutete für ihn nicht bloß einen Mißerfolg: es kam zu unerhörten Lärmszenen. Jeder andere hätte von weiteren Versuchen abgestanden. „Der Blutige“ ließ sich indessen nicht abschrecken. Er war fest davon überzeugt, daß seine Zeit schon kommen würde. Und sie kam denn auch wirklich. Eines Tages langte bei Adolph L'Arronge, dem berühmt gewordenen Leiter des Deutschen Theaters, ein Bühnenmanuskript „Der Probepfeil“ von Golman. Das Werk fand den Beifall L'Arronges und seiner Mitarbeiter. Die Aufführung wurde beschlossen. Wer war aber der Verfasser? Man riet lange herum. Selbst der Spürsinn der Kundigsten versagte. Da trat zu allgemeinster Überraschung, fast unmittelbar vor dem Aufführungsabend, Oskar Blumenthal hervor und bekannte sich zur Vaterschaft. Das Erstaunen war ebenso groß wie der Bühnenerfolg. Der bisher erbarmungslos zerschundene Dramatiker war plötzlich ein gemachter Mann. Oskar Blumenthal rückte nun mit einem Male in die erste Reihe der deutschen Lustspieldichter. Das Bühnenglück ist ihm bekanntlich fast ausnahmslos treu geblieben. Allein das alles genügte seinem unermüdlichen Betriebssinne nicht. Sein Ziel war, eine große Bühne in der mächtig aufblühenden Reichshauptstadt sein eigen zu nennen. Seine vielfachen Beziehungen zu kapitalkräftigen Kreisen ließen seinen Wunsch zur Wirklichkeit reifen, und Oskar Blumenthal konnte im Jahre 1888 das nach seinen Angaben von Oskar Tietz erbaute Lessing-Theater eröffnen. Er stand im Zenith seines Schaffens und seines Glückes. Mit Lessings „Nathan“ wurde das geschmackvoll und zweckmäßig erbaute Haus eingeweiht. Die künstlerische Leitung war in die Hände Ernst Possarts gelegt. Der neue Hausherr war jedoch mit der Aufführung nicht recht einverstanden. Er hielt indessen zunächst noch an sich. Nach der großen Szene zwischen Nathan und Saladin litt es ihn jedoch nicht länger in seiner stummen Beobachtung. Als der Vorhang gefallen war, trat er ins Zimmer zu Possart und sagte ihm: „Hören Sie, das war nischt! Sie fassen ja den Nathan „rezitativisch“ auf. Es ist doch aber keine Oper von Wagner.“ Damit hatte der Verkehr zwischen dem Besitzer des Lessing-Theaters und seinem künstlerischen Leiter ein jähes Ende erreicht. Seine Tätigkeit als Leiter des Feuilletons am „Berliner Tageblatt“ hatte Oskar Blumenthal bereits aufgegeben. Er erschien nur zuweilen als gelegentlicher Gast mit seinen feingesponnenen, heiteren, zuweilen aber auch ernsteren Beiträgen in ungebundener oder gebundener Schreibweise. Manche seiner Gedichte, besonders seine treffsicheren Epigramme, haben sich längere Zeit in lebendiger Erinnerung erhalten. Oskar Blumenthal hat seine journalistische Tätigkeit niemals als seinen eigentlichen Lebensberuf aufgefaßt. Sie sollte ihm als Sprungbrett dienen, von dem aus er seine früh ins Auge gefaßten Ziele nur um so leichter und um so rascher zu erreichen hoffte. Sein Weg vom Feuilletonisten über den Bühnenschriftsteller zum Theaterbesitzer bedeutete für ihn einen glänzenden Aufstieg, auf dem er, wenigstens in Berlin, keinen Nebenbuhler fand. Oskar Blumenthal besaß eine ungewöhnlich große Kenntnis der Literatur des klassischen Altertums; er war von Hause aus Philologe.

Aus der großen Zahl der damaligen ständigen Mitarbeiter am „Berliner Tageblatt“ mögen hier einige stärker ausgesprochene Persönlichkeiten hervorgehoben sein. Da wäre denn der Klaviervirtuose und Musikschriftsteller Heinrich Ehrlich zu nennen. Seine Physiognomie war nicht gerade sehr vertrauenerweckend. Ein kalter, höhnischer Zug umspielte seinen Mund, ein unangenehm sinnliches Kinn trat stark hervor, dazu der listig-lauernde Ausdruck seiner Augen und die, wie Robert Schumann zu sagen pflegte, „unanständig meckernde“ Sprechweise. Aber er handhabte die Feder sehr geschickt; er hatte in seinem stürmisch bewegten Leben vor seiner Berliner Zeit vielfach Gelegenheit gehabt, sich weltmännische Umgangsformen anzueignen; seine ungewöhnliche musikalische Begabung brachte ihn in manche Beziehung zur internationalen Aristokratie. Ungar war er außerdem. Kurz, ein Menschenkind, so recht erlesen zum –. Sobald er sich aber ans Klavier setzte und Chopin, Schubert, Schumann spielte, da vergaß man darüber vieles, was einem abstoßend an ihm erscheinen mußte, und man begriff anderseits wiederum manches, was an diesem absonderlich-gemischten Menschenkinde rätselhaft vorkommen mußte. Zeitlebens hat er übrigens seine Autorschaft der zweiten Lisztschen ungarischen Rhapsodie behauptet. Freilich ist er damit erst nach dem Tode des großen Franz hervorgetreten. Auf den naheliegenden Einwand, weshalb er denn nicht schon bei Lebzeiten Liszts sein Eigentumsrecht an dieser vielleicht schönsten Rhapsodie geltend gemacht, antwortete Ehrlich stets, er habe es mit dem mächtigen, einflußreichen Liszt nicht verderben wollen. Was an dieser Rederei Wahres ist, wird sich kaum jemals feststellen lassen, aber sie ist für die Persönlichkeit doch bis zu einem gewissen Grade kennzeichnend. Hier in *Berlin* hat er sich ausschließlich schriftstellerisch und künstlerisch betätigt. Seine musikalischen Kritiken, seine Arbeiten über allgemein-ästhetische Fragen fanden in weiten Kreisen willige Aufnahme. Als geistvoller Klavierspieler erfreute er sich in den siebziger und achtziger Jahren eines großen bewundernden Zuhörerkreises. Auch als Lehrer fand er Eingang in manches vornehme Haus. Während seiner *vorberlinischen* Zeit jedoch war Heinrich Ehrlich vielfach als politischer Korrespondent im Dienste des Wiener Kabinetts tätig. Hierbei kam ihm sein Klaviervirtuosentum in mancher Hinsicht zustatten, durch das er manche ihm wertvolle Beziehungen zu einflußreichen aristokratischen Familien, auch wohl zu der süddeutschen Finanzwelt anzuknüpfen in der Lage war.

Neben ihm waltete noch ein Zweiter am „Berliner Tageblatt" seines musikalisch-kritischen Amtes, der in allen anderen Hinsichten das gerade Gegenstück zu Heinrich Ehrlich bildete, nämlich Hieronymus Truhn. Hatte jener eine zierliche, fast weibisch-zarte Gestalt, so war dieser derb, knochig, untersetzt; war das Antlitz jenes marmorblaß, die Lippen dünn und blutleer, so war der andere kupferrot; zeigte der eine einen glänzend weißen Schädel, so fiel dem andern das graumelierte, dichte Haar in langen Strähnen bis auf die Schultern herab. Mit seinem vollen Schnurr- und dem langen Knebelbart erinnerte er lebhaft an einen Südfranzosen. Er war von Hause aus Musiker und erweckte durch seine ersten Arbeiten große Erwartungen. Eine dramatische Szene, eine Komposition zu Chamissos „Schloß Boncourt", manches andere Wirksame rühren von ihm her. Meyerbeer gehörte zu seinen ausgesprochenen Förderern, und Truhn hielt sich dadurch zu seinem widerlichen Gebaren gegen Richard Wagner für berechtigt, ja für verpflichtet. Die in ihn gesetzten Hoffnungen hat Truhn leider in keiner Weise erfüllt. Seine schönen natürlichen Gaben hat er nicht ausgebildet. Dagegen behagte es ihm, ein heiteres, üppiges Leben zu führen, ohne sich viel um die dazu erforderlichen Mittel zu bekümmern. In dieser Hinsicht entfaltete er eine unbefangene Kühnheit, die auch die Widerstrebendsten zu entwaffnen wußte. Diese Art journalistischer Freibeutereien ist Gott sei Dank schon längst ins Fabelbuch geschrieben. Am Weintisch bei Hausmann in der Jägerstraße, dort in der behaglichen, erinnerungsreichen „Gerichtslaube", wo auch der grimme Eugen Richter, der berühmte, langjährige fortschrittliche Abgeordnete für den Wahlkreis Hagen, inmitten seiner Getreuen thronte, bildete Truhn den Mittelpunkt einer übermutigen, witzsprühenden Zechergesellschaft, die dem unermüdlichen Plauderer gern zuhörte, wenn er seinen krausen, zuweilen zynischen Launen die Zügel schießen ließ. Um jedoch eine gewisse Ordnung in die endlose finanzielle Unordnung von Hieronymus Truhn zu bringen, entschloß sich der in witzigen Einfällen unerschöpfliche Zeichner des „Kladderadatsch" zu einem wahrhaft großartigen Auskunftsmittel. Er faßte sich einen hohen Mut, zeichnete einen grotesk-komischen Prospekt zur Begründung eines Aktienunternehmens – die Gründerzeit stand damals in üppigster Blüte! – und begab sich damit in die Burgstraße zur Börse. Scholzens Erscheinen erregte ein solches Aufsehen, daß der Verkehr in dem Gewimmel minutenlang stockte. Der übermütige Spötter sah sich von einer ganzen Schar guter Bekannter und Neugieriger umgeben, die ihn nach dem Grunde dieses seltenen Besuches fragten. Hugo Pringsheim, ein in Künstlerkreisen sehr beliebter Börsenmann, nahm Scholz sofort in Beschlag und erfuhr von ihm den höchlichst belustigenden Plan zur Begründung einer Hieronymus-Truhn-Aktiengesellschaft. In wenigen Augenblicken war das erforderliche Kapital von „potenten" Häusern vollgezeichnet, und die neue Gründung konnte sofort in Wirkung treten. Truhn erhielt aus diesem gesicherten Unternehmen seine Rente bis an sein Lebensende. Traf sie indessen aus irgendeinem Versehen nicht mit kalendarischer Sicherheit an dem Monatsersten ein, dann konnte Scholz noch an demselben Tage auf ein Brieflein mit aller Bestimmtheit rechnen, das von Europens übertünchter Höflichkeit nicht ein Spürchen aufwies. Truhn bestand eben auf unbedingter Pünktlichkeit. Man lachte über die ungeheuerliche Unverfrorenheit, die in ihrer Weise etwas, man möchte sagen Überwältigendes hatte. Die Freunde haben sogar dafür gesorgt, daß sein Andenken über das Grab hinaus erhalten bliebe. Ein Reliefbildnis Hieronymus Truhns wurde in der „Gerichtslaube" bei Hausmann in der Jägerstraße zur dauernden Erinnerung an diesen absonderlichen Kauz, der eine gewisse Ähnlichkeit mit dem Ritter Sir John Falstaff hatte, angebracht. Das Bildnis ist noch heute dort zu sehen.

Die eigenartigste Persönlichkeit unter allen Mitarbeitern an: „Berliner Tageblatt" war indessen unstreitig Friedlich Dernburg. Er war ein Sprößling der bekannten Gießener Gelehrtenfamilie. Aufgewachsen in der Gedankenwelt unserer großen Dichter und Denker, in den politischen Anschauungen des klassischen Liberalismus der vormärzlichen Zeit, hat er als frühreifer Jüngling die wildesten Stürme des Jahres 1848, die badische Revolution miterlebt. Er hat dann seine juristischen Studien vollendet und eine Zeitlang als Anwalt gewirkt. Aber sein innerer Beruf ließ ihn sehr bald in andere Bahnen einlenken. Neben seiner Fachwissenschaft hat er sich einer weitausgreifenden literarischen Beschäftigung hingegeben. Im wesentlichen eine beschauliche, mehr aufnehmende Natur, zu einer starken Skepsis hinneigend, verwandelte er die von den großen geistigen Anregern ausgegangenen Gedanken in freier, selbständiger Nacharbeit zu seinem inneren Eigentum. Innerhalb seines großen Bildungsbesitzes schaltete er wie ein unbeschränkter Herrscher. Er meisterte den gewaltigen Stoff seinem geistigen Inhalte nach ebensosehr wie die Form. Für seine eigentliche Wirksamkeit bot sich ihm in dem großherzoglich hessischen Zwergstaatgebilde kein seinen Fähigkeiten entsprechendes Feld. Die politische Enge der Heimat wurde ihm zur Seelenqual. Erst die Gewitterschläge der Jahre 1866 und 1870 reinigten auch die Schwüle *seiner* Lebenslust. Ein begeisterter Anhänger der neuen deutschen Einheit trat er, der Jüngsten einer, in den ersten Deutschen Reichstag ein, wo er zum Schriftführer bestellt wurde. Er schloß sich jener politischen Richtung an, die in Bennigsen, Bamberger, Forckenbeck, Lasker, Miquel ihre Führer anerkannten. Rednerisch ist Friedrich Dernburg nicht eben sehr hervorgetreten. Dennoch ist seine parlamentarische Tätigkeit nicht ohne Einfluß geblieben. Als er jedoch dann im Laufe der siebziger Jahre an Stelle des alten Zabel die oberste Leitung der „National-Zeitung" übernommen, hatte er endlich die ihm zusagende politische Betätigungsart gefunden, in der er aushielt, tapfer, solange es die wechselvollen Schicksale seiner Partei und des mit ihr verbundenen Blattes irgend gestatteten. Bismarck hatte Dernburgs Tätigkeit als Publizist mit dem Merkwort gekennzeichnet, er sei eine „stumme Trompete“. Als er in die Reihe der Mitarbeiter des „Berliner Tageblatt“ eintrat, hatte er bereits der politischen Tagesschriftstellerei entsagt. Er war vielmehr für die Leitung des Zeitungsteiles *unter dem Strich* bestimmt, wo sich die Geister der ernsteren und der heiteren Muse zu tummeln pflegen. Dernburgs Aufgabe war, durch den literarischen Glanz seines Namens dem Leserkreise des „Berliner Tageblatt“ diejenigen Schichten des gebildeten deutschen Bürgertums zuzuführen, die sich bisher an die „National-Zeitung“ ge-halten hatten. Allwöchentlich erschien er mit seinem Aufsatz unter dem Strich, in dem er das kennzeichnende Ereignis unter seine eigene Beleuchtung stellte und den Lesern Beziehungen aufzuweisen pflegte, auf die man im ersten Anhieb so leicht nicht geraten konnte. Hierbei entfaltete er meistens eine Gewandtheit, die in Erstaunen versetzen mußte. Eine milde, abgeklärte Ironie, zuweilen auch ein leiser Spott, durchzog wie ein feiner Duft die Betrachtung. Er prickelte, er kitzelte, aber er verletzte nirgend und niemand. Vermochte man ihm auch nicht immer zuzustimmen, so war man doch meistens über die durchaus eigenartige Betrachtungsweise und über die bei all ihrer Kunst dennoch ungesuchte Darstellung des Mitgeteilten erfreut. Man folgte ihm durch seine zuweilen kraus erscheinenden Gedankensprünge, man mochte wollen oder nicht. Gelegentlich vertauschte er auch seinen gewohnten Platz unter dem Strich mit dem für den Leitartikel bestimmten. Dann konnte Dernburg ernst, sogar grimmig ernst werden. In solchen Fällen hatte er dann freilich auch stets etwas zu sagen, was des Redens, oder richtiger ausgedrückt, des Niedergeschriebenwerdens wert war. Bis in sein hohes Alter hinein hat er sich eine beneidenswerte geistige Frische, eine bewundernswerte Anpassungsfähigkeit an die Empfindungen, an die Bedürfnisse und an den Geschmack der Jugend sowie eine körperliche Rüstigkeit und Schmiegsamkeit bewahrt. In seinem äußeren Gehaben legte er eine wahrhaft weltverachtende Ungebundenheit an den Tag. Aus dem Gedächtnis seiner Freunde, seiner näheren Bekannten, seiner Mitarbeiter wird Friedrich Dernburgs eigenartige, in buntester Farbenmischung glitzernde Persönlichkeit nicht verlöschen. Er darf als eine Zierde des deutschen tagesschriftstellerischen Berufes angesehen werden. Zu bedauern ist nur eines, daß er es unterlassen hat, das Ergebnis seiner Lebenserfahrungen in einer abgeschlossenen Form der Nachwelt zu überliefern. Mit diesen wenigen Zeilen sei auch die Reihe der Bildnisskizzen beendet, die unserer dem „Berliner Tageblatt“ gewidmeten Gedächtnismappe entnommen sind. Die von Arthur Levysohn getroffenen inneren Einrichtungen sind auch nach seinem durch Krankheit erzwungenen Ausscheiden aus der leitenden Stellung im wesentlichen unverändert geblieben. Sie wurden weiter ausgebaut, den rasch sich steigernden Bedürfnissen und Ansprüchen der ungestüm vorwärtsdrängenden Zeit angepaßt. Die Grundform wurde indessen beibehalten.

Um so entschiedener trat bei dem befestigten journalistischen Grundbesitze sozusagen, bei der „Vossischen“ und der „Spenerschen“. die Notwendigkeit einer Reform an Haupt und Gliedern hervor. Die alte, gar zu spießbürgerliche äußerliche Gestalt der „Tante Voß“ machten denn auch wirklich im Jahre 1871 einer angemesseneren Platz, und ebenso wurde das erbärmliche aschgraue Löschpapier durch besseres ersetzt. Aber an die innere Umgestaltung des Blattes heranzugehen, den Stab der ständigen Mitarbeiter zu vergrößernde Zahl der auswärtigen Berichterstatter zu erhöhen, den kostspieligen telegraphischen Nachrichtendienst auszugestalten, dazu vermochten sich die Lessingschen Erben, in deren Besitz sich die „Vossische Zeitung“ befand, nur sehr langsam und sehr widerwillig zu entschließen. Erst mit der Übernahme der Leitung durch Friedrich Stephany trat die entscheidende Wandlung ein. Man mag im übrigen über ihn sonst denken und urteilen wie man will, das Verdienst, aus dem innerlich und äußerlich veralteten Blatte ein neues, lebenskräftiges geschaffen zu haben, wird man ihm nicht absprechen dürfen. Und wenn die „Vossische Zeitung“ sich in ihrer Stellung als Vertreterin des religiös und politisch freisinnig gerichteten Berliner Bürgertums trotz aller Zeitwandlungen behaupten konnte, so ist dies in erster Linie der zähen Klugheit zu verdanken, mit der Friedrich Stephany bei diesem Umwandlungsverfahren zu Werke ging. Erst unter seiner Führung wurde die „Vossische“ zu einer wirklich politischen Zeitung, Die Fortschrittspartei hatte an ihr eine kräftige, zuverlässige Verkündigerin ihrer Grundsätze, einen Verteidiger in ihrer Haltung in den entscheidenden parlamentarischen Kämpfen.

Dabei war sie doch anderseits auf die Wahrung ihrer Selbständigkeit der entschieden liberalen Parlamentspartei gegenüber eifersüchtig bedacht. Zu den hervorragenderen regelmäßigen Mitarbeitern gehörte damals Alexander Meyer, ein durch und durch origineller Schriftsteller, der neben einer großen und gründlichen volkswirtschaftlichen Bildung über eine tüchtige Zugabe glücklichen Humors in Rede und Schrift verfügte. Er war von Hause aus Jurist. Während der Reaktionszeit unter dem Ministerium Manteuffel-Westphalen durch seinen vorgesetzten Justizminister Simons gemaßregelt – Alexander Meyer hatte sich in seiner Eigenschaft als Assessor Einsicht in die Akten eines Prozeßverfahrens zu verschaffen gewußt, in welchem der Minister Otto v. Manteuffel bloßgestellt zu werden befürchten mochte –, wandte er sich volkswirtschaftlichen Studien und später der Tagesschriftstellerei mit großem Erfolg zu. Er war und blieb in seinem ganzen Gehaben ein unverfälschtes, echtes Berliner Kind und in seiner abgeklärten, kühlen Ironie, durch die er sich auch mit den ernstesten Dingen abzufinden pflegte, erinnerte er ein klein wenig an Theodor Fontane. Er war einer der gründlichsten Kenner Goethes und der Goethe-Literatur. Er konnte es in diesem Punkte mit den besten unter den Männern vom Fach aufnehmen. Allen Teilnehmern an den ersten Jahresversammlungen der Goethe-Gesellschaft in Weimar sind die Tischreden Alexander Meyers unvergeßlich in der Erinnerung geblieben. Unter der anscheinend spielerisch-witzelnden Außenseite verrieten sich sehr häufig überraschend tiefe Einblicke in das Wesen Goethescher Dicht- und Denkweise. Und diese glänzenden Bekundungen eines feindurchbildeten Geistes waren fast immer glückliche Eingebungen des Augenblicks. Nahm er doch bei seinen von der Festgesellschaft sehnsüchtig erwarteten Tischreden auf den vormittagigen Festvortrag Bezug, den er in freihumoristischer Weise, unter Bezugnahme auf entlegene Stellen aus Goethes Werken oder aus seinen Briefen, auch mit einem leise ernsten Unterton umzudeuten wußte. Eduard Simson, der berühmte Parlamentarier, erster Präsident des Reichsgerichts und erster Vorsitzender der Goethe-Gesellschaft, in seinem Wesen ganz Würde, ganz Hoheit, ein Olympier wie sein unsterbliches Weimarer Vorbild, mußte sich manchmal vor Lachen schütteln, sobald Alexander Meyer seine Tischreden-Raketen in die Luft steigen ließ. Wurde er dann nachträglich gefragt, weshalb er denn mit seinen zierlichen Gaben so verschwenderisch umgehe und sie nicht lieber zu einem schönen, bleibenden Bündel sammle, dann antwortete er in seiner breitbehäbigen Weise: „Auf meinen Grabstein soll man die Worte schreiben: Hier ruht ein Deutscher, der niemals die Absicht gehabt, ein Buch zu schreiben." Auch als Landtagsabgeordneter hat er sich stets einer großen Beachtung wegen seiner Schlagfertigkeit in der Rede erfreut. Eines seiner Worte, dessen er sich bei Gelegenheit einer Beratung über das Brausteuergesetz bediente: „Das Bier, das nicht getrunken wird, hat seinen Beruf verfehlt," ist sogar sehr bald, nachdem es dem Gehege seiner Zähne entflohen, zu einem „geflügelten" geworden. (Vgl. Buchmann, 22. Auflage, 1905, S. 666.) Doch ganz „ungebucht" sollte er trotzdem nicht bleiben. Nach seinem Tode wurden die feinanmutenden Kleinmalereien zur märkischen Kulturgeschichte, die er in der „Vossifchen" veröffentlichte, zu einem zierlichen Bändchen „Alt-Berlin" vereinigt. So ist er dem Schicksal nicht entgangen und mit einem Buche schließlich doch, wider seine Absicht, auf die Nachwelt gekommen.

Der Verwandlungsversuch an der „Vossischen" war durchaus geglückt. Weshalb sollte er mit „Onkel Spener" nicht ebenfalls gelingen? Gesagt, getan. Das beinahe dem Hinscheiden verfallene Blatt sollte zu einem neuen, ersprießlichen Dasein aufgerüttelt werden. Die „Spenersche" ging aus dem alten Besitze des Hauck- & Spener-Verlages in eine neubegründete Aktiengesellschaft über. Die erforderlichen Geldmittel wurden von Mitgliedern der nationalliberalen Partei aufgebracht, zu deren publizistischem Sprachrohr sie fortan bestimmt sein sollte. Wehrenpfennig von den „Preußischen Jahrbüchern" übernahm die politische Leitung, Gans Edler zu Putlitz die literarische. Der ehemalige königliche Kapellmeister Heinrich Dorn, der sich am Orchesterpult nach dem Muster Spontinis richtete, ein ungewöhnlich witziger und scharf zugreifender Schriftsteller, berühmter Gelegenheitsredner, führte das musikalisch-kritische Richtschwert. Eine Anzahl kenntnisvoller und begabter jüngerer Journalisten war im wirtschaftlichen Teile beschäftigt. Sie waren freilich nicht ganz in ihrem Innern mit der politischen Richtung des Blattes einverstanden; allein sie machten mit, weil sie an der ganzen Geschichte ihren Spaß hatten und überdies auf den ihnen anvertrauten Gebieten ihrer Überzeugung keinerlei Zwang anzutun brauchten. Da einige von ihnen noch unter den Lebenden weilen, mögen ihre Namen verschwiegen bleiben. Der ganze Zuschnitt des neuerstandenen Blattes war großzügig, und der alte Alexis Schmidt, der ehemalige langjährige Leiter der „Spenerschen“, wäre sicherlich im Anblick der prunkvoll ausgestatteten Arbeits- und Empfangsräume von einem Erstaunen ins andere geraten. Aber Geld war ja vorhanden „wie Heu“, und die Verwaltung knauserte nicht. Alles ließ sich herrlich an; man schwamm förmlich in Seligkeit. Doch an der kaum angesetzten Frucht nagte der Todesleim. Die neue Zeitung mußte selbstverständlich auch *unter dem Strich* auf das glänzendste vertreten sein, und so wurde denn kein Geringerer als Paul Heyse um die Hergabe einer Romandichtung ersucht. Sein gelungenstes Werk „Kinder der Welt“ wurde in der umgestalteten „Spenerschen“ veröffentlicht. Aber die Leitung des Blattes hatte ihre Rechnung ohne Rücksicht auf die bisherigen Leser gemacht, die sich zumeist aus den ehrbarsten Kreisen märkischer Pfarrerfamilien zusammensetzten. Sie erschraken, als sie die nähere Bekanntschaft der reizvollen Sünderin Antoinette Marchand und des pantheistisch angehauchten Balders machten. Entrüstungsrufe über Entrüstungsrufe ertönten, die Bestellungen auf das sittenlose Blatt wurden gekündigt. Und nicht bloß aus diesen Kreisen kamen Ausbrüche des stärksten Unwillens über die Wahl dieses Lesestoffes. Sogar Theodor Mommsen war in hohem Grade unwirsch geworden und meinte, man könne die Zeitung auf dem Familientische nicht dulden, denn ein Roman wie „Kinder der Welt“ dürfe von anständigen jungen Mädchen nicht gelesen werden. Man kann es ohne alle Übertreibung ruhig niederschreiben: an Paul Heyses „Kinder der Welt“ ist Onkel Spener in Berlin eines seligen Todes verblichen. Sang- und klanglos ging die neue Herrlichkeit zu Ende, und nur die jüngeren Mitarbeiter der oben angedeuteten Art lachten sich ins Fäustchen, als der Spuk vorüber war. Daß aber ein politisches Blatt an einem Kunstwerke, an der Dichtung eines Lieblingsschriftstellers eines großen, gebildeten Volkes zugrunde gehen konnte, ist doch wohl in kulturgeschichtlicher wie in volkspsychologischer Beziehung äußerst bemerkenswert.

Im übrigen verlief das erste Jahrzehnt des neugeeinten Deutschen Reiches, soweit die liberale hauptstädtische Tagespresse in Betracht kommt, ohne irgendwelche Ansätze zu neuen Schöpfungen zu zeigen. Auch in der journalistischen Entwicklung Berlins schien das berühmt gewordene Wort des eisernen Kanzlers: Deutschland sei „saturiert", seine Gültigkeit behaupten zu sollen. An inneren Reibungen fehlte es natürlich nicht. War doch jene Zeit von den heftigsten Kämpfen auf kirchlichen, auf innerpolitischen und wirtschaftlichen Gebieten so erfüllt wie kaum je eine frühere gewesen. Erst nach dem vollzogenen Bruch zwischen dem Kanzler und der führenden nationalliberalen Partei Ende der siebziger Jahre trat auch in der hauptstädtischen Presse eine plötzliche Wendung ein. Gewisse Volksregungen, die für eine Weile durch die neuen Zustände zurückgehalten wurden, drängten mit einer furchtbaren Gewalt an die Oberfläche und forderten mit Ungestüm auch nach einer Vertretung in der Tagespresse Berlins. Dem neuerstandenen Deutschen Reiche waren sozusagen als Geburtstagsgeschenke der Kulturkampf und die Sozialdemokratie in die Wiege gelegt worden. Dazu gesellte sich dann wenige Jahre später die unser deutsches Volk nicht minder vergiftende antisemitische Bewegung. In der „Germania", im „Sozialdemokrat", in der „Deutschen Zeitung", in der „Staatsbürger-Zeitung" fanden diese verschiedenen Richtungen ihren tagespolitischen Ausdruck. Der Kaplan Majunke, eigentlich eine durchaus unjournalistische Natur, war die Seele der auf die schärfste Tonart eingestellten „Germania". Diesem heißblütigen Klerikalen war es bei seiner unermüdlichen Tätigkeit nicht sowohl um journalistische Erfolge im eigentlichen Sinne zu tun als um die tägliche Bekundung seines unerbittlichen Hasses gegen das im Reiche und insbesondere in Preußen waltende System und gegen dessen allgewaltigen Träger. Majunke war nicht die hinreißende Kraft der Rede und des geschriebenen Wortes gegeben wie einst dem großen Rheinländer Görres. Er hatte nichts von einem Volkstribunen, nichts von einem auf die Volksmassen wirkenden Eiferer. Dafür war ihm in hohem Maße eine gewisse scharfsinnige Zähigkeit eigen, mit der er sich an den Gegner anklammerte. Majunke war ein unbeugsamer Doktrinär, aber ohne eine Spur von geistiger Beweglichkeit, und so war es auch mit der „Germania" bestellt, solange sie seiner Leitung unterstellt blieb. Erst später hat sich das hauptstädtische Zentrumsorgan zu einer wirklichen, den Anforderungen der Gegenwart entsprechenden *Zeitung* entwickelt.

Im entgegengesetzten Lager, aber in gleich unbeugsamer dogmatischer Starrheit erscheint so ungefähr um dieselbe Zeit der „Sozialdemokrat“ unter der Führung des Herrn Baptist v. Schweitzer. Er entstammte einer angesehenen Familie aus Frankfurt a. M. Eine katilinarische Existenz in des Wortes verwegenster Bedeutung. Sein Zynismus in Wort und Schrift war um so abstoßender, als er jeden Beisatzes von Humor entbehrte. Nackte Bosheit, widerliche Verhöhnung jedes Begriffes von Anstand, von Sitte, von Recht atmete aus jedem Satze, den er sprach oder schrieb. Er war den besserdenkenden Männern seiner Gefolgschaft sehr bald zum großen Ärgernis geworden, so daß seine Präsidentschaft im Allgemeinen deutschen Arbeiterverein Lassalleschen Angedenkens ein rasches und unrühmliches Ende nahm. Schweitzers politische Rolle war ausgespielt. Der sehr begabte Mann zog sich auf sein literarisches Altenteil zurück und vertauschte seinen Platz als sozialistischer Agitator mit dem eines Bühnenschriftstellers, wo ihm einträgliche Lorbeeren zu ernten beschieden waren. Sein ausgezeichnetes Volksstück „Leuthen“ hat sich viele Jahre und mit vollem Recht auf unseren Bühnen zu erhalten vermocht.

Nach dem Ablauf der Sozialistengesetzgebung unseligen Angedenkens ist dann an die Stelle des „Sozialdemokrat“ der „Vorwärts“ getreten, der sich nach und nach aus einem ausschließlich die Parteiverhältnisse berücksichtigenden Blatte zu einer wirklich großen Zeitung entwickelt hat, die auch dem nicht auf das sozialdemokratische Glaubensbekenntnis eingeschworenen Leser vielfach anregenden und belehrenden Stoff darbietet. Ein Vergleich der beiden hauptstädtischen Zeitungen der Sozialistischen Partei aus der Zeit vor und nach dem Sozialistengesetz zeigt den Unterschied in der sinnfälligsten Weise. Der „Sozialdemokrat“ trägt die Spuren der Kinderkrankheit, an der dazumal die Partei litt, noch ganz deutlich zur Schau. Im „Vorwärts“ tritt sie dagegen schon selbstbewußt auf. Sie hatte sich machtvoll durchgesetzt; demgemäß erscheint denn auch ihre offizielle journalistische Vertretung in der Reichshauptstadt.

Von diesen beiden Zeitungsgründungen abgesehen, stockte während der Flitterjahre des neuen Deutschen Reichs die Weiterentwickelung der hauptstädtischen Presse. Erst die gegen Ende der siebziger Jahre einsetzende judenfeindliche Bewegung wurde zu einem neuen Antrieb für die Schaffung neuer, beziehungsweise zur Umwandlung schon bestehender politischer Blätter in dem obenbezeichneten Sinne. In großem Ausmaße angelegt war die von dem Verleger Luckhardt ins Leben gerufene „Deutsche Zeitung". Sie war auf die niedrigsten menschlichen Instinkte abgestimmt, abstoßend in ihrer Schreibweise, roh in der Bekämpfung des Gegners und jeder Anmut, jedes Anfluges von Laune bar. Um der Lachlust ihrer Leser gerecht zu werden, veröffentlichte sie unter dem Strich Aufsätze in jüdisch-deutscher Mundart, die indessen nicht einmal dem Geschmack ihrer Gefolgschaft entsprachen und daher wieder sehr bald von der Bildfläche verschwinden mußten. Hier in dieser Ablagerungsstätte für tagesschriftstellerischen Abhub hatte leider auch der feinfühlige Hans Herrig eine Zeitlang seine Unterkunft gefunden. In seinem Innersten verwundet, verließ er sehr bald die ihn anwidernde Gesellschaft jener Unholde, um fern von dem Getriebe der Großstadt am Fuße der Wartburg den Rest seines verfehlten Lebens zu verbringen. In geistiger Umnachtung ist der Hochveranlagte dahingeschieden. Die wenigen noch Überlebenden werden des von Natur edelgesinnten, in hohem Maße dichterisch empfindenden Hans Herrig, dem unser Schrifttum manche Gabe von bleibendem Werte verdankt, nur mit tiefer Wehmut gedenken, seine Verirrungen mit seiner Unselbständigkeit entschuldigen und seinen jammervollen Abfluß tief beklagen. Hans Herrig erinnert in seiner ganzen Wesensart an Hölderlin, an Lenau, ohne jedoch in seinem literarischen Wirken an diese Großen auch nur annähernd heranzureichen. Die „Deutsche Zeitung" jedoch, ein Kind des Radauantisemitismus, ist auch mit diesem wieder verschwunden.

In die Zeit des beginnenden Niederganges unseres öffentlichen Lebens, des sinkenden parlamentarischen Einflusses auf die politische Bildung unseres Volkes fällt die Gründung zweier hauptstädtischer Zeitungsunternehmungen, die im übrigen außer dem Zufall des Geburtsjahres 1883 nichts miteinander gemein haben: die „Freisinnige Zeitung" Eugen Richters und der „Berliner Lokal-Anzeiger" August Scherls. Das erstgenannte Blatt sollte die politischen und die wirtschaftlichen Anschauungen der deutschen Fortschrittspartei in der Öffentlichkeit vertreten. In Wahrheit konnte die „Freisinnige Zeitung" für nichts anderes gelten als das Sprachrohr seines Begründers. Alles, was der unermüdliche Wortführer seiner Partei nicht in seinen Parlamentsreden ausführen konnte oder wollte, das fand den Eingang in die Spalten seines Blattes. Noch ganz unvergleichlich mehr als die „Zukunft“ das Spiegelbild Guido Weiß‘ war die „Freisinnige Zeitung“ das Eugen Richters, nur daß diesem der feine literarische Schliff, die satirische Anmut völlig abging, die jenen in so hohem Grade auszeichnete. Wenn Guido Weiß bestrebt war, jeder aufkeimenden Eigenart nach Möglichkeit ihren Betätigungswillen frei gewähren zu lassen, etwaige grundsätzliche Meinungsverschiedenheiten auszugleichen, fuhr Eugen Richters herrisches Wesen rücksichtslos, um keinen anderen Ausdruck zu gebrauchen, drein. Wie er mit einem infolge seiner Selbständigkeit zuweilen etwas unbequemen Mitarbeiter verfuhr, dafür liefert sein Betragen gegen Paul Schlenther einen Beweis, wie er schlagender nicht erdacht und nicht erbracht werden kann. Der junge, feurige, kenntnisvolle und begabte Schriftsteller, der seines Amtes *unter dem Strich* waltete, hatte es wohl eines Tages mit dem Allgewaltigen *über dem Strich* verschüttet. Da schickt ihm dieser auf einer offenen Postkarte die Kündigung ins Haus! Wie hätte der Freiheitspächter Eugen Richter im Preußischen Abgeordnetenhaus den Minister des Innern angeblasen, wenn ein Landrat sich dergleichen grobe Ungehörigkeit gegen einen Kreisblattredakteur schuldig gemacht hätte? Dies Verfahren Eugen Richters gegen einen schon damals trotz seiner Jugend in weiten Kreisen gekannten und wegen der Aufrechtheit seines Urteils geachteten Schriftsteller kennzeichnet die ganze Sinnesart des fortschrittlichen Abgeordneten und Parteibeherrschers besser, als es irgendwelche noch so scharfen Worte vermöchten. Im übrigen blieb die „Freisinnige Zeitung“, abgesehen von der Beachtung, die ihr in allen politischen Kreisen eben Eugen Richters wegen zuteil werden mußte, für die eigentliche Entwickelung des hauptstädtischen Zeitungswesens ohne jede Bedeutung.

Das läßt sich nun freilich von dem anderen in Rede stehenden Blatte, dem „Berliner Lokal-Anzeiger“, nicht behaupten. Im Gegenteil. Die Begründung dieses Blattes, seine ganze Anlage und seine Ausgestaltung bilden einen Markstein in der Entwickelung des hauptstädtischen Zeitungswesens, an dem kein Beobachter des Verlaufes des öffentlichen Lebens anteilnahmslos vorübergehen kann. Über die Vorgänge, die sich beim Entstehen des neuen Zeitungsunternehmens abgespielt, wußte der alte Büxenstein, der erste Drucker des „Berliner Lokal-Anzeiger“, die drolligsten Geschichten zu erzählen. Die Kühnheit, mit der August Scherl dem vorsichtigen, sorgfältigst rechnenden Druckereibesitzer seine Pläne auseinandersetzte, haben ihm, wie er versicherte, nicht sowohl höchstes Erstaunen als vielmehr tiefstes Mitleid mit dem Manne abgenötigt, der sich mit sehenden Augen in den Abgrund zu stürzen vorhabe. Es ist jedoch bekanntlich ganz anders gekommen, als jener Buchdruckereibesitzer angenommen. Der innere journalistische Betrieb des neuen Unternehmens wurde auf solche Grundlagen gestellt, die von den bisher in der Reichshauptstadt üblich gewesenen völlig abwichen. Vorerst wurde die Berichterstattung in einer ganz anderen Weise ausgestaltet und auf alle erdenklichen Gebiete des öffentlichen Lebens ausgedehnt. Der eben einsetzende Sportbewegung wurde die sorgfältigste Beachtung gewidmet. Der „Berliner Lokal-Anzeiger“ setzte ansehnliche Preise zur Förderung des Sports, namentlich der Luftschiffahrt, aus. Es lag darin ein Stück Zeitungs-Amerikanismus. der für uns etwas Verblüffendes hatte. Zur besseren Veranschaulichung des Zeitungsinhaltes wurde der Griffel des Zeichners vielfach in Anspruch genommen. Die anderen führenden Tageszeitungen wurden durch den unerwarteten Erfolg des kecken Neulings genötigt, in manchem Stücke dessen Spuren zu folgen. Auf diese Weise trug das Scherlsche Unternehmen das Seinige zur reicheren Ausgestaltung des hauptstädtischen Zeitungswesens bei. Der Lesestoff, der nach und nach der Öffentlichkeit zugeführt wurde, nahm geradezu bedenkliche Ausmaße an. Und noch in einer anderen Beziehung hat das Auftreten August Scherls nicht unerheblich auf die Entwickelung der Berliner journalistischen Verhältnisse eingewirkt. Er hat zu der besseren Bewertung der schriftstellerischen Leistungen sehr erheblich beigetragen. Kam dieser Umstand dem äußerlichen Wohlergehen der Berliner Tagesschriftsteller zustatten, so war die politische Farblosigkeit des in die weitesten Kreise eingedrungenen Blattes ebenso unbestreitbar von einem nachteiligen Einfluß auf die Entwicklung des öffentlichen Geistes der Hauptstadt. Indessen würde die weitere Ausführung dieser Andeutung von dem Ziele ablenken, das bei der Abfassung dieses Buches abgesteckt wurde. Außerdem wäre ein Eingehen auf die politischen Kämpfe unserer unmittelbaren Gegenwart unausweislich. Das aber soll gerade unter allen Umständen hier vermieden werden.

Von genau entgegengesetzten politischen Anschauungen und Voraussetzungen ausgehend, griff der demokratische Stadtverordnete

Ullstein bei seinen Zeitungsgründungen in die Entwickelung des hauptstädtischen Zeitungswesens ein. Die „Berliner Morgenpost" wurde gewissermaßen der Widerpart des „Berliner Lokal-Anzeigers". Gemeinsam war indessen beiden Unternehmen das Streben, möglichst weit in dem Zeitungsbetrieb als solchem auszugreifen und möglichst viele „Organe" in ihren Besitz zu bringen. Wir sind im Verlaufe dieser Betrachtung bis unmittelin die Zeit des sogenannten Zeitungs-„Konzerns" gelangt und brechen hier ab. Mit dieser in der Entwicklung unseres hauptstädtischen Zeitungswesens vollzogenen Betriebswendung sind wir lediglich den englischen und nordamerikanischen Vorbildern, der Northcliffe- und der Hearst-Presse, schüchtern tastend gefolgt. „Und wenn's gelingt, so ist's verziehn; das Ende ist ein Gottesurteil."

Gleichzeitig mit der gewaltigen sozialdemokratischen Entwickelung setzte naturgemäß eine Gegenströmung in gewissen bürgerlichen Kreisen ein, die nach einem ihr gemäßen journalistischen Anwalt ihrer Interessen verlangte. Die bestehenden bürgerlich- liberalen Zeitungen Berlins entsprachen dieser inzwischen emporgekommenen Gesellschaftsschicht nicht mehr. Man suchte nach einer dem neu aufgetauchten Element entsprechenden journalistischen Vertretung. Man glaubte, eine solche zunächst in der unter Friedrich Bodenstedts Flagge segelnden, ehemaligen Briglschen „Tribüne" gefunden zu haben. Diese Hoffnung erwies sich indessen als eine eitle. Aus dem politischen Fahrwasser des immerhin sehr liberal angehauchten Dichter-Politikers sollte die genannte Zeitung unbedingt herausbugsiert werden. So entstand die „Tägliche Rundschau" und wurde das Mundstück der *neukonservativen* bürgerlichen Weltanschauung. Das ist auch der Grund, weshalb in einem Überblick über die Entwicklung der hauptstädtischen Presse während des abgelaufenen Halbjahrhunderts auch dieses Blattes gedacht werden muß.

Wir sind damit an einem Endpunkt angelangt, den wir nicht überschreiten möchten, um nicht in die Wirbelströmungen der unmittelbaren Gegenwart und damit in gefährliche Klippen hineinzugeraten. An und für sich fürchten wir diese durchaus nicht. Aber ein weiteres Vordringen bis in die unmittelbare, brausende, von den heftigsten Gegensätzen umstürmte Gegenwart würde der Absicht dieser Aufzeichnungen widersprechen.

Theater und Musik

Die Königlichen Schauspiele

Im alten Berlin war die führende Stellung in allen Theaterangelegenheiten den königlichen Bühnen zugefallen. Oper wie Schauspiel verfügten über reiche Zuschüsse seitens der Krone; sie waren aller drückenden Geschäftssorgen überhoben, sie konnten sich daher mehr als die übrigen Theaterunternehmungen der Pflege rein künstlerischer Aufgaben widmen. Sollten es zum mindesten. An die Spitze der beiden Hofbühnen hatte die Laune Friedrich Wilhelms IV., nach der Entlassung des Generalintendanten Küstner, den ehemaligen Gardeleutnant Botho v. Hülsen gestellt. Der neuernannte Generalintendant der Königlichen Schauspiele war gewissermaßen auch ein Kind der Revolution von 1848. Küstner war durch sein lässiges Verhalten während und unmittelbar nach den Stürmen des verhängnisvollen März unmöglich geworden. Aber die Verlegenheit, wen an dessen Stelle zu bringen, war groß. Da erinnerte man sich an den maßgebenden Stellen eines hochaufgeschossenen Gardeleutnants, der schon zu wiederholten Malen durch sein Geschick bei Festspielveranstaltungen auf dem Kasernenhof seines Regiments aufgefallen war. der auch bei Festvorstellungen in engeren höfischen Kreisen sich durch Anstelligkeit, durch ein gewisses Darstellungstalent bewährt hatte; diesen jungen, schneidigen Offizier schlug man dem Könige als den geeigneten Nachfolger Küstners vor. Der König soll im eisten Augenblick über den Vorschlag nicht wenig erstaunt gewesen sein; allein der Hinweis auf die Notwendigkeit, die während der Revolutionszeit arg gelockerte Disziplin des lockeren Künstlervölkchens wiederherzustellen, schlug die anfänglich geäußerten Bedenken siegreich zurück. Bei der nunmehr vollzogenen Bestallung Hülsens zum Generalintendanten der Hofbühnen tat der König die Äußerung, daß die Berliner über diese unvermutete Ernennung sich wohl gehörig wundern und verwundern, vielleicht sogar auch wohl ärgern würden. Der neue Herr, der eben in die sehr bescheidene Amtswohnung im Intendanturgebäude an der Französischen Straße – an dieser Stelle erhebt sich jetzt der Palastbau der Dresdener Bank – eingezogen war, sollte zuvörderst dafür sorgen, daß wieder Zucht und Ordnung in die etwas unbotmäßig gewordene Künstlerschar einkehre. Die Zeit, da sämtliche im „Nathan" Beschäftigten, mit schwarz-rot-goldenen Kokarden geschmückt, die Bühne betraten, war natürlich unwiderbringlich vorüber. Herr v. Hülsen zog die gelockerten Zügel der Disziplin streng, sogar sehr streng an. Er hat auch recht lange Zeit nichts von dem Barrikadenkämpfer Richard Wagner und dessen Werken wissen wollen. Auch Schiller wurde so halb und halb auf den Index gefetzt. Aber schließlich verzog sich auch der reaktionäre Schwaden, der Himmel hellte sich nach und nach auf, die künstlerischen Anforderungen begannen mehr und mehr sich geltend zu machen und sie setzten sich schließlich auch bis zu einem gewissen Grade durch. Zunächst galten dann Hülsens Bemühungen, dem sichtlichen Niedergang der Oper Einhalt zu tun. Die Sterne der Vergangenheit verblichen mehr und mehr. Johanna Wagner hatte die Sonnenhöhe ihrer Künstlerschaft überschritten, die Prophetenmutter Fides war ihre letzte, bis heute noch unerreichte, erschütternde Leistung in Gesang und Darstellungsgewalt. Sie ist später zum Schauspiel übergegangen und hat dann nur noch ganz ausnahmsweise als „Orpheus" ihre ehemalige Ruhmesstätte betreten. Der stimmgewaltige Tenorist Fornes hatte den unerbittlichen Zoll an die Zeit ebenfalls abtragen müssen. Zschiesches „schwarzer" Baß war allmählich recht grau geworden. Um die Stimmittel der Tuczek, der Köster sah es recht bedenklich aus. Kurz, der Künstlerbestand der Berliner Oper wies die empfindlichsten Lücken auf, und Abhilfe mußte auf jede irgendwie mögliche Weise geschaffen werden. Herr v. Hülsen ließ überall scharfe Umschau halten. Er wurde dabei vielfach vom Glück begünstigt. Auch der überraschende politische Aufstieg Preußens kam ihm bei der Wiederauffrischung der ermattenden Opernkräfte nicht wenig zustatten. Den ersten glücklichen Griff tat er indessen, als er eine etwa siebzehnjährige Künstlerin der Prager Oper entführte und sie nach Berlin verpflanzte. Diese Künstlerin, deren Ruf später die ganze Welt erfüllen sollte, die Hülsens Freude und seinen Stolz ausmachte, die heute noch in der farbigsten Erinnerung unter den wenigen Überlebenden aus jener Zeit fortlebt als die unbedingt stärkste und eigenartigste Persönlichkeit neben Albert Niemann, hieß Pauline Lucca. Bei der bloßen Erwähnung dieses Namens erglänzen die ermatteten Augen des Alters, erheitern sich die Mienen, steigt die versunkene Jugend wieder urplötzlich empor; man empfindet die Wahrhaftigkeit der Dichterworte:

„Ihr bringt mit euch die Bilder froher Tage,
Und manche liebe Schatten steigen auf."[4]

Die kleine, wohlgeformte, bei aller Zierlichkeit kräftige Gestalt, das lebhafte, schelmisch dreinblickende blaugraue Augenpaar, der reizende Mund, das siegessichere, volle, glockenreine Organ, ein herrlicher Mezzosopran, der unter Umständen bis an sehr hohe Lagen mühelos anschlug, ein Mienenspiel, das willig allen seelischen Erregungen sich anpaßte, und vor allem eine den Hörer hinreißende Natürlichkeit, alles vereinigte sich in Pauline Lucca zu einem Gesamtbilde, das unauslöschlich haften blieb. Sie war unvergleichlich in ihren Soubrettenrollen. Einem so verführerischen Cherubim wie ihrem, einer so süß-hingebungsvollen Zerline im „Don Juan" wie der ihren, oder der Namensschwester in Aubers „Fra Diavolo", einer Angela im „Schwarzen Domino", einer Regimentstochter, einer Frau Fluth, einer Martha wie der ihrigen wird man so bald nicht wieder begegnen, ebensowenig wie der „bezähmten Widerspenstigen" in Goetz' leider so arg vernachlässigter Meisterschöpfung. Aber nicht minder eindringlich wußte Pauline Lucca die tragischen Partien zu gestalten. Sie war eine erschütternde „Valentine" in Meyerbeers „Hugenotten". Der Schöpfer des Werkes hatte ihr selber allerlei Winke bei der Einstudierung der Rolle gegeben und ihrer Darstellung unverblümte Anerkennung gezollt. Künstlerischer Höhepunkt war die Begegnung mit Marcel, von Fricke ausgezeichnet in Gesang und Haltung erfaßt, im dritten Akt. Bei den Worten: „Wer ich bin? Bin ein Mädchen, das ihn liebt und das sein Leben willig für ihn gibt," ging es wie ein Raunen durch die dichtgedrängten Reihen. Zunächst eine atemlose Stille, dann ein brausender Beifallsdonner, gleichsam eine Entladung nach beängstigender Hochspannung. Stand ihr ein Mitspieler zur Seite wie Albert Niemann, dann stei-

4 Zitat aus Johann Wolfgang von Goethes „Faust: Der Tragödie erster Teil"

gerte sich ihre natürliche Darstellungsgabe zu einer Größe, die die Zierlichkeit ihrer Gestalt völlig vergessen ließ. Ihre Auftrittsszene in der „Afrikanerin", ihre verführerische Koketterie als „Carmen", ihre düstere Vorahnung des nahenden Verhängnisses, das waren schauspielerische Leistungen von solch einer Eindringlichkeit, daß sie nicht wieder aus der Seele verschwinden können. Um dem Genie Paulinens gerecht zu werden, müßte man jede ihrer Rollen auf das genaueste durchmustern. Doch verbietet sich das hier leider durch die diesem Buche gesteckten Grenzen. Der Abschied der von der gesamten Berliner Gesellschaft und Kritik gefeierten Künstlerin war ein jäher und durch ein beklagenswertes Mißverständnis veranlaßt. Während der Verkleidungsszene im „Figaro" brach gänzlich unerwartet das Unheil hervor. Mathilde Mallinger – noch erfreut sie sich glücklicherweise des rosigen Lichtes – eine in ihrer Art ebenso unvergleichliche Susanna wie Pauline Luccas Page, hatte, fortgerissen von der köstlichen Szene, in ihrem lebhaften Temperament dem vor ihr knienden Cherubim einen ganz leichten Schlag auf die Wange versetzt. Sie hatte sich dabei gar nichts weiter gedacht. Allein Pauline faßte die Sache als eine wohlbedachte Beleidigung, als eine ihr öffentlich zugefügte Beschimpfung auf. Sie war durch keinerlei Zureden und Erklären zu beruhigen und beantwortete dann die auf der nachfolgenden Szene von Figaro an sie gerichtete Frage: „Wie pfeift denn der Vogel?" mit den anzüglichen Worten: „Ungezogenheiten gibt's." Darüber Erstaunen in der Zuhörerschaft, Verblüfftheit – der Streit zwischen Kriemhild und Brunhild war offenkundig geworden. Pauline Lucca war von ihrem Unrecht gegen ihre Mitspielerin nicht zu überzeugen. Sie brach ihre Zelte, vielmehr ihr Heim in der Viktoria- und Margarethenstraßenecke ab; sie verließ Berlin, an dessen Kunsthimmel sie fast 12 Jahre als einer der hellsten Sterne geglänzt, um erst geraume Zeit später wieder als Gast an ihrer ursprünglichen Ruhmesstätte zu erscheinen und zu den ihr treugebliebenen älteren Bewunderern neue Scharen zu gewinnen, die ihren neuen künstlerischen Darbietungen, insbesondere der „Carmen", zuzujubeln nicht müde wurden. Pauline Lucca war im übrigen viel weniger Gesangskünstlerin als Gesangsnaturalistin, wenn man diesen Ausdruck gebrauchen darf. Aber freilich als solche geradezu genial. Ihre angeborene Fähigkeit, den Ton gewissermaßen seelisch zu färben, je nachdem das von der jeweiligen Situation auf der Bühne gefordert wurde, fand nur in Albert Niemann den völlig gleichen und gleichstimmenden Widerhall. Daher die unwiderstehliche Wirkung dieses Künstlerpaares auf der Szene.

Neben der Wienerin Pauline Lucca stand die in Agram geborene Mathilde Mallinger in der gleichen Gunst der Zuhörer wie der Kritik. Die Künstlerin hatte schon bei ihrem ersten Erscheinen auf der Münchener Bühne das größte Aufsehen erregt. Von dorther hatte sich Herr v. Hülsen den glänzend aufgehenden Stern herübergeholt, denn die Berliner Hofoper sollte nun einmal nach der fest ausgesprochenen und ebenso durchgeführten Absicht ihres obersten Leiters die erste Deutschlands, wo nicht gar die ganz Europas werden. Und eine ganze Zeitlang war das auch wirklich der Fall. Es genügt, nur die Namen der Künstler hier aufzuführen. Außer den bereits Genannten der vortreffliche Mozart-Sänger Krause, ein vollsaftiger Bariton, durch und durch musikalisch, von klassischem Geschmack in Gesang und Spiel; neben ihm der in der künstlerischen Entwicklung begriffene Franz Betz, späterhin und bis an sein Lebensende eine der gefeiertsten Erscheinungen in dem musikalischen Deutschland. Seine samtweiche, herrlich klingende, wohlgebildete Stimme hatte weit und breit nicht ihresgleichen. Franz Betz hat sich trotz seiner herrlichen Stimmittel nur sehr schwer durchsetzen können. Dann aber wurde er ein erklärter Liebling überall, wo er seine vollendete Gesangskunst entfalten konnte, gleichviel ob als Oratorien- oder Liedersänger oder auf der Opernszene. Seine Naturanlage wies ihn in erster Reihe auf die deutsche Oper hin. Er war zuletzt der Wagner-Sänger schlechthin geworden. Sein Holländer, sein Wotan, sein Hans Sachs vor allem waren Musterleistungen. Aber er wußte sich auch mit fernabliegenden Aufgaben ganz ausgezeichnet abzufinden. Den Grafen Luna im „Troubadour" hat ihm kaum ein Italiener nachgesungen. In der entsetzlichen „Lucrezia Borgia" hat er sogar einmal mit seinem ferraresischen Herzog seinen italienischen Nebenbuhler gesanglich in den Sand gestreckt. Er hat sich auch zuweilen in komischen Opern, so in Richard Wüersts „Ahingfoi" und in Lortzings „Wildschütz" trefflich bewährt. Der Wohllaut seiner Stimme, mit der er die Polonäse „Heiterkeit und Fröhlichkeit" sang, klingt einem noch jetzt in den Ohren, und den behäbigen Betz, Lilli Lehmann, die jugendlich-schlanke Baronin Freimann, am Arm, dahinwalzen sehen, das gab eine liebliche Augenweide. Als tiefer Bassist stand

Theodor Fricke, ein Hüne von Gestalt, neben Betz und Niemann völlig seinen Mann. Sein Kaspar im „Freischütz", sein Marcel in den „Hugenotten", sein Bertram in „Robert der Teufel", der Kardinal in der „Jüdin", vor allem der Sarastro waren Prachtstücke in seiner Gestaltenreihe, in der auch die von lebensvollem Humor strotzenden John Falstaffs, Osmin in der „Entführung", Fadladin in Rubinsteins „Feramors" nicht in letzter Linie zu stehen genötigt sind. In seinen Mußestunden pflegte er die Landschaftsmalerei, und er hat es auch in dieser Kunst zu sehr achtunggebietenden Erfolgen gebracht. Als ihn dann die zunehmende Schwerhörigkeit dazu nötigte, seinem Sängerberuf zu entsagen, hat er in der Malkunst Trost und Befriedigung gefunden. Als zweiter Bassist muß dann hier noch der stimmgewaltige, aber etwas robuste Barth genannt werden. Krolop stand jedoch schon als tiefer Bariton in zweiter Linie auf der Lauer, um baldmöglichst in die erste rücken zu können, sobald sich eine Gelegenheit bieten sollte. Und die bot sich denn auch wirklich sowohl für ihn wie für seine spätere Gemahlin Voggenhuber, die vielfach durch eine gewisse elementare Kraft ersetzte, was ihr an höherem künstlerischen Sinne gebrach. Diese zuletzt genannten Künstler gehören streng genommen in die späteren Jahre der langen Hülsenschen Verwaltungszeit. Aus den ersten klingt vor allem noch ein Name herüber, an den sich liebevolle Erinnerungen an eine zartbesaitete Künstlerin knüpfen, nämlich an die feinmusikalische Sängerin und innerlich tiefempfindende Darstellerin de Ahna, die Schwester des vortrefflichen ersten Geigers am Opernorchester und späteren Mitwirkenden am Joachim-Quartett. Fräulein de Ahna verzehrte sich tatsächlich an der in ihr lodernden Begeisterung für ihre Kunst. Einem derartig die Seelenkräfte aufreibenden Triebe war der schwächliche Körper nicht gewachsen. Fräulein de Ahna welkte dahin wie eine Blume unter den versengenden Strahlen der Hochsommersonne.

Noch eines anderen, längst verklungenen Künstlernamens sei hier in dankbarer Erinnerung an hervorragende Leistungen gedacht: Philippine v. Edelsberg, eine hochbegabte Altistin, die nur kurze Zeit unserem Opernverbande angehörte. Eine stattliche Erscheinung, ein lebensprühendes Augenpaar, ein ausdrucksvolles Antlitz, eine volltönige, ausgiebige Altstimme, das war die reiche Ausstattung, die ihr von einer gütigen Natur gespendet. Die Künstlerin erschien wie ein glänzendes Meteor an unserem Opernhimmel, um ebenso rasch wieder aus unserem Gesichtskreis zu verschwinden. Um so länger erhielt sich dagegen auf ihrer künstlerischen Höhe Marianne Brandt, wie Pauline Lucca und Mathilde Mallinger und die eben Genannte eine Österreicherin. Sie hatte auf ihrem Wege zur Bühnenkünstlerin mit schwer zu überwindenden Hemmnissen, mit Widerwärtigkeiten aller Art zu kämpfen: allein ihr innerer Drang zur Kunst half ihr über alles hinweg. Marianne Brandt war ein Charakter im Leben wie auf der Bühne, von herber Ehrlichkeit in allem, was sie wollte und was sie leistete. Daher die Eindringlichkeit ihrer Gestaltenreihe, von der Prophetenmutter Fides, der Makkabäermutter Lea in Rubinsteins bester Bühnenschöpfung bis hinab zur Nancy in Flotows „Martha" und zur Donna Elvira. Allein ihr beständig über andersartigen künstlerischen Aufgaben brütender Geist verleitete sie zuweilen, die ihr von der Natur gesteckten Grenzen zu überschreiten. So hatte sie es sich in den Kopf gesetzt, die Valentine in den „Hugenotten" zu singen. Hülsen als kluger Theaterpraktikus hatte auf das freundlichste von dem Wagnis abgeraten, väterlich gewarnt und in bester Absicht hinzugefügt: „Bleiben Sie Ihrer vortrefflichen Ortrud, Azucena, Lea getreu." Es half nichts. Marianne Brandt erschien als Valentine, aber sie siegte nicht. Sie hatte Unmögliches unternommen. Doch gleichviel. Daß sie diese schwierige, ihrer Stimmbegabung widerstrebende Partie überhaupt nur durchzuführen vermochte, stellt ihrer künstlerischen Energie das rühmlichste Zeugnis aus. Marianne Brandt hat sich neben den anderen Berliner Operngrößen jener Zeit ein dauerndes Angedenken gesichert. Neben diesen Sternen erster Größe behaupteten sich höchst ehrenvoll die Namen Friederike Grün, Blume, Sander, Horina, eine ungewöhnlich begabte Sängerin, in deren Händen jede Partie wohl aufgehoben war. Musikalisch bis in die Fingerspitzen, war sie stets bereit auszuhelfen, sobald die Opernnot am höchsten. „Fräulein Horina singt eben alles, wenn's sein müßte, auch den Sarastro," spottete einmal der alte ehemalige Kapellmeister Dorn. Und zu all den Genannten füge man noch die Namen Theodor Wachtel und Albert Niemann hinzu, und man darf mit vollem Anrecht behaupten, daß die damalige Berliner Oper eine der besten Europas genannt werden konnte. Die beiden ruhmbeladenen Tenoristen, die ihr gleichzeitig eine Weile angehörten, hatten im übrigen nicht das allermindeste miteinander gemein. Theodor Wachtel begeisterte seine Zuhörer durch seinen unvergleichlich hellen Tenor, der bis ins hohe C mühelos anschlug, sein peitschenknallender Chapelou im „Postillon von Longjumeau“ hatte sich einen Weltruhm erworben, sein schmachtend Lied „Gute Nacht, du mein herziges Kind“, eine Bänkelsängerei erster Güte, hat vielen rührseligen Gemütern die Nachtruhe geraubt, und sobald er als Arnold in Rossinis „Tell“ Mathilden, „den Engel meiner Triebe“, anschmetterte, da waren edle Seelen aufs tiefste gerührt! Er war eben der Tenor schlechthin. Er war der ängstliche Hüter seines Kehlkopfschatzes; er hielt sich strengstens in den Grenzen seines Kunstbezirks und strebte niemals über diese hinaus. Er hielt unverbrüchlich fest an der Überlieferung des italienischen bei *bel canto* – und er hat für seine Person sehr wohl daran getan.

Ans Ende dieser Reihe sei nun aber derjenige unter den damaligen Künstlern der Berliner Oper gesetzt, der sie alle, alle an hinreißender Gewalt der Persönlichkeit, an künstlerischer Vielseitigkeit, an unbeugsamer Willenskraft, an unermüdlichem Streben, an schrankenloser Hingabe an sein künstlerisches Ideal überragte: Albert Niemann! Völlig neidlos erkannten alle seine Genossen die überragende künstlerische Größe, seine ganz eigenartige Bedeutung an. Sie ertrugen willig die Wucht seiner Persönlichkeit, seines Temperaments, das sich zuweilen wie mit elementarer Gewalt entlud. Denn ohne diese Wildheiten, ohne die Zügellosigkeiten seines Naturells ist Albert Niemann weder in seiner Heldenhaftigkeit auf der Bühne noch auch in seiner erschütternden Wahrhaftigkeit in der Darstellung tiefsten seelischen Leids zu denken.

Albert Niemann hat niemals zu jenen Gesangskünstlern gehört, denen die höchste Entwickelung ihrer Stimmittel Selbstzweck ist, vielmehr kam es ihm einzig und allein darauf an, sein Gesangsorgan zu einem allezeit gefügigen Ausdrucksmittel seelischer Zustände zu machen. Und hierin hat er es zu einer so absoluten Meisterschaft gebracht wie kaum ein anderer unter seinen Kunstgenossen. Sein männlich-kraftvoller Tenor, der einen leicht baritonalen Anhauch verspüren ließ, war den süß schmeichelnden Verführungskünsten des *bel canto* nicht zugänglich, dafür besaß er aber jene unvergleichlich höhere Eigenschaft, sich allen seelischen Erregungen auf das vollkommenste anzuschmiegen, wie sie die jedesmalige Situation unbedingt erforderte, wenn anders ihr dramatischer Gehalt durch den Gesang, durch den Ton voll ausgeschöpft werden sollte. Seinen Gesangston derartig zu färben, daß er den Erfordernissen der Szene völlig angemessen war, in dieser höchsten Kunst des seelischen Gesanges, sozusagen, war Albert Niemann ein unerreichter Meister. Auf dieser seiner künstlerischen Intelligenz, verbunden und getragen von einer ungemein seltenen natürlichen, genialen Veranlagung, beruhten die hinreißenden Wirkungen, die er in Partien wie Tannhäuser, Lohengrin. Florestan, Prophet, Joseph, Tristan hervorbrachte. Das Timbre seines von Hause aus etwas schwer zu behandelnden Organs war ein ganz anderes in der Venusszene als in der ersten Wiederbegegnung mit Elisabeth und ein anderes während des Sängerkampfes, wie in der erschütternden Erzählung seiner Pilgerfahrt nach Rom. Überhaupt gehörte die Veranschaulichung gerade dieses Rezitativs sowie die große Schlußszene in „Lohengrin". ferner die Auftrittsszene des Florestan im „Fidelio" mit ihren unvergeßlich erschütternden Akzenten, endlich die tief ergreifende Szene zwischen Siegmund und der todkündenden Brünhilde, das todesschmerzliche Ringen Tristans und die gewaltige packende Kirchenszene im „Propheten" nicht bloß zu den Spitzen Niemannscher Darstellungskunst, sondern zu den hervorragendsten Leistungen in der szenischen Darstellung überhaupt. Es dürfte kaum auszumachen sein, ob in solchen Momenten höchster künstlerischer Leidenschaftlichkeit der Sänger Niemann über den Schauspieler obsiegte oder umgekehrt.

Man hat allgemein unseren Sangesrecken einen Wagner-Darsteller schlechthin genannt, und unbestritten bleibt ihm der Ruhm, eine ganze Anzahl Wagnerscher Gestalten, so namentlich den Rienzi, den Tannhäuser, den Gralsritter, ferner Siegmund und Tristan in einer kaum je wieder gesehenen, geschweige denn übertroffenen Größe verkörpert zu haben; indessen nicht minder eindringlich, nicht minder hinreißend erschien Albert Niemann als Darsteller Meyerbeerscher Charaktere. Sein Robert, sein Johann von Leyden, sein Vasco, sogar der Raoul waren jeder in seiner Weise eine vollendete Leistung, und wenn er mit kongenialen Künstlern sich in die Lösung der ihm gestellten Aufgaben teilen konnte, wenn er also beispielsweise einer Pauline Lucca als Selica in der „Afrikanerin", als Valentine in den „Hugenotten", einer Marianne Brandt als

Fides im „Propheten“ gegenüberstand, dann wuchs seine künstlerische Kraft geradezu ins Riesenhafte. An der Feuerseele seiner Mitspielenden entzündete sich die in ihm selber lodernde Flamme zu einer Pracht, die Schauder erweckte. Dann erst konnte man so recht die wahre Künstlergewalt spüren, die in Albert Niemann wirkte. Er hatte sowohl für das innere Pathos Wagners wie für den mehr nach außen hin sich geltend machenden Effekt eines Meyerbeer stets die Klangfarben-Mischungen auf seiner Palette. Es ist wahrhaft staunenswert, welch ein weites Gebiet er auf der Höhe seiner künstlerischen Wirksamkeit umspannte! Er löste die hellste Begeisterung seiner Zuhörer in Partien wie Masaniello in der „Stummen von Portici“, wie Eleazar in der „Jüdin“ von Halevy aus, wie er nicht minder die Bewunderung aller Freunde ernster Musik in Rollen wie Joseph in dem gleichnamigen Meisterwerke Méhuls oder Achill in der Aulidischen „Iphigenie“ von Gluck hervorrief. Unvergleichlich, wie er die keusche Hoheit dieser Gestalten veranschaulichte, wie er insbesondere den Dialog im „Joseph“ zu behandeln verstand. Und nun vergegenwärtige man sich, daß derselbe Künstler, der an einem Abende eine der genannten Gestalten oder den Fernando Cortez in Spontinis gleichnamiger Oper, den Manrico im „Troubadour“, den Rhadames in der „Aida“ verwirklichte, in des Wortes verwegenster Bedeutung verwirklichte, daß, sagen wir, derselbe Künstler als Fra Diavolo durch seine beispiellose Bravour in der Haltung, im Gesänge und in der Darstellung die Zuhörerschaft zu Ausbrüchen eines wahrhaft frenetischen Beifallssturmes mit sich fortriß! Albert Niemann, der Riese bei aller seiner ritterlichen Galanterie, und die entzückende kleine Schelmin Pauline Lucca – das gab ein Gegen- und zugleich ein Zusammenspiel von einer später nie wieder erlebten Genialität. Der alte Kaiser Wilhelm sah dann mit leuchtenden Augen den Vorgängen auf der Bühne von seiner linken Proszeniumsloge mit zu und klatschte mit dem Parkett um die Wette dem Künstlerpaar seinen Beifall zu. Auch diese Erinnerung gehört mit zur Vervollständigung jenes Bildes.

Und noch immer ist der Kreis seiner Bühnengestalten mit den genannten Partien nicht geschlossen. Da wäre noch seines Junker Walter von Stolzing, seines Max im „Freischütz“, seines Faust, seines Rinald in Glucks „Armida“, seines Ritter im „Templer“ zu gedenken. Manche unter diesen Rollen entsprach seinem aufs

Heroisch-Pathetische gestellten Naturell weniger, dennoch setzte er stets seine beste Kraft an die Lösung seiner künstlerischen Aufgabe. Denn er war bei all seinem impulsiven Wesen ein ungemein gewissenhafter Künstler, der es mit seiner Pflicht gar ernst nahm. Gleichviel ob er mit Desirée Artôt in Rossinis Dudeloper „Othello", mit Pauline Lucca in Gounods verzuckerter „Margarethe" oder mit Mathilde Mallinger im „Lohengrin", in den „Meistersingern" auftreten mochte, stets war er bei der Sache und mit ganzem Herzen bei der Sache. Gleichgültigkeit einem Kunstwerke gegenüber gab es für Albert Niemann in keinem Falle.

Was man so gemeinhin einen Oratorien- oder einen Liedersänger nennt, ist er eigentlich niemals gewesen; gleichwohl bleiben die Eindrücke unvergeßlich, die er mit dem Vortrage mancher Schubertscher Kompositionen wie „Erlkönig", den beiden Ständchen „Leise flehen", „Horch, horch, die Lerch' im Ätherblau" oder mit Schumanns „Ich grolle nicht" jedesmal hervorrief, und wenn er in Händels „Judas Makkabäus" sein „Blast die Trompete" hinausschmetterte, dann ging ein Zittern von Begeisterung durch die Zuhörerreihen in der Singakademie, das mehr bedeutete als der lauteste Jubel im Opernhause. Da war alles von echtestem dramatischen Blute durchzogen, ohne daß der Sänger eine dramatisch sein sollende Geste oder Pose in den Oratorienstil hinübergenommen hätte! Wie er das zustande brachte, das war eben sein Geheimnis, seine Kunst oder am Ende sein unfehlbarer künstlerischer Instinkt.

Als er jedoch ein Nachlassen seines künstlerischen Vermögens merkte, da verließ er, ein Achtundfünfzigjähriger, heimlich, beinahe verstohlen, den Schauplatz seiner zahllosen Triumphe. Kein Vermerk auf dem Theaterzettel kündete den Berlinern das letzte Auftreten seines vergötterten Heldentenors an. Kaum daß einige seiner vertrautesten Freunde darum wußten. Dieser Zug ist echt Niemannisch! Künstlerstolz und eine gewisse Gleichgültigkeit gegenüber einer rauschenden Öffentlichkeit.

Aber diese Skizze bliebe doch gar zu lückenhaft, wollte sie nicht wenigstens mit einigen Worten jenes Albert Niemann gedenken, der nach redlich getaner Künstlerpflicht mit befreundeten Genossen, mit Schriftstellern und Literaten, mit Männern der Wissenschaft, mit angesehenen Mitgliedern aus den verschiedenartigsten Berufen sich beim schäumenden Glase Bier oder bei perlendem Champagner zusammenfand und so manche, manche Stunde in lebhaftesten, angeregtesten Gesprächen verbrachte. Er war auch da so hinreißend wie auf der Bühne. Sein ungemein lebendiger Geist war förmlich heißhungrig nach Wissen. Mit gespanntester Aufmerksamkeit verstand er es, zuzuhören, um dann freilich mit seinen Einwänden nicht zu sparen. Das gab Schlag und Funken. Denn er nahm kräftigen Anteil an allen Tagesereignissen, an denen jene Zeit ja ungewöhnlich reich war. Er unterrichtete sich aus vielen Büchern, und dann ging es bei nächster Gelegenheit an ein weiteres Disputieren, bis zuweilen die rosenfingrige Morgenröte sich anzeigte und zum endlichen Aufbruch mahnte.

Das ist nun alles verklungen und versunken. Zerstoben, ach, das freundliche Gedränge. Aber die Erinnerung an jene unvergleichlichen Kunstgenüsse, die uns durch das Genie Albert Niemanns dargeboten wurden, an jene an Anregungen aller Art unerschöpflichen nächtlichen Gespräche haftet mit unverminderter Kraft in den Gemütern derer, denen das Glück beschieden war, die unwiderstehliche Gewalt dieser Persönlichkeit mitzuerleben.

Der ungewöhnlichen Fülle künstlerischer Begabungen entsprach denn auch die staunenswerte Reichhaltigkeit der dargestellten Werke. Von den Meisterschöpfungen unserer deutschen Unsterblichen fehlte kaum eines. Mozart war mit nicht weniger als sieben Opern vertreten, darunter „Idomeneo" – von dem einstmals Hans v. Bülow in seiner Lebhaftigkeit ausgerufen: „Doch schön" – und „Titus". der seit langer Zeit als Festoper bei Familienfeierlichkeiten im Herrscherhause gegeben wurde. Weber stand ebenso wie Meyerbeer mit all seinen Schöpfungen auf dem Spielplan, Gluck trat mit dem „Orpheus", den beiden „Iphigenien", der „Armida" in die Schranken, Marschner mit dem „Templer", „Heiling" und „Vampyr", Spohr mit der „Jessonda", Lortzing mit „Zar und Zimmermann", „Undine", „Wildschütz", „Waffenschmied", Nicolai mit den „Lustigen Weibern", Flotow mit „Martha", „Stradella", Richard Wagner, zunächst mit Widerstreben, dann aber mit allen seinen Werken auf den Spielplan. Dazu rechne man noch Bühnenwerke Schuberts und Schumanns, die gelegentlich auch einmal hervorgeholt wurden, und die lange Reihe der Opern französischer und italienischer Meister, sowohl die sogenannten heroisch-romantischen Opern wie die komischen eines Spontini, Auber, Halevy, Donizetti, Bellini, Boieldieu, Cherubini, Rossini, Verdi, und man wird annähernd eine Vorstellung von der Mannigfaltigkeit des Opernspielplanes jener Zeit sich machen können. Niemand wird bestreiten dürfen, daß die neue deutsch-romantische Musik sehr viele jener Werke für immer weggespült hat. Allein einzelne französische Spielopern, manche komische der italienischen Meister, wie „Fra Diavolo“, „Der schwarze Domino“. „Maurer und Schlosser“, „Die Regimentstochter“, „Die weiße Dame“, vor allem Cherubinis „Wasserträger“, sollten die nicht eines Wiederbelebungsversuches für wertvoll befunden werden? Mit einer lästigen Erbschaft hatte indessen Hülsen zu rechnen. Die Kapellmeister waren alt und älter geworden, und unter diesem Übelstande litten trotz der glänzenden Sängerschar die Aufführungen zuweilen erheblich. Heinrich Dorn hatte die ursprüngliche rhythmische Wehrhaftigkeit verloren; Taubert, der sinnige Sänger der Kinderlieder, der feinfühlige Meister am Klavier hatte sie wohl überhaupt nie besessen, und Radecke war, obgleich jung an Jahren, dennoch kein rechter Führer des Orchesters. Aber alle drei erfreuten sich in der Berliner Gesellschaft einer großen Beliebtheit und genossen auch bei Hofe eines rechten Ansehens. Es hat Hülsen nicht geringe Mühe gekostet, in diesem Punkte Wandel zu schaffen. Endlich wurde in Eckert ein ausgezeichneter Ersatz geschaffen. Unter seiner tatkräftigen Leitung wurden die „Meistersinger“ mit Niemann als Walther, Mathilde Mallinger als Eva, Marianne Brandt als Magdalena, Franz Betz als Hans Sachs, Theodor Flicke als Pogner, Schlößer als David, Basse als Beckmesser in prachtvoller Ausstattung ausgeführt. Die Erregung in der Berliner Gesellschaft war eine ungeheure. An der Spitze der Wagner-Gemeinde stand die Gemahlin des Hausministers Schleinitz, in deren Räumen sich die Spitzen der Hofgesellschaft, der Kunst, der Gelehrtenwelt, der Literatur bewegten. Adolf Menzel hat auf einem berühmten Bilde solch eine Gesellschaftsszene bei Frau Marie v. Schleinitz verewigt. Sie hatte ihren ganzen Einfluß aufgeboten, um den Aufführungsabend zu einem gesellschaftlichen Ereignis ersten Ranges zu gestalten. Aber auch die Gegner waren nicht müßig gewesen und hatten alle Mann an Bord berufen. Als nun der mit der höchsten Spannung erwartete Abend herankam, waren die beiden feindlichen Lager zum Losschlagen bereit. Während der Prügelszene am Schluß des zweiten Altes brach denn auch wirklich das Unwetter los. Ein Gejohle, Gezische, ein Gepfeife auf Hausschlüsseln, ein Gestampfe mit den Füßen übertönte die Orchestermasse von 108 Spielleuten. Eckert vor dem Dirigentenpult hielt dem unerhörten Gebaren im Hause mit unerschütterlichem Mute stand. Einen Skandal wie diesen in Gegenwart des Herrschers, seiner Gemahlin, des ganzen Herrscherhauses, des Hofstaates hatte Berlin seit jenem in der deutschen Theatergeschichte berühmt gewordenen Entrüstungssturm, der Gasparo Spontini seinen Opernherrschaftsstab kostete, nicht wieder erlebt. Noch in der Erinnerung zittert die damalige Erregung der Gemüter nach. Wer vermag das heutigen Tages zu fassen? Die damalige Gegnerschaft setzte sich im übrigen aus den verschiedenst gearteten Bestandteilen zusammen, die genauer zu kennzeichnen um so überflüssiger ist, als ja der Streit um das Meisterwerk selbst längst ein gegenstandsloser geworden. Die Zeiten haben sich gewandelt, und wir mit ihnen! –

Neben der Oper stand aber auch das Berliner Ballett auf der Höhe seines Rufes; es war als dem Petersburger und dem Pariser für völlig ebenbürtig anerkannt. Hinsichtlich der rhythmischen Schulung der Tänzer und Tänzerinnen galt es sogar den genannten beiden unter den Kennern dieser Kunst für überlegen. Das Ballett war zu jener Zeit in weiten Berliner Kreisen eine sehr gern gesehene künstlerische Darbietung. Hervorragende Tänzerinnen, wie Marie Taglioni, kraftvolle Tänzer, wie Charles Müller, Burwig, gehörten zu den stadtbekannten Persönlichkeiten. Der Ballettleiter Taglioni erfreute sich sogar eines europäischen Rufes. Seine großen Ballette „Sardanapal“, „Ellinor“, „Fantasea“, „Satarella“ gingen über die meisten großen europäischen Opernbühnen. Am volkstümlichsten war indessen hier in Berlin das komische Ballett „Flick und Flock“, das sich jahrzehntelang in ungeminderter Anziehungskraft behauptete. Mit Taglioni Hand in Hand arbeitete Härtel, der Ballettmusikleiter und zugleich fruchtbarer Ballettmusikverfertiger. Taglioni war sozusagen der Ballett-Meyerbeer Berlins und Härtel der musitalische Scribe. Außer diesen großen, einen Bühnenabend füllenden choreographischen Schöpfungen stand noch eine ganze Reihe kleinerer, sehr anmutiger, sogar sehr poetischer Balletts auf dem Spielplan. Hier sei vor allem der „Willys“, einer indischen Legende entnommen, gedacht. In diesem Tanzpoem ragte Adele Grantzow, eine ebenso ausgezeichnete mimische Künstlerin wie technisch vollendete Tänzerin, hervor. Sie war außerdem eine durch ihre natürliche Anmut, ihr bescheidenes Auftreten in der besten Berliner Gesellschaft sehr wohlgelittene Künstlerin. Durch eine Unvorsichtigkeit hatte sie sich eine Blutvergiftung zugezogen, an der sie in der Blüte ihres Lebens zugrunde ging. Als Dritte im Bunde sei dann noch Nadejida Bogdanoff genannt, deren virtuose Tanztechnik die Ballettbesucher aus Neigung in die verzücktesten Stimmungen versetzen konnte. Diese kürzeren Balletts, wie „Thea", „Das schlecht bewachte Mädchen", „Der Geburtstag", „Das schöne Mädchen von Gent", wurden meist als Zugaben nach manchen Opern, wie „Martha", „Der Barbier von Sevilla", „Das Konzert bei Hofe", aufgeführt. Aber eine Sünde gegen den heiligen Geist der Kunst war es, auf Beethovens „Fidelio" ein Ballett folgen zu lassen. Es hat starker Angriffe in der Tagespresse bedurft, ehe dieser Unfug beseitigt wurde. Seit dem Tode des alten Kaisers, der die Vorliebe für das Ballett von seinem Vater geerbt hatte, wurde diese Kunst an unserer Bühne mehr und mehr vernachlässigt, bis sie zuletzt ganz verfiel. Der Nachfolger Wilhelms I. hatte für das Ballett keinen Sinn, und seine Gemahlin verabscheute diese Kunstform als unsittlich. So wurden denn die holden Geschöpfe Terpsichorens schließlich so gut wie von der hiesigen Opernbühne völlig verbannt. Hat sich etwa mit den abgeschafften kurzen Tüllgewändern der Berliner Balletttänzerinnen auch die Berliner Sittlichkeit gehoben? Nein. Nur die Sittlichkeitsheuchelei ist in den Halm geschossen. –

Während der Sommermonate wanderte das opernhungrige Berlin hinaus zu Kroll . Der Besitzer des „Etablissements", wie es amtlich benannt wurde, der durch seine derbe Schlagfertigkeit, nicht minder durch seine wahrhaft souveräne Unbekümmertheit um die deutschen Sprachregeln stadtbekannte Engel, setzte seinen Stolz daran, eine Künstlergesellschaft zusammenzubringen, die sich mit allen Ehren hören lassen durfte. Von den großen deutschen und österreichischen Stadttheatern her wußte sich der erfahrene Leiter der Krollschen Sommeroper die besten, durch die Ferien frei gewordenen Kräfte heranzuziehen. Außerdem hielt er darauf, die größten Sterne von seinem Bühnenhimmel herab auf die Berliner leuchten zu lassen. Hier auf dieser Vogelhausbühne hat Engel eine Adelina Patti, eine Desirée Artôt auftreten lassen; hier hat Etelka Gerster ihre ersten Bühnensiege als Amina in der „Nachtwandlerin" feiern können; hier ließ Theodor Wachtel als Bijou sein

Postillonslied hinausschmettern und seine Peitsche zum Jubel der verständnisinnigen Zuhörerschaft knallend durch die Luft sausen. hier wetteiferten miteinander Künstler wie Nachbaur, Reichmann, Boetel, Gura. Ja, wer von den hervorragenden Sängern und Sängerinnen jener Zeit hat nicht die Kroll-Bühne unter der Leitung Engels betreten! Der Eintrittspreis von acht guten Groschen, gleich einer Mark für das Militärkonzert im Garten berechtigte zugleich zum Besuche der Oper an den Seitenstehplätzen des Parketts. Da fand sich denn in drangvoller Enge eingekeilt eine sehr unterrichtete, musikalisch gut geschulte Zuhörerschaft zusammen, die mit ihrem Urteile nicht zurückhielt. Es gab dann zuweilen nach der Vorstellung die drolligsten Unterhaltungen zwischen den Scharfrichtern im Parterre und Engel, der dann seinerseits mit dem Urteil über die Urteilenden auch nicht sparte. Diese Nachkritiken an dem Tische des Herrn Direktors und Kommissionsrates lösten mitunter wahre Lachsalven aus, und einzelne derbe Gegenbemerkungen Engels machten sehr bald die Runde durch alle Künstlerstammtische Berlins und darüber hinaus, wo deutsche Künstlervölkchen ihr Wesen trieben. Solche Stehplätze zu beiden Seiten des Parketts waren auch im Opernhause und im Schauspielhause hinter dem Parkett vorgesehen. Sie waren des wohlfeilen Preises von zehn, später fünfzehn Silbergroschen wegen vorzugsweise von Studenten und Künstlern besucht. Namentlich war das rechtsseitige Opernhausparterre wegen seiner unumwundenen Urteilsäußerungen eine Zeitlang gefürchtet und daher in den Kreisen der Generalintendantur nicht gerade sehr beliebt. Bei dem ersten Umbau des Opernhauses fiel denn auch das unbequem gewordene Stehparterre für immer weg. Nur bei Kroll hat es sich behauptet. Der Kroll-Engel vereinigte viele Eigenschaften und mannigfache Verwaltungstätigkeiten in seiner Person. Er war nicht nur der alleinige Besitzer des lange Zeit einzigen großstädtisch angelegten und musterhaft gehaltenen Sommergartens in Berlin, er war der eigentliche Leiter seiner Sommeroper, er überwachte die Proben, er führte im Gartenkonzert vor der Theatervorstellung sein Orchester, wobei er zugleich als Vorgeiger, namentlich in Straußschen und Lannerschen Walzern, kräftig mit zugriff. Und damit war seine Vielseitigkeit noch lange nicht erschöpft. Er war zugleich ein guter Verwalter in Küche und Keller. Er hielt auch in dieser Hinsicht auf den guten Ruf seines

Hauses, und man war in jeder Beziehung gut bei ihm aufgehoben. Besonders fürsorglich wurden die Orchestermitglieder, der Chor, die Statisten, die gesamte Theaterarbeiterschaft behandelt. Für diese Menschenklasse am Theater hatte nämlich die Gattin Engels, die Tochter des früheren Besitzers, ein wahrhaft mütterliches Herz, während sie der Künstlerschaft gegenüber eine tiefe Abneigung hegte. Dieser Widerwille der im übrigen vortrefflichen Frau ist so stark gewesen, daß sie niemals eine Vorstellung in ihrem Hause besuchte. Nur eine einzige Ausnahme hat sie in ihrem ganzen Leben gemacht, als Adelina Patti zum erstenmal die Kroll-Bühne betrat. Wollte man einen Einblick in das Seelenleben dieser ganz in sich gekehrten, menschenscheuen Frau gewinnen, dann mußte man einer Weihnachtsbescherung für das Theaterpersonal im sogenannten Rittersaale beigewohnt haben. Ein unvergeßlicher Anblick! Wohl an die hundert Geladene und darüber. Die langen Tafeln bogen sich tatsächlich unter der Gabenlast. Und mit welch einer sorgenden Liebe wurde jedem einzelnen, seinen Angehörigen gespendet. Jeder und jede erhielt, was in dem betreffenden Falle erwünscht war, außer den allgemein üblichen Weihnachtsgaben. Frau Engel hatte all das vorher erkundet und das Erforderliche herbeigeschafft. Solch ein Weihnachtsabend bei Engel war ein rechtes Familienfest, an dessen heiteren Verlauf man nur mit einer ungetrübten, innigen Freude zurückdenken kann. Nach aufgehobener Tafel versammelte sich ein Haustein Vertrauter um den alten Zyniker, der sich in launiger Selbstbespöttelung über die ihm zugemutete Patriarchenrolle erging und dann zwerchfellerschütternde Schnurren aus seinem vielbewegten Theaterleben zum besten gab. Daß auch Adolf L'Arronge eine Zeitlang bei Engel als Kapellmeister tätig war und in dieser Eigenschaft auch mit sehr wirksamen musikalischen Couplets aushalf, sei nur im Vorübergehen erwähnt.

Eines durch die begleitenden Nebenumstände bemerkenswerten Vorkommnisses aus seiner Theaterleitung sei hier noch gedacht. Engel hatte einstmals einen stimmgewaltigen Tenoristen irgendwoher aufgetrieben, der ihm für den Johann von Leyden Im „Prophet" ganz wie geschaffen schien. Er entschloß sich also, diese Oper trotz der auf seiner Vogelkäfigbühne undurchführbaren Inszenierung herauszubringen. Vorher wollte er indessen, um bei der Generalintendantur der Königlichen Oper kein Mißfallen zu erregen,

Herrn v. Hülsen um die Erlaubnis der Aufführung ersuchen. Als Engel sich dann an ihn wandte, machte er Schwierigkeiten. er verweigerte schließlich die erbetene Erlaubnis. Engel erwiderte, wenn das das letzte Wort sei, dann werde er den „Prophet" eben ohne die Erlaubnis der Generalintendanz aufführen. „Das kann doch unmöglich Ihr Ernst sein, Sie scherzen wohl, lieber Engel?" Hierauf erfolgte eine Antwort, die fast gleichlautend war mit der des preußischen Gesandten in Petersburg, Herrn v. Bismarck, an einen Berliner Kürschnermeister. „In Geschäften scherze ich nicht." Herr v. Hülsen brauste auf: „Herr Kommissionsrat! Ich verbiete Ihnen hiermit die Aufführung." „Und ich werde trotzdem den „Prophet" geben." „Das wollen wir denn doch einmal abwarten. Ich werde einen Gerichtsbefehl sofort durch meinen Justitiar erwirken lassen." „Und ich werde den Nachweis erbringen, daß Sie, Herr v. Hülsen, gar kein Recht haben, eine Meyerbeersche Oper aufführen zu lassen. Zeigen Sie mir die Kontrakte der Königlichen Intendanz mit dem seligen Meyerbeer. Hat die Intendanz bei Lebzeiten Meyerbeers jemals einen Pfennig Tantieme für seine Opern abgeführt?" Hülsen glaubte, einen Geistesabwesenden vor sich zu haben. „Loss'n's nur in den Akten nachsuchen." Der alte Fuchs hatte das alles genau gewußt, denn er hatte es aus Meyerbeers eigenem Munde gehört. Alles Nachforschen im Archiv war vergebens. Nach der ersten „Propheten"-Aufführung, so las man's im Vermerk des Opernarchivs, ließ König Friedrich Wilhelm IV. dem Komponisten eine kostbare Brillantnadel überreichen. Das war alles. Herr v. Hülsen war über die Maßen erstaunt. Aber die Tatsache war nicht aus der Welt zu schaffen. Meyerbeer, bekanntlich ein geborener Berliner, betrachtete es als eine Ehrensache, seine Werke hier aufgeführt zu sehen. Erst seine Testamentsvollstrecker haben auf der Tantiemezahlung im Interesse der Erben bestanden. Auch auf sein Gehalt als Generalmusikdirektor, in Höhe von 6.000 Talern hat Meyerbeer zugunsten der Opernkapelle verzichtet. Nun stand natürlich der „Propheten"-Aufführung bei Kroll kein Hindernis mehr im Wege. Die Bekannten Engels waren am meisten darauf gespannt, wie er sich mit den szenischen Schwierigkeiten, namentlich mit dem Krönungszug im vierten Akt abfinden würde. Sie saßen alle auf Engels Veranlassung in der ersten Reihe. Der sehnlichst erwartete Moment naht heran. Die ersten Trompetenstöße des Krönungsmarsches schmettern heraus. Die Gardine bleibt unbeweglich. Bis der letzte Trommelwirbel des effektvollen Stückes verhallt ist, rückt und rührt sich die gespannte Leinwand nicht von der Stelle; als sie sich erhoben, sieht man die letzten Nachzügler des Krönungszuges hinter der Kulisse schnell verschwinden. Schallendes allgemeines Gelächter, in das der nie um ein witziges Auskunftsmittel verlegene Engel herzlich mit einstimmte. – Nach dem Tode Engels verfiel das „Etablissement“ sehr bald. Der Sohn und Nachfolger in der Verwaltung war seiner Aufgabe bei weitem nicht gewachsen, und so wurde Berlin um eine Stätte des edleren Vergnügens armer, die sich eine geraume Zeit hindurch eines besten Rufes in Deutschland und weit über dessen Grenzen hinaus erworben hatte. Es sind auch Wohl kaum irgendwie begründete Aussichten auf eine Wiedererweckung der entschwundenen Pracht vorhanden. Versungen und vertan! kann man nur mit wechmütigem Bedauern ausrufen.

Das Schauspielhaus

Solange Hülsen, der Vater, seines Amtes waltete, blieb der herrliche Schinkel-Bau unangetastet. Nur die vier Schauseiten des freistehenden Gebäudes wurden in Sandstein hergestellt. Das hatte der Meister schon gewollt. Er mußte sich indessen bescheiden, weil das Preußen der Schinkel-Zeit sich einen derartigen Luxus nicht erlauben durfte. Erst nach den ruhmreichen Feldzügen unter Wilhelm I. konnte daran gedacht werden. Im Innern des Schauspielhauses, insbesondere im Zuschauerraum, wurde nichts verändert. Schinkel hatte ihn als Zelt aufgefaßt, das gegen den blauen Himmel durch ein Velarium abgeschlossen schien. Das Velarium selbst war mit Genien in lichten Farben geschmückt. Der berühmte Maler Wach hatte diese musischen Gestalten geschaffen. Am Deckenrande waren die Bildnisse berühmter Berliner Darsteller eingelassen. Die beiden Logenränge wurden durch einfache, schlanke, mattvergoldete Eisensäulen getragen. Die linke Proszeniumsloge im ersten Range war wie in der Oper für die königliche Familie bestimmt, in der

Ausstattung glich sie den übrigen. Die große Hofloge lag der Bühne gegenüber. Außerdem war eine linke Proszeniumsloge, unmittelbar neben den ersten Sperrsitzreihen, noch für einen Prinzen verfügbar. Meistenteils wurde sie von dem Prinzen Karl, dem Vater des berühmten Feldherrn Friedrich Karl, des Siegers von Königgrätz und von Gravelotte, benutzt. Gegen den Zuschauerraum war die Bühne durch einen breiten, in einfach-edlem, antikisierendem Geschmack gehaltenen Rahmen würdig abgeschlossen. In die Mitte einer jeden der beiden senkrechten Rahmenseiten war je ein Idealkopf eingelassen, während der obere Abschlußteil durch einen herrlichen Bacchusfries, eine Schöpfung Kloebers, geschmückt war. Wohin mögen wohl die schönen Dekorationsbilder aus der Zeit Schinkels nach dem das Innere des Schauspielhauses verunstaltenden Umbau geraten sein? Zum Glück sind die herrlichen Nebenräume, vor allem der heiter-prächtige große Saal, in der ursprünglichen Gestaltung erhalten geblieben. Auch diese Nebenräume sollten lediglich bei höfischen Festlichkeiten in Gebrauch genommen werden. Indessen verzichtete für gewöhnlich der Hof auf deren Benutzung; sie wurden den Zuschauern der Sperrsitze und der beiden Ränge für die Zwischenakte freigegeben. In den Monaten zwischen Januar und April spielte bis zum Jahre 1870 eine französische Schauspielergesellschaft im großen Konzertsaale unter der Leitung eines vortrefflichen Künstlers namens Luguet. Die Königin Augusta gehörte zu den regelmäßigen Besucherinnen dieser Vorstellungen, in der sich die gesamte vornehme Welt Berlins ein Stelldichein gab.

Nun aber zu unserem Schauspielhaus und zu seinem künstlerischen Betrieb, so etwa um die Zeit der sechziger und siebziger Jahre. Zunächst ein Wort über den damaligen Spielplan. An erster Stelle erscheint Shakespeare mit ungefähr 17 Stücken, unter denen die „Komödie der Irrungen" wegen des staunenerregenden Zufammenspiels der beiden Gromios besonders hervorgehoben werden muß. In diesen beiden Rollen suchten nämlich die beiden bitterverfeindeten Künstler Theodor Döring und Ludwig Dessoir einander zu überbieten. Das vom Dichter gewollte Verwechselungsspiel gelang vollkommen. Die beiden Gestalten waren wirklich kaum voneinander zu unterscheiden. Döring hatte es darauf abgesehen, die Eigenheiten seines großen Nebenbuhlers in Sprache, Gebärde, Gang auf das täuschendste nachzuahmen, so daß die Zuhörer in die heiterste Laune versetzt wurden. Man spielte beinahe die Komödie mit, so stark war die Mitanteilnahme an den drolligen Bühnenvorgängen. Döring leuchtete förmlich die Schadenfreude über die gelungene Kopie des ihm „höchst unangenehmen Menschen“ aus den schelmisch funkelnden Augen. Der Bühnenspaß belustigte ihn in seinem Gemüt um so mehr, als er ja die große künstlerische Bedeutung seines Gegenspielers, wenn auch höchst widerwillig, anerkennen mußte. Es gab sogar Zeiten, da Döring seinen späteren Berliner Rivalen höchlichst bewunderte, als Dessoir nämlich noch Rollen wie den Posa spielte. Das änderte sich dann plötzlich, als Dessoir auch in Dörings Gemarkungen wilderte: da wurde er mit einem Male „ein höchst widerwärtiger Mensch“, ja sogar „der ungewaschene Mime“ wurde ihm gelegentlich von dem auf sein Rollenfach rasend eifersüchtigen Döring entgegengehalten. Und Dörings Rollengebiet war kein geringes und kein scharf abgegrenztes! Es fehlte also zwischen den Schildhaltern des künstlerischen Schauspielhauswappens nicht an Reibungsgelegenheiten. Doch davon vielleicht noch später.

Dicht hinter Shakespeare trat unser Schiller mit seiner ganzen dramatischen Schöpfung! Außer „Tell“ und „Jungfrau“, die aus technischen Gründen im Opernhause aufgeführt wurden, gehörten alle übrigen Dramen zum regelmäßigen Spielbestande des Schauspielhauses. In geringen Abständen folgten Goethe mit „Götz“, „Egmont“, „Tasso“. „Iphigenie“, „Faust“, gelegentlich auch mit „Clavigo“, und Lessing mit „Nathan“, „Minna von Barnhelm“ und „Emilia Galotti“. Kleist mit der „Hermannsschlacht“, dem „Prinzen von Homburg“, dem „Zerbrochenen Krug“, Grillparzer mit „Traum ein Leben“, „Hero und Leander“, „Medea“, Michael Beer mit „Struensee“ und der herrlichen, von Meyerbeer stammenden Musik. Vertreten waren dann noch Iffland mit den „Jägern“, Friedrich Hebbel mit „Maria Magdalena“; es folgte Molière mit dem „Geizigen“, dem „Tartüff“, dem „Eingebildeten Kranken“, Calderon mit „Leben ein Traum“, Moreto „Donna Diana“, Paul Heyse mit „Kolberg“, „Hans Lange“, Gutzkow mit dem „Uriel“, „Zopf und Schwert“, „Königsleutnant“, Laubes „Karlsschüler“, „Graf Essex“ und das ganze Heer Benoix‘, Bauernfelds Töpfferscher, Girndtscher Lustspiele; Scribe nicht zu vergessen. Kurz – eine Mannigfaltigkeit, an die man nur mit Wehmut im Vergleich zu der späteren Beschränktheit zurückdenkt. Es ist nicht zu bestreiten, an Gustav Freytag hatte sich die vorhülsensche

Schauspielhausverwaltung schwer versündigt. Aber Hülsen hat nach Kräften die Sünden der Vergangenheit reichlich wieder gutgemacht. Und noch eines Umstandes muß hier erwähnt werden. Der modernen französischen Sittenkomödie der Dumas, Augier und ihrer Schule versagte sich unser Schauspielhaus im Gegensatz zum Wiener Burgtheater vollständig.

Zwei Künstler gaben dem damaligen Schauspielhause eigentlich das Gepräge. Sie ragten so sehr über die gesamte sonstige Genossenschaft hinaus, daß die übrigen ohne Ausnahme erst in weiten Abständen neben ihnen in Betracht kommen konnten. War überhaupt vom Berliner Schauspielhaus die Rede, so wurden eben nur die Namen dieser beiden Künstler genannt. Theodor Döring und Ludwig Dessoir. Jeder von ihnen einzig in seiner Art. Die Erinnerung an ihre Bühnengestalten ist in unverwelklicher Erinnerung in den Seelen aller derer haften geblieben, die sich an ihnen erfreuen, an ihnen ergötzen, durch sie ergreifen und erschüttern lassen konnten. War Theodor Döring der mit natürlichen Gaben reichlicher ausgestattete Darsteller, so erschien Ludwig Dessoir als der durch seinen Kunstverstand Überlegene. Unvergleichlich war er namentlich in seinen Shakespeare-Rollen. Man darf ihn wirklich als den Shakespeare-Darsteller seiner Zeit ansprechen. Weder der Amerikaner Booth, noch Bogumil Dawison konnten sich ihm hinsichtlich der einfachen Großheit in der Auffassung, der folgerechten Durchführung der vom Dichter vorgezeichneten Charakteristik der Gestalten messen. Es würde schwer, ja vielleicht unmöglich sein zu entscheiden, welcher unter Dessoirs Shakespeare-Rollen der Preis zuzuerkennen wäre, ob dem Othello, dem dritten Richard, dem Hamlet, dem Lear oder dem Narren in diesem Stücke, den er gelegentlich auch spielte, ob dem Macduff, dem fünften Heinrich oder dem Brutus. Man stand jedesmal wie gebannt vor dieser Darstellungsgewalt. Traf sich‘s nun, daß die genannten beiden Künstler, wie im Othello, zusammenwirkten, daß jeder den andern zu übertreffen suchte, dann war die Wirkung so hinreißend, so erschütternd, daß man in seinem Innersten erzitterte, erschrak, erstarrte. Einen Othello wie den Dessoirs und einen Jago, wie ihn Döring verkörperte, hat es, wenigstens in Berlin, nie wieder gegeben Das waren Höhepunkte der Schauspielkunst, wie solche sich eben nur äußerst selten gleichzeitig an einer Bühne zu zeigen Pflegen. Eine Glanzleistung war sein Mulay Hassan im „Fiesco“, von entzückender Keckheit und witziger Laune sein Perin in Moretos „Donna Diana“. Seine originellste Gestalt war indessen der Derwisch im „Nathan“. Karl Werder, der Freund Dörings und der Bewunderer von dessen Nathan, strahlte vor innerster Freude, sobald Dessoir als Derwisch auf der Bühne erschien. Man spürt etwas wie von dem Hauch der Wüste, pflegte er dann von dem Auftreten des Künstlers zu sagen. Und aus Karl Werders Munde solch ein Lob zu vernehmen, das war nichts Geringes. „So,“ brummte Dessoir vor sich hin, wenn man‘s ihm erzählte. „Hat ihm also gefallen! Hm, hm! Hat doch sonst immer was auszusetzen,“ Seine volkstümlichste Gestalt schuf er sich jedoch in der Titelrolle des Brachvogelschen „Narziß“. Das war ein künstlerisches Ereignis für Berlin, wie ein ähnliches kaum je erlebt worden war. Dessoirs Erfolg war ein ungeheurer. Ein derartiger Naturalismus in der Darstellung, schonungslos naturgetreu bis ins kleinste, in Gebärde, in Haltung, in Kleidung durchgeführt, ohne dabei dennoch den Rahmen des Kunstwahren jemals zu sprengen, war bis dahin am Schauspielhause noch niemals gewagt worden. Brachvogel wurde durch die schauspielerische Genialität Dessoirs ein berühmter Name. So viele Künstler auch immer mit dieser Paraderolle vor die Rampe traten, kein einziger, auch Bogumil Dawison nicht, hat entfernt an die eigenartige Meisterschöpfung herangereicht. Die letzte Prachtleistung Dessoirs war sein Ludwig IX. in „Gringoire“. Ein Nervenleiden nötigte ihn, sich schon 1872 von seiner künstlerischen Tätigkeit zurückzuziehen. Mit ihm schied ein Meister der Schauspielkunst, der wohl Nachfolger in seinem Rollenfache gehabt, allein ein Ersatz war für ihn lange, lange nicht gefunden. Erst mit Mitterwurzers Eintritt in den Verband des Schauspielhauses war wieder einmal ein Darsteller erschienen, der vielfach an Dessoirs Eigenart erinnerte.

Theodor Döring blendete durch die unglaubliche Mannigfaltigkeit der von ihm dargestellten Persönlichkeiten. Er war, sieht man von den eigentlichen Heldengestalten ab, auf allen Gebieten der Schauspielkunst heimisch. Er spielte den Nathan, den Mephisto, den Franz Moor, den Malvolio, den Jago, den Wurm, den Falstaff, den Polonius, den Vansen, den Timotheus Blohm in „Rosenmüller und Finke“, den Shylock, den Piepenbrink in den „Journalisten“, den Buschmann in Benedix‘ „Dienstboten“, den Adam im „Zerbrochenen Krug“, den Selbitz im „Goetz“, Friedrich den Großen in Töpffers „Des

Königs Befehl“, den Diener in „Kabale und Liebe“, Molières Geizigen, den Attinghausen, den Baron in Raymunds „Verschwender“, um nur einige seiner Gestalten herauszugreifen. Seine eigentliche schauspielerische Stärke lag indessen in der Veranschaulichung scharfkomischer Charaktere. Seine Kunst, Masken zu machen, wie es in der Sprechweise der Schauspieler heißt, grenzte an das Unglaubliche. Wer ihn als den Ritter Sir John über die Bühne gehen sah, wer das rote, fettglänzende Antlitz mit den lüsternen, verschmitzten Äuglein, die wulstigen Lippen, kurz, wer die ganze gewichtige Statur betrachtete – ein aus dem Rahmen herausgeschnittener Grützner – und dann an einem Abend seinen Geizigen oder den Vansen zu sehen Gelegenheit fand, dem mußte diese Verwandlungsfähigkeit wie ein wahres Wunder der Natur vorkommen. Nichts war ihm widerlicher als jenes gewisse schönrednerische Pathos, in dem sich manche Mimen der alten Schule und auch noch einige des jüngeren Nachwuchses gefielen. „Rhetoriker!“ nannte er sie, und damit waren sie für ihn erledigt. Er war fast bis kurz vor seinem Hinscheiden im Vollbesitze seiner geistigen und körperlichen Rüstigkeit; nur das Gedächtnis hatte sichtlich gelitten. Indessen war das von jeher bei ihm nicht gerade vorbildlich. In dieser Beziehung kamen auch auf der Höhe seiner künstlerischen Leistungsfähigkeit die erheiterndsten Verlegenheiten vor. Als sich dann Hülsen schließlich doch veranlaßt sah, ihm mit Rücksicht auf sein Alter nahezulegen, auf die eine oder die andere besonders anstrengende Rolle zu verzichten, beispielshalber den Shylock an einen jüngeren Darsteller abzutreten, antwortete er halb ergrimmt, halb lächelnd: „Der alte Gobbo ist auch eine gute Rolle; los werdet ihr mich nicht!“ Dörings Herzenswunsch, in den Sielen zu sterben, ist ihm von einem günstigen Geschick gewährt worden. Er war ein Vollblutkomödiant in des Wortes bester Bedeutung, und die zahllosen Drolligkeiten seines Wesens auch außerhalb der Bühne sind aus diesem Gesichtspunkte zu erklären. Es hat wenige deutsche Schauspieler gegeben, über die und von denen so viele drastische Geschichten im Umlaufe waren und von denen ein gut Teil sich bis auf den heutigen Tag erhalten, als von Theodor Döring. Mit Leichtigkeit ließe sich ein Bündchen Döring-Anekdoten und -Schnurren zusammenstellen, und es ist sehr bedauerlich, daß das nicht schon geschehen. Wer ihn näher gekannt, wer ihn in seinem Hause gesehen, in dem herzlichen, übermütig-burschikosen

Verkehr mit seiner schwäbischen Gemahlin Mathilde und deren Schwester beobachtete, wie die kleinen Stichelreden hin und her flogen und stets mit einem herzlichen Gelächter endeten, der wird an jene bei ihm verbrachten Stunden nur mit ungemischter Freude zurückdenken.

In weitem Abstande zwischen den beiden allgemein anerkannten Schauspielergrößen am Gendarmenmarkt erschienen dann Hermann Hendrichs, der noch ganz in der schönrednerischen Vortragsweise und in der Heldengebärde der Vergangenheit sein Genüge fand, ferner Berndal, der mit ernstestem Bestreben, mit unbeugsamem Willen sein künstlerisches Ziel verfolgte und durch nimmer rastenden Fleiß bis zu einem bestimmten Grade zu ersetzen wußte, was ihm die Natur versagt hatte. Der Präsident in „Kabale und Liebe" war wohl seine beste Leistung; auch sein Oranien im „Egmont" war ganz im Geiste des Dichters erfaßt und durchgeführt. Ebenso ist der Schillersche Tell ihm vortrefflich gelungen und für den noch nicht verjüngten Faust fand er den überzeugenden Ton. Berndal gehörte zu den verläßlichen Künstlern, aber die hinreißende Gewalt ging ihm ab. Allen seinen Gestalten merkte man die vorangegangenen geistigen Mühen an. In die überreiche Hinterlassenschaft Dörings teilten sich dann nacheinander Richard Kahle, Oberländer und Krause. Dieser kam in mancher Hinsicht seinem unerreichbaren Vorbilde noch am nächsten. Die Künstlerinnen am Schauspielhause jedoch zeigten sich im allgemeinen ihren Brüdern in Apoll nicht ebenbürtig. Doch gab es eine Ausnahme: Minona Frieb-Blumauer, die man als die Berliner Heizinger bezeichnete. Sie war auf Dörings Veranlassung in den Verband des Schauspielhauses eingetreten. Und sobald man einmal auf seine mißlungene Verwaltungstätigkeit hinwies und sich über seine Ungeheuerlichkeiten auf diesem Gebiete lustig machte, da entgegnete er: „Aber Minona, mein Werk! Da habt ihr den Percy." – Frau Frieb-Blumauer war gleichfalls eine geborene Schauspielerin, die in ihrem Rollengebiete Musterhaftes zu schaffen verstand. Sowohl in ihren feinkomischen wie in ihren derberen und derbsten Partien gab sie wahre schauspielerische Kabinettstücke. Außerhalb der Bühne, auf der sie Triumphe zu feiern gewohnt war, erschien sie als vollendete Frau von Welt, sie war in der besten Gesellschaft ein stets willkommener Gast; sie gehörte zu den in weitesten Kreisen geschätzten künstlerischen Persönlichkeiten in der

Stadt. Neben ihr erfreute sich Johann a Wagner , die den gefährlichen Übergang von der Oper zum Schauspiel mit Erfolg bewerkstelligt hatte, der höchsten Achtung und Wertschätzung bei hoch und niedrig. Das Kolossalische ihrer Gestalt wies sie ausschließlich auf das Heldinnenfach hin. In gewissen Partien, wie als Mutter in der „Braut von Messina", als Elisabeth, als Lady Milford imponierte sie schon durch ihre bloße Erscheinung Ein gewisser heldenhafter Zug ging überhaupt durch ihr ganzes, vielbewegtes Leben und bei alledem hat sie sich stets, auch unter den schwierigsten Umständen, als echtes, hingebungsvolles, mutiges Weib bewiesen. Johanna Wagner, mit dem bekannten Herrn v. Jachmann vermählt, war ein großes Talent und ein großer Charakter.

Das Ansehen des Schauspielhauses sank von seiner ehemaligen stolzen Höhe immer tiefer herab. Die alten Größen waren dahingegangen, der neue Ersatz genügte durchaus nicht. Einzelne tüchtige Kräfte, wie namentlich Theodor Liedke, ein hervorragender Schauspieler für moderne Lustspielrollen – er war unter anderem ein ausgezeichneter Konrad Boltz, auch wußte er sich mit Partien wie der Tempelherr, Mercutio sehr gut abzufinden – Luise Ehrhardt, spätere Gräfin von der Goltz, erhielten sich wohl in der Gunst der Zuhörerschaft. Es fehlte indessen an dem erforderlichen Zusammenspiel, an einer bewußten künstlerischen Leitung. Über allem lag etwas wie Meltau. Herr v. Hülsen ließ es an Bemühungen nicht fehlen, diesem beklagenswerten Mißstande ein Ende zu machen. Eine Zeitlang hatte es auch wirklich den Anschein, als sollte eine durchgreifende Besserung eintreten. Eine Reihe ausgezeichneter jugendlich-aufstrebender Künstler wurde für das Schauspielhaus gewonnen. Der blendend schöne, kraftstrotzende, hochbegabte Emmerich Robert wurde sehr bald der erklärte Liebling der damals immer noch sehr anspruchsvollen Schauspielhausbesucher. Hinzu kam Siegwart Friedmann, der einzige Schüler Bogumil Dawisons, wie er sich stets mit Stolz und Selbstbewußtsein nannte, Herr v. Hoxar, Katharina Schratt, nachmals die langjährige Vorleserin des Kaisers Franz Josef, Auguste Baudius, die spätere Gemahlin Wilbrandts, Therese Burka, nachmalige Gräfin Török, schließlich mit Angelo Neumann verheiratet; auch des stattlichen Fräulein Hofmeister muß hier gedacht sein. Wie ließ sich das alles so vielversprechend, so hoffnungsvoll an. Ein neuer Ruhmestag schien über dem Schauspielhause wieder aufgehen zu sollen.

Eitle Hoffnung. Die junge Schar zerstob in alle Winde. Das Künstlervölkchen fand kein Behagen mehr an dieser Stätte der Kunst. Hans v. Bülows bitterböses Wort vom Zirkus Hülsen galt zwar zunächst nur der Opernverwaltung, aber fand auch in der Übertragung auf das Schauspielhaus die allgemeine Billigung. Man sprach nur noch mit einem halb mitleidigen, halb verächtlichem Achselzucken von dem Schauspielhaus, seiner künstlerischen Rückständigkeit, dem verknöcherten Spielplan, dem die plattesten Erzeugnisse der dramatischen Literatur eben am gemäßesten erschienen. Die Zeit war gekommen, um in der zum Staunen der gesamten Welt sich entwickelnden Reichshauptstadt auch dem Theaterwesen eine neue, entscheidende Wendung zu geben.

Dies geschah durch die im Jahre 1882 erfolgte Gründung des Deutschen Theaters. Mit der bloßen Erwähnung dieser Tatsache müssen wir uns hier begnügen. Denn es handelt sich ja nicht um eine theatergeschichtliche Darstellung des neuzeitlichen Berlin, sondern vielmehr um die Feststellung der wichtigsten Momente in der Entwickelung der neuen Reichshauptstadt. Es erübrigt sich daher, auf die Einzelheiten dieser Theatergründung an dieser Stelle näher einzugehen. Genug: das Schauspielhaus hatte in dem Augenblicke, als das Deutsche Theater in dem mehr als bescheidenen ehemaligen Deichmannschen Hause in der Schumannstraße seine neue Wirkungsstätte eröffnete, die bisher innegehabte Herrschaftsstellung in Berlin verloren, und zwar für immer verloren. Was halfen alle äußeren Mittel, wenn der leitende Geist fehlte. Und nun fuhr noch einige Monate nach der Eröffnung des Deutschen Theaters ein literarischer Blitzstrahl durch die Luft, der ein grelles Licht auf die Mißstände in der Verwaltung des Schauspielhauses warf. Paul Schlenther, damals ein noch wenig gekannter jugendlicher Draufgänger, veröffentlichte 1883 ein Flugschrift: „Botho v. Hülsen und seine Leute". Der Titel sollte wohl an Moritz Busch' weltberühmt gewordenes Buch „Graf Bismarck und seine Leute" erinnern. Die kecke, unerbittliche Kritik, der beizende Spott, nicht minder das sicher treffende Urteil fanden allgemeine Billigung. Es wehte etwas wie vom Geiste Lessings in der Schlentherschen Anklageschrift, die weit über die Weichbildgrenze Berlins hinaus großes Aufsehen erregte. Von diesem Schlage hat sich der Generalintendant der königlichen Schauspiele nie ganz erholt. Als Hülsen 1886 aus dem Leben schied, waren sehr einflußreiche höfische Kreise am Werte, um das erledigte Amt durch eine Persönlichkeit aus dem Hochadel zu ersetzen. Das erfordere der Glanz und die Machtstellung des deutschen Kaisertums. Unter dem Hochadel jedoch erschien keiner gerade für eine derartige Stellung wie die eines Generalintendanten der Königlichen Schauspiele geeigneter als der schlesische Magnat Graf Bolko v. Hochberg. In einer ausführlichen Denkschrift unterbreitete der Hausminister dem greisen Herrscher den Vorschlag. Wilhelm I., ein großer Menschenkenner, der er eben nun einmal war, schrieb an den Rand des Aktenstückes die Bemerkung: „Wird viel Geld und noch mehr Ärger kosten." Mit dieser Allerhöchsten Warnung sollten die Verhandlungen mit dem Grafen eingeleitet werden. Sie sollte nur allzubald ihre vollste Berechtigung erfahren. Der erste heftige Zusammenstoß des neuen Generalintendanten erfolgte mit dem gesamten Opernpersonal. Graf Hochberg hatte sich nämlich seinen eigenen Kapellmeister in Gestalt eines Herrn Deppe mit aus seiner schlesischen Heimat herübergebracht. Ein gar schnurriges Menschenkind! Für Opernvorstellungen wie „Freischütz", „Zauberflöte" und ähnliche unbekannte Werke benötigte er zahlloser Proben, dle natürlich alle Mitwirkenden auf das höchste ermüden und verstimmen mußten. Der Unwille über dieses Gebaren des absonderlichen Kapellmeisters wuchs von Tag zu Tag. Einfach in den Ausstand treten, das war in jener Zeit glücklicherweise noch nicht Brauch des Landes. Man entschloß sich daher, im Beschwerdewege gegen den Kapellmeister vorzugehen. Die königlichen Kammermusiker unter der Führung des ersten Bratschisten Hillmar traten zusammen. Sie wurden in ihrer Eigenschaft als Beamte bei der vorgesetzten Behörde, dem Hausministerium, vorstellig, und Herr Deppe mußte schließlich das Feld räumen. Ein anderer harter Zusammenstoß ereignete sich mit dem Operndirektor Herrn v. Strantz. In einer heftigen Unterredung mit dem Grafen ließ sich Strantz zu der Bemerkung hinreißen: „Herr Graf! Sie l... !" In furchtbarster Erregung verließ er das Beratungszimmer und natürlich seine Stellung. Aber auch des Grafen Stellung wurde allmählich erschüttert. Er mußte schließlich von seinem Platze weichen. Ein Ruhmesblatt in der Geschichte der Königlichen Schauspiele ist die Verwaltung des Grafen Hochberg in keinem Stücke gewesen. Über das, was sich unter seinem Nachfolger zugetragen, schweigt besser des Sängers Höflichkeit.

Das Wallner-Theater

Einer großen Beliebtheit in allen Kreisen der Stadt erfreute sich ein in den bescheidensten Ausmessungen gehaltenes Theater in der Blumenstraße „Die grüne Neun“ genannt. Diese dürftigst ausgestattete Bühne ist die eigentliche Geburtsstätte der Berliner Posse, in der der „höhere Blödsinn“, wie man allgemein sagte, seine schrankenlose Herrschaft entfaltete. Hinter diesem „höheren Blödsinn“ versteckte sich indessen zuweilen der bitterste Spott über die verrotteten Zustände im öffentlichen Leben. Die Gegnerschaft gegen die Reaktion in Staat, in Kirche, die sich öffentlich nicht hervorwagte, flüchtete sich hinter diesen Wandschirm. Jede Anspielung auf die Staatsleitung, auf gewisse besonders mißliebige Persönlichkeiten wurde verständnisinnig aufgenommen und herzlich belacht. So entwickelte sich nach und nach das Berliner Possencouplet zu einer sehr wirksamen politischen Waffe im Kampfe gegen die Staatsgewalt, gegen willkürliche Übergriffe der Polizei, gegen Mißgriffe in der Stadtverwaltung. Vor allem aber wurde Louis Napoleon scharf aufs Korn genommen. „Er“ war die Zielscheibe des eigentlichen politischen Witzes sowohl auf der Bühne als im „Kladderadatsch“. Hier wie dort war „Louis“ die unerschöpfliche Quelle für die Spottlust der Berliner Possenschriftsteller und Coupletdichter. Die ätzende Schärfe, der kalte Hohn, der aus jeder Strophe förmlich herausgrinste und der bei den Zuhörern den lautesten Widerhall fand, oder der mehr gutmütig lächelnde Spott, all das ist auf dem politischen Untergrunde der Zeit erwachsen, hat in ihm seinen Ursprung, findet in ihm seine Erklärung und seine kulturgeschichtliche Bedeutung. Den Höhpunkt seiner Schlagkraft erreichte dieses Berliner Possencouplet in den Zeiten der Reaktion unter dem Ministerium Manteuffel-Raumer-Westphalen und während des Verfassungskonfliktes unter dem Ministerium Bismarck-Roon-Mühler. Mit dem Aufstieg Preußens, mit der Wiedererstehung des Deutschen Reiches war dieser literarischen Gattung der Nährboden entzogen, der politische Hohn war angesichts der staunenswerten Erfolge Bismarcks, der bittere Spott von ehedem war unter dem blendenden Glanze der neuen Reichsmacht verstummt. Die Zeit des politischen Possencouplets, des „höheren Blödsinns“ in der Berliner Posse war dahin, unwiederbringlich dahin. Nun ist aber überhaupt das Allermerkwürdigste bei alledem, daß der sogenannte Berliner Witz, streng genommen, gar kein Berliner Gewächs ist. Mit Ausnahme Adolf Glaßbrenners sind die Väter dieses Berliner Witzes, die Possenschriftsteller Berlins, die Gelehrten des „Kladderadatsch" gar keine Berliner Kinder. Sie stammten zumeist aus Schlesien. Auch der Begründer der Berliner Possenbühne in der Blumenstraße war nicht mit Spreewasser getauft, Franz Wallner, mit seinem rechten Familiennamen Leidesdorf geheißen, stammte aus Österreich. Nach vielen Wanderfahrten als Schauspieler und Theaterdirektor hatte er sich zuletzt nach Berlin begeben, wo er seine letzte und erfolgreiche Wirkungsstätte finden sollte. Schon zur Zeit Hinkeldeys hatte sich Wallner mit der Absicht einer Theatergründung in Berlin getragen und dem Polizeigewaltigen sein Anliegen unterbreitet. Hinkeldey brauste auf, ob er denn durchaus in sein Unglück rennen wolle. Er schlug ihm aus reiner Anteilnahme an seiner Person zunächst das Gesuch rundweg ab. Allein Franz Wallner war nicht der Mann, einen einmal gefaßten Gedanken gleich auf den eisten Widerstand hin fallen zu lassen. Er versuchte immer wieder neue Anknüpfungspunkte mit dem Polizeipräsidenten, der schließlich umgestimmt wurde. Wallner war nahe daran, schon damals seinen Plan ins Werk zu setzen, als der unglückselige Ausgang des Zweikampfes Hinkeldey-Rochow, dem der erste zum Opfer fiel, alle seine Hoffnungen vernichtete. So begab sich denn der nimmer rastende Wallner mit seiner Gattin Agnes, einer Pflegetochter Robert Blums, von neuem auf die Wanderschaft. Er leitete eine Zeitlang das Theater in Riga, dann in Posen.

Von hier kam er dann nach Berlin und mit ihm Karl Helmerding, ein geborener Spreeathener. Fortan blieben beide unzertrennlich: einer des anderen Glück. Ein äußerst seltenes Beispiel in der deutschen Theatergeschichte, daß ein Theaterdirektor und ein, wenn auch sehr erfolgreicher Schauspieler sich gegenseitig so die Treue hielten wie in diesem Falle. Helmerding hatte sich im Laufe der Jahre nicht bloß am Wallner-Theater, sondern in der Berliner Gesellschaft eine Ausnahmestellung erworben wie kaum ein anderer unter seinen Berufsgenossen. Pauline Lucca durfte sich rühmen, auf eine photographische Platte mit dem Konfliktsminister Otto v. Bismarck-Schönhausen sich gebracht zu sehen. Das war in Karlsbad geschehen, als der preußische Ministerpräsident mit seinem widerstrebenden Herrn ringen mußte, ohne vorerst mit seinen gewaltigen politischen Gedanken durchdringen zu können. In einer Anwandlung grimmigster Laune ließ er sich damals mit der vergötterten kleinen Pauline photographieren. „Exzellenz! Konferenzen wir auch einmal!" hatte ihm die kleine Schelmin zugerufen. Und so kam das Bildchen zustande, das so ungeheuerliches Aufsehen erregte. So grimmig wie auf dieser Photographie hatte Bismarck später nur während der erregtesten Parlamentsverhandlungen dreingeschaut. Für den verärgerten Staatsmann bedeutete dieser ganze Hergang nur so viel wie eine Befreiung von einem ihm unerträglichen seelischen Druck. Die kleine Pauline hatte wohl leine ganz klare Vorstellung von den inneren Zusammenhängen. Sie hatte nur eine vollste Befriedigung ihrer, in diesem Falle sehr verzeihlichen Eitelkeit davongetragen. Ganz anders Helmerding. Ihm wurde die hohe Ehre zuteil, von Seiner Durchlaucht dem Fürsten Bismarck zur Familientafel gezogen zu werden. Das war eine Huldigung des eisernen Kanzlers für den genialen volkstümlichen Bühnenkünstler! Einer solchen Auszeichnung durch den von aller Welt gefürchteten Lenker der Geschicke des Deutschen Reiches, ja der ganzen Welt konnte sich bisher kein Berliner Künstler rühmen. Nur zu begreiflich, daß der so ungewöhnlich ehrenvoll behandelte Schauspieler diesen Tag im Reichskanzlerhause für den glücklichsten seines ganzen Lebens pries. Eine Photographie Bismarck-Helmerding ist allerdings nicht auf die Nachwelt gekommen. Der Mühe wert wäre es sicher gewesen, dieses in seiner Art einzige Bild, den volkstümlichsten Berliner Lokalkomiker, die Fürstin Johanna zur Tafel führend, neben dem eisernen Kanzler, durch die photographische Platte festgehalten zu haben.

Eine ganze Fülle von lebenswahren, saftig-humoristischen Gestalten drängt sich in die Erinnerung, gedenkt man dieses unvergleichlichen Darstellers Berliner charakteristischer Volkstypen. Karl Helmerdings Kunst wurzelte in der Eigenart des Berliner Volkshumors, wie die Nestroys ohne den Wiener Untergrund nicht gedacht werden kann. Er war der Lokalkomiker Berlins schlechthin. Wenn man Fritz Beckmann den glänzendsten Vertreter des Berliner vormärzlichen Humors auf der Bühne nennen kann, so muß man in Helmerding den Repräsentanten des nachmärzlichen spöttelnden Berliner Philisters ansprechen. Ein außerordentlich günstiges Geschick fügte es, daß dieser genial veranlagten Schauspielernatur eine Reihe von künstlerischen Aufgaben gestellt werden konnte, die nur auf einen Schauspieler wie Karl Helmerding zu warten schienen, um in geradezu vollendeter Weise gelöst zu werden. Glänzende Mittel hatte ihm die Natur versagt. Er verfügte weder über ein sonores Organ noch über eine Bühnengestalt im herkömmlichen Sinne des Wortes; aber er besaß eine Wandlungsfähigkeit, die erstaunlich war. Figuren wie der gebildete Hausknecht, der Gerichtsdiener Klumpatsch in „Nimrod", Hugo Haetschler in „Eine leichte Person", Douzet in „Berlin wird Weltstadt", der Schuhmacher Weigel in „Mein Leopold", der „Registrator auf Reisen", Josef in „Aurora in Öl", die unvergeßliche Kopie Theodor Wachtels als Vasco de Gama in der „Afrikanerin in Kalau", Krausewenzel in „Wiener in Berlin" sind glänzende Beweise seiner schauspielerischen Vielseitigkeit, die kein Geringerer mehr bewunderte und neidloser anerkannte als Theodor Döring.

Helmerding hat kaum irgendeine Theaterfigur auf die Bühne gebracht, die er nicht mit einer Fülle charakteristischer Zutaten aus seiner eigenen nachgestaltenden Phantasie ausgestattet hatte. Er machte sich, wie man zu sagen pflegte, vielfach seine Rollen zurecht; aber weit entfernt, die Absichten des Bühnendichters zu verfälschen oder auch nur zu verdunkeln, diente die eigene humoristische Zugabe vielmehr dazu, den Dichter auf das glücklichste zu ergänzen. Mit einer zuweilen an das Aristophanische streifenden Keckheit griff er aus dem politisch so reich bewegten Leben der 60er Jahre ein Schlagwort auf, das in der Gesellschaft oder im Parlament die Runde machte, und schleuderte es mitten hinein in die Zuhörerschaft, die mit einem Beifallsjubel darauf zu antworten pflegte. Wenn er, um eines von den unzähligen Beispielen herauszugreifen, in der Farce „Eine musikalisch-deklamatorische Abendunterhaltung" den Hausknecht in der täuschend ähnlichen Maske des ehemaligen exzentrischen konservativen Abgeordneten Graf Wartensleben spielte, oder wenn er in den „Sonntagsjägern" einmal in der roten Bluse der Garibaldiner, den breiten Schlapphut auf das Haupt gestülpt, die Bühne betrat, dann erdröhnte das Haus vor Lachen und Kreischen.

Freilich kann und soll nicht in Abrede gestellt werden, daß die urwüchsige, komische Kraft Helmerdings unterstützt und gehoben wurde durch ein Ensemble, wie es in solch einer künstlerischen Vollendung und Mannigfaltigkeit in Berlin sich nicht wieder zusammengefunden hat: Helmerding, Reusche, Neumann, Anna Schramm, die „furchtbar nette", Formes, Max Schulz, die Neuber und Kurz und Keller – das war eine Schar schauspielerischer Sterne, wie sie seither nie wieder so glänzend an einer Berliner Possenbühne gestrahlt hat.

Aber nicht bloß als Darsteller wird Heimerding in der Geschichte der deutschen Schauspielkunst einen hervorragenden Platz behaupten, sondern auch in der kulturgeschichtlichen Entwickelung des nachmärzlichen Berlin wird man seiner gedenken müssen. Helmerding gehört in einem gewissen Sinne zu dem eisernen Bestande jener Figuren, die dem öffentlichen Leben während der Konfliktsperiode der sechziger Jahre ihr charakteristisches Gepräge mit verliehen haben. Die damalige Berliner Posse ist zum guten Teil aus der politischen Bewegung jener merkwürdigen Zeit heraus geboren.

Was die politische Tagespresse oftmals verschweigen mußte, wovor selbst der kecke Witz des „Kladderadatsch" zurückschreckte, das ergänzte mit einer für den Staatsanwalt unfaßbaren Schlagsicherheit das politische Couplet. Wer aber verstand es besser als Karl Helmerding, solch eine übermütige Coupletstrophe mit einem Gemisch von Unbefangenheit und Malice vorzutragen und zu zündendster Wirkung zu bringen? Auf der Wallner-Bühne wurde gar nicht selten ein satirisches Nachspiel zum ernsten parlamentarischen Vorgang aufgeführt, und Karl Helmerding machte die Hauptfigur in diesem Satyrspiel. Auch in dieser Beziehung ist die Stellung, welche Karl Helmerding in der Berliner Künstlerwelt einnimmt, eine ganz unvergleichliche. Es ist auch kaum anzunehmen, daß sich in absehbarer Zukunft dies Beispiel wiederholen wird. Zeiten und Menschen haben sich gründlich gewandelt. Die Gegenwart strebt anderen Zielen zu in der Kunst und in der Lebensgestaltung. Doch wohin sich auch immer die Entwickelungswege richten werden – vergessen wird man jene Zeit niemals, in welcher ein so eigenartiges Bühnengenre wie die Berliner politische Posse und ein so eigenartiger Darsteller, wie Karl Helmerding war, erstehen konnte.

Die „Grüne Neune" in der Blumenstraße war längst kein geeigneter Schauplatz mehr für die erlesene Künstlerschar. Franz Wallner war inzwischen so sehr zu Kräften gekommen, daß er der großen

Absicht eines Theaterneubaues nähertreten konnte. Von der alten, den Berlinern lieb gewordenen Stätte wollte sich der kluge Leiter der Blumenstraßenbühne nicht entfernen, und so wählte er denn mit dem ihm eigenen sicheren Blicke unter den in der Nähe des bisherigen Theaters sich darbietenden Grundstücken das geeignetste, um auf ihm einen für jene Zeit mustergültigen Bau durch den vielfach erprobten Meister Tietz aufrichten zu lassen. Weihnachten 1864 wurde das Theater mit einem pomphaft ausgestatteten Festspiel und der übermütigen Posse „Die Mottenburger" eröffnet. Auch in dem neuen Hause wußte Franz Wallner das Glück an seine Fahne zu fesseln. Unter seinen Nachfolgern erlebte das stolze Wallner-Theater wechselvolle Schicksale und mehr als einmal war dessen Bestand auf das allerernsteste gefährdet. Theodor Lebrun, der das Haus in der Wallnerstraße von den Erben mietweise übernommen, war ein vortrefflicher Schauspieler, allein zum Leiter eines Theaterunternehmens fehlten ihm alle für ein solches Geschäft nun einmal unentbehrlichen Eigenschaften. Auf die Dauer war das ins Schwanken geratene Schiff trotz seiner teilweise ausgezeichneten Bemannung – man denke nur an solche vorzüglichen Kräfte wie Emil Thomas, Blencke, Hugo Müller – nicht zu halten. Allein dem Wallner-Theater als solchem sollte eine in der Entwickelungsgeschichte des Berliner Bühnenwesens sehr bemerkenswerte Stelle vorbehalten sein. Ein auf die Verwirklichung idealer Volksbildungsbestrebungen eifrig hinarbeitender Schriftsteller, Dr. Raphael Loewenfeld, in weiten Kreisen als der Übersetzer der Werke Tolstois bekannt, hatte den Gedanken gefaßt, in Berlin eine Schaubühne für den Mittelstand zu begründen, dem der Besuch der besseren Theater wegen der in den letzten Jahrzehnten ungeheuer gestiegenen Eintrittsgelder unmöglich gemacht worden war. Das geplante Unternehmen sollte keinerlei Gewinste für den Theaterleiter abwerfen. Es sollte sich vielmehr in den Dienst der Allgemeinheit stellen und eben nur die Kosten decken. Herr Dr. Loewenfeld wußte für diesen von den meisten sogenannten Theaterkennern als völlig aussichtslos er klärten Gedanken eine Anzahl opferwilliger Gesinnungsgenossen zu gewinnen. Die für das neuartige Theaterunternehmen erforderlichen Gelder wurden nach vielen ebenso zäh als klug betriebenen Vorarbeiten zusammengebracht, und Herr Dr. Raphael Loewenfeld hatte die Genugtuung, den anfangs viel bespöttelten, für durchaus unausführbar gehaltenen Plan in die Wirklichkeit umzusetzen und das Haus Franz Wallners für das neu zu eröffnende Schiller-Theater zu belegen. Die Gründung des Schiller-Theaters war eine soziale Tat und als solche angesehen, kommt ihr eine besondere Beachtung und eine besondere Stellung in der Geschichte des Berliner Theaterwesens zu. Jene Zeiten, da man für die Königlichen Theater im Abonnement einen Parkettsitz für 1 Mark 75 Pf., 2 Mark 25 Pf., 2 Mark 75 Pf. (auf unsere jetzige Währung umgerechnet) erhalten konnte, waren unwiederbringlich vorüber. Gerade für diese Kreise des kleinen und mittleren Bürgerstandes war das Schiller-Theater berechnet. Der überraschende und dauernde Erfolg des idealistisch gesinnten und zweckmäßig handelnden Begründers hat unwiderleglich bewiesen, daß seine Rechnung richtig aufgestellt war. Dem Schiller-Theater im Osten Berlins folgte sogar ein in dem inzwischen zu einer sehr ansehnlichen Mittelgroßstadt emporgeschossenen, aber gänzlich theaterbloßen Charlottenburg ein gleichartiges Unternehmen, das Schiller-Theater W, das auf Kosten der Verwaltung des größten und reichsten Berliner Vorortes errichtet wurde. Durch diese schönen Erfolge ermutigt, trug sich der Begründer dieser Bühnen mit der Absicht, auch an anderen im Aufblühen begriffenen Vororten weitere Schiller-Theater zu eröffnen. Sein frühzeitiger Tod hat leider die Verwirklichung dieses schönen Planes wohl für immer vernichtet. Bei aller Würdigung der guten Absicht, bei aller Anerkennung der erzielten unbestreitbaren Erfolge darf indessen doch nicht verschwiegen werden, daß dem ganzen Unternehmen ein gewisser Anflug von – sagen wir es nur ganz offen und gerade heraus – Philistrosität anhaftete. Das lag nun einmal in der Natur der Sache.

In einem ganz anderen Geiste griff dann später der nicht weniger idealistisch veranlagte Bruno Wille die ihm heilige Angelegenheit, die Kunst in den Dienst der Volksbildung zu stellen, an. Dieser Tribun der Volkskunst rief die Massen auf den Plan und forderte sie zur unmittelbaren Mitwirkung auf, indem er seinen Verein für die Volksbühne ins Leben rief. Er sollte gleichsam die künstlerische Ergänzung der sozialdemokratischen Parteiorganisation darstellen. Mit der politischen Seite der Sozialdemokratie hatte Bruno Willes Gedanke ganz und gar nichts zu tun. Aber eine gewisse ideelle Annäherung an sie dürfte anderseits doch wohl auch nicht ganz zu verkennen sein. Sei dem, wie ihm wolle. Bruno Willes Volkskunstgedanke schlug mächtig Wurzel unter den Massen. Die Kunstbegeisterung des edlen Mannes weckte den Sinn der Massen zu lebhaftester Anteilnahme. Die Zahl der Vereinsmitglieder schwoll binnen kürzester Zeit ins Ungeheure an, so daß die Vereinsleitung endlich daran denken durfte, eine dauernde Stätte für feine Kunstbetätigung zu schaffen. Und so ist es denn wirklich dem unermüdlichen Eifer Bruno Willes gelungen, inmitten des inzwischen niedergelegten, arg verrufenen Scheunenviertels das imponierende Haus der Volksbühne durch den genial veranlagten Baumeister Kaufmann nach einem durchaus eigenartig ersonnenen und unerbittlich folgerecht ausgeführten Entwurf zu errichten. Das in gewaltigen Ausmessungen gehaltene Haus inmitten des großenteils unbebaut gebliebenen Scheunenviertels macht auf den Beschauer einen, man ist versucht zu sagen, beinahe gespenstischen Eindruck. Wie sich unsere allgemeinen Verhältnisse nunmehr nach dem unseligen Ausgange des Weltkrieges gestaltet haben, dürfte dieser Theaterbau für absehbare Zeiten der letzte in Berlin sein.

Von ganz anderen Gedankenrichtungen ausgehend, ganz verschiedenartigen Zielen zustrebend als die eben genannten Unternehmungen, trat die Vereinigung „Die freie Bühne" ins Leben. Sie wollte, im ausgesprochenen Gegensatze zu den bestehenden Bühnenleitungen, den um neue Bühnengestaltungen ringenden Talenten die ihnen bis dahin verschlossenen Wege in die Öffentlichkeit bahnen. Auch hier walteten rein ideale, rein literarische Interessen vor. Gleichviel, wie der einzelne sich zu den von den Begründern der Freien Bühne vertretenen Kunstanschauungen stellen mag, der ideelle Antrieb dieser Vereinigung kann und soll auch an dieser Stelle nicht in Abrede gestellt werden. Die spätere Entwickelung, hat den Fortbestand der Vereinigung gegenstandslos gemacht. Auf Einzelheiten aus dem Vereinsleben der Freien Bühne einzugehen, erübrigt sich aus Gründen, die für jeden Kundigen auf der Hand liegen. Nur um einer gewissen Vollständigkeit bei der Aufzählung der einzelnen Momente in der theatergeschichtlichen Entwicklung von Berlin zu genügen, ist dieser Vereinigung an dieser Stelle überhaupt Erwähnung geschehen.

Als die Berliner Possenbühne ihre ursprüngliche Wirkungsstätte aus der Blumenstraße mit dem neuen glanzvollen Hause, dem Wallner-Theater, vertauscht hatte, wandelte sich die alte, ruhmreiche „Grüne Neune“ in das Residenz-Theater, dem zumeist unter dem Direktor Rosenthal eine recht schwankende, dann unter der Leitung Siegmund Lautenburgs eine gut gesicherte Stellung in der Theatergeschichte Berlins beschieden sein sollte. Eine ganze geraume Zeit blieb das Residenz-Theater die ausschließliche Pflegestätte für die zeitgenössische französische Bühnenliteratur. Der eigenartige Leiter, dessen Charakterbild in der deutschen Theatergeschichte *nicht* schwankt, glaubte seinen wahren Lebensberuf in der Vermittlerrolle zwischen Deutschland und Frankreich auf dem Gebiete der dramatischen Literatur gefunden zu haben. Er hielt das für seine Mission und er gab dieser ihm von dem Schicksal zugeteilten Bestimmung mehr als einmal einen pathetischen Ausdruck, bei dem man sich eines Lächelns schwer erwehren konnte. Aber er hat tatsächlich der von ihm geleiteten Bühne diese Vermittlerstellung zwischen Seine und Spree eingeraume Zeit zu verschaffen gewußt. Er setzte sich mit diesem beharrlich von ihm festgehaltenen Ziele, der spezifisch-französischen Bühnenliteratur eine dauernde Stätte in der deutschen Reichshauptstadt geschaffen zu haben, in einen schroffen Gegensatz zu sehr vielen reindeutsch empfindenden und schaffenden Kreisen. Allein das focht den geschäftskundigen Theaterleiter nicht im mindesten an und er ging unbeirrt seines Weges ruhig weiter, hielt auf eine möglichst saubere, ja elegante Zurüstung seiner Stücke und auf ein ebenso sauberes Zusammenwirken seiner gut zusammengesetzten schauspielerischen Kräfte. Außer der Pflege der französischen Bühnenerzeugnisse hatte er sich aber auch für den großen Norweger eingesetzt. Auf der Bühne des Residenz-Theaters erschienen die furchtbaren Gestalten Ibsens zum ersten Male vor den teils bewundernd zustimmenden, teils erbittert ablehnenden Berliner Zuschauern. An jene sonntägige Mittagsvorstellung der „Gespenster“ kann man nur noch mit Grausen zurückdenken.

Bei Deichmann in der Schumannstraße hatte die Operette ihr Hauptquartier aufgeschlagen. Offenbach stand in der Sonnenhöhe seines Ruhms, und gerade hier in Berlin wurden sowohl die grotesk-übermütigen wie die zarten, duftigen Schöpfungen dieses genialen Musikers in einer so vollendeten Darstellung wiedergegeben wie kaum anderwärts, Wien und selbst Paris nicht ausgenommen. Marie Geistinger war die unbestrittene „Heroine" der auserlesenen Operettentruppe; eine „schöne Helena", eine „Herzogin von Gerolstein", eine „Eurydike", eine „Prinzessin von Trapezunt" von solch überwältigender Komik, solch einer Pikanterie und solch einer geistvollen Behandlung des musikalischen Teiles wie bei dieser Künstlerin hat sich hier in Berlin nie wieder bei einer Operettensängerin vereint gefunden. Und dazu kam noch die prächtige Gestalt, das schöne Antlitz, die lustig-heiter dreinblickenden Augen. Marie Geistinger überragte in jedem Betrachte alle ihre Kunstgenossinnen um Hauptes Länge. Neben ihr behaupteten sich in allen künstlerischen Ehren Klara Unger, eine ausgezeichnete Metella in „Pariser Leben", Lina Meyer, eine verführerisch niedliche „kleine Handschuhmacherin", Elise Schmidt in ihrer urwüchsigen, unwiderstehlich wirkenden Derbheit. Auch die untergeordneten Frauenpartien waren ausgezeichneten Kräften anvertraut. Und nun erst die Operettendarsteller und Sänger von dem Schlage wie Neumann, Max Schultz, Swoboda, Fielitz. Damals wurde in der Operette noch wirklich gesungen, und nicht, wie es später mehr und mehr Mißbrauch wurde, fast nur gekreischt und geschrien. In den großen Offenbachschen Endsätzen, beispielshalber in der berühmten Parodie auf die Schwerterweihe in den „Hugenotten", einem Glanzstück in der „Herzogin von Gerolstein", entfalteten die Chöre eine Kraft und einen Stimmenklang, daß selbst verwöhnte Ohren daran ihr volles Genüge finden konnten. Jacques Offenbach, sein eigentlicher Familienname war Eberscht, hat selbst einmal nach einer von ihm in der Friedrich-Wilhelmstadt geleiteten Aufführung einer seiner großen Operetten es ausgesprochen, daß er sie nirgendwo anders in gleicher Vollendung gehört habe als hier in Berlin. Alle seine Werke standen auf dem Spielplan. Neben den großen, einen Theaterabend füllenden Operetten, wie „Pariser Leben“, „Orpheus in der Unterwelt“, „Schöne Helena“, „Herzogin von Gerolstein“, „Ritter Blaubart“, „Prinzessin von Trapezunt“, „Seufzerbrücke“, erschienen die überaus zierlichen, anmutigen Einakter „Verlobung bei der Laterne“, „Fritzchen und Lieschen“, „Nummer 66“, „Fortunios Lied“, „Herr und Frau Deni“ und noch manche andere Offenbachiaden regelmäßig auf der Deichmann-Bühne und entzückten die in Scharen herbeiströmenden Zuhörer. Es ist wirklich sehr zu bedauern, daß diese liebenswürdigen, musikalisch so fein empfundenen und so sorgfältig ausgeführten Sächelchen ganz von unseren Bühnen verschwunden sind. Mit gleicher Liebe wie Offenbach wurden aber auch Johann Strauß, Millöcker, Suppé herausgebracht. In der Theatergeschichte des neuzeitlichen Berlin nimmt die Friedrich-Wilhelmstadt eine recht hervorragende Stelle ein. Bleibt es doch kein geringes Verdienst des Leiters dieser Bühne, Gustav Freytags „Journalisten“ hier zuerst aufgeführt zu haben, nachdem der Obergewaltige der Königlichen Schauspiele, Herr v. Küstner, den Dichter in der schmählichsten Weise behandelt hatte.

Ein Vorstadttheater

Vor dem Rosenthaler Tor, am Weinbergsweg – bis dahin hatte sich in früheren Zeiten der Weinbau in Berlin erstreckt! –, war der Sitz des eigentlichen Volkstheaters. Mutter Gräbert, eine rüstige, handfeste Frau, die „ins Jeschäft“ durchaus keinen Spaß verstand, hielt dort strengste Zucht. Sie duldete keinerlei Unfug, weder bei den Zuhörern noch bei „die Spielers“. Der Zuschauerraum war nicht viel besser als eine einfache Bretterbude, und die Bühnenvorrichtungen hielten sich auf der Höhe der wandernden Schmierentheater. Trotzdem vergnügte man sich auf das beste bei den dargebotenen Kunstgenüssen. Die Zuhörerschaft bestand aus den kleinbürgerlichen Bewohnern der umliegenden Straßen, die den Vorgängen auf der Bühne mit innerster Anteilnahme folgten. Zu diesen ernsthaften Besuchern gesellten sich aber auch vielfach Eindringlinge aus den übrigen Stadtteilen, namentlich Studenten die allerhand Übermut trieben, mit ihren Unwillensäußerungen über die einzelnen Kunstleistungen nicht zurückhielten, zuweilen Theater im Theater selber spielten. Hier griff dann Mutter Gräbert ein und gebot dann, wie der Olympier in Weimar den Jenenser Studenten, mit dem ihr zur Verfügung stehenden durchdringenden Organ Ruhe. Das tat denn auch für eine Weile seine Wirkung. Doch bei der nächsten sich darbietenden Gelegenheit ging dann der Lärm von neuem los. Schließlich machte Mutter Gräbert gute Miene zum bösen Spiel. Sie wußte auch weshalb. Neben der künstlerischen lag ihr nämlich die wirtschaftliche Seite gar sehr am Herzen. Die auf dem Schenktisch im Garten aufgestapelten belegten Butterbrote sollten vertilgt, die Weißen ausgetrunken sein. Da halfen denn diese Eindringlinge wacker mit, und so ließ denn Mutter Gräbert eben fünf gerade sein. Je nach der Zahl der noch vorhandenen „Stullen" dehnten sich die Zwischenakte aus, und bis nicht die allerletzten aufgezehrt, rückte und rührte sich auch der Vorhang nicht, um den Schlußakt der erschütternden oder der erlustigenden Handlung der ungeduldig trampelnden Zuhörerschaft endlich zu offenbaren. Schauerdramen, Rührstücke, Schwanke wechselten miteinander ab. Besonders beliebt waren Holteische Stücke; aber auch Felix Pyats „Lumpensammler von Paris" gehörte zu den sehr gern gesehenen. Glanztage erlebte das Vorstädtische Theater, sobald einmal „scharfe Spielers" die Szene betraten. Schauspieler von anerkanntem Ruf pflegte nämlich Mutter Gräbert durch diese Bezeichnung zu ehren. Zu ihnen gehörte Hermann Hendrichs vom Schauspielhause, der seine ersten künstlerischen Versuche dort draußen am Weinbergswege unternommen hatte und dann zuweilen in dankbarer Erinnerung an die Ausgangsstätte seines Ruhmes zurückkehrte, wo er dann auch nach Gebühr gefeiert wurde. Als Mutter Gräbert ihre Augen für immer geschlossen, ging's auch mit der Bühne am Weinbergsweg zu Ende. Ein Stück echten Berliner Volkslebens war unwiederbringlich verloren. Alle später unternommenen Wiederbelebungsversuche bewegten sich in ganz anderen Richtungen. Einer der nachmaligen Leiter des Theaters, Gumtau. hatte wohl manche derbe Eigenart mit seiner Vorgängerin gemein, indessen dieser Umstand allein genügte doch nicht, um das volkstümliche Vorstadttheater in das neu sich bildende Berlin hinüberzuführen.

Nicht weit von diesem vorstädtischen Kunsttempel hatte das „Vogtländische Opernhaus“ in der Gartenstraße eine Zeitlang sein Wesen getrieben. In einer schmutzigen Bierwirtschaft war auf einer elenden Erhöhung ein greulich verstimmtes Wimmerbrett aufgestellt, auf dem ein Meister sondergleichen die bekanntesten Arien verschiedener Opern vortrug. Auch an edlen Sangesbrüdern fehlte es nicht, die mit ihren Kunstleistungen die trinkenden und qualmenden Gäste höchlich ergötzten. „Hier im ird'schen Jammertal“, „Im kühlen Keller sitz ich hier“, Neluscos „Adamastor-Ballade“, Marcells grimmiges Kampflied „Die Klöster brennt alle ab“ waren Lieblingsnummern, die nicht oft genug gesungen werden konnten. Für die gefeiertsten Künstler wurden auch ganz besonders genußreiche Benefizabende veranstaltet. Bei derartigen Festlichkeiten mußte besonders der „Troubadour“ herhalten. „Lodernde Flammen“, wie solche aus der Kehle der Voigtländischen Opernhaus-Azucena zum Himmel emporschlugen, sind nie und nirgends wieder in Berlin von einer Altistin gesungen, und nie wieder hat diesen unvergleichlichen Klängen auch nur entfernt ein ähnlicher Beifallssturm geantwortet. Es war über alle Beschreibung herrlich. Die Zuschauer brüllten mit, daß die Wände erzitterten. Am Ende jedes Liedes wurde dem Sänger auf der Bühne ein kräftiges Schmollis zugerufen, wohl auch gar eine „kühle Blonde“ hinaufgereicht. Hier im Voigtländischen Opernhause war alles auf den Ton des allertollsten Unsinns abgestimmt. Sehr lange hat freilich diese krasse Herrlichkeit nicht gedauert.

Das Konzertwesen

Im Anzeigenteil der reichshauptstädtischen Tagespresse nehmen seit etwa einem Vierteljahrhundert die verschiedenartigen Ankündigungen musikalischer Veranstaltungen einen ununterbrochen sich steigernden Raum ein. Die Masse der musikalischen Darbietungen vom Herbst bis in das Spätfrühjahr hinein ist nachgerade hier in Berlin sinnverwirrend geworden. Berlin ist zu einem musikalischen Weltrummelplatz geworden, der seinesgleichen kaum irgendwo auf dem Erdenrunde hat. Auch in diesem Betracht ist die Entwicklung im Zeitmaß der Siebenmeilenstiefel vor sich gegangen. Bis in die siebziger Jahre, also kurze Zeit nach der Reichsgründung, sah es in dem Berliner Musikleben ganz anders aus. Wer in den Zeitungsbeilagen jener Zeit blättert, wird nur sehr selten auf eine Konzertanzeige stoßen. Regelmäßig wurden die Programme der Liebig-Konzerte in der „National"- und in der „Vossischen Zeitung" veröffentlicht. Das war so ziemlich alles. Andere Konzertanzeigen erschienen in den Tageszeitungen nur gelegentlich, sobald ein berühmter Virtuose sich hören ließ oder sobald die Aufführung eines Chorwerkes in der Singakademie mitgeteilt werden sollte. Der Saal der Singakademie war der einzige Raum in Berlin, der für größere musikalische Aufführungen hergerichtet war. Durch eine ruhmvolle Vergangenheit ausgezeichnet, hat dieser Saal der Singakademie sich in seiner einfach-vornehmen Ausgestaltung bis in unsere unmittelbare Gegenwart hinein ganz unverändert erhalten. Der hinter dem großen Saale gelegene Cäcilien-Saal hat allerdings dem großen Orgelwerke, das nach langem Zögern endlich eingebaut wurde, weichen müssen. Das ist aber auch die einzige sichtbare Veränderung, die sich der Saal gefallen lassen mußte. Selbst die eigenartigen, sehr geistreich ersonnenen Beleuchtungskörper haben bisher allen modischen Launen sieghaft standzuhalten vermocht. Nur sind an Stelle der ursprünglichen Öllampen elektrische Glühlichter getreten.

Hier spielte sich bis tief in die siebziger Jahre das höhere Musikleben Berlins einzig und allein ab. Hier leitete der feinfühlige, hochgebildete Grell die großen Oratorienaufführungen, denen man wie einer gottesdienstlichen Handlung mit einer wahrhaften Andacht beiwohnte. Der alte Herr war in seinen künstlerischen Anschauungen eigentlich der orchestralen Musik abhold. Er war ein ausgesprochener Vertreter des strengsten Satzes des reinen Gesanges, der auf Palestrina zurückführte. Für Grell war der reine Vokalgesang die vollendetste musikalische Ausdrucksform. Er selbst hat auch mit Vorliebe diese Kompositionsweise gepflegt. Er hat herrliche Werke lediglich für die menschliche Stimme und ohne jede instrumentale Zutat geschrieben. Am bewundernswertesten erscheint Grells Kunst in seiner sechzehnstimmigen Messe, die unter seiner Leitung von dem Chor der Singakademie mit einer staunenerregenden Genauigkeit zu Gehör gebracht wurde. Das war ein ordentliches Fest für die musikalischen Kreise Berlins; ein erlesener Genuß, dem man sich mit ganzer Seele hingab. Es ist bedauerlich, daß dieses erhabene, in seiner ernsten, herben Stimmführung eindrucksvolle Werk dieses vortrefflichen Berliner Musikers unter dem Staube der Bibliothek vermodert. Wenn der alte Herr, nachdem der letzte Akkord verklungen – die Aufführung hatte etwa zweiundeinhalb Stunden gedauert – die Stimmgabel ans Ohr legte und leise schmunzelnd der Sängerschar durch Kopfnicken seine Zufriedenheit ausdrückte, dann überstrahlte das sonst so ernste Antlitz ein stolzes Frohgefühl. Zu jener Zeit hielt die Singakademie auch noch an einem anderen Brauch fest, für die Einzelgesänge die erforderlichen künstlerischen Kräfte aus den Reihen ihrer Mitglieder zu stellen. Noch heute dürfte unter den wenigen Überlebenden sich die Erinnerung an die herrliche Stimme und die vollendeten Gesangsleistungen der Frau Adler, einer Dame aus der Berliner Gesellschaft, frisch erhalten haben. Die Singakademie bildete den Stolz der musikalischen Kreise der Hauptstadt; ihr als singendes Mitglied angehören zu dürfen, rechnete man sich zur Ehre an.

Verwaltete Grell und seine Singakademie die unermeßliche künstlerische Hinterlassenschaft einer großen Vergangenheit mit der peinlichsten Sorgfalt, ja mit einer Art religiöser Ehrerbietung, mit einer gewissen weihevollen Andacht, so kündigte sich in Julius Stern und seinem Gesangverein die neue Zeit an. Dieser ausgezeichnete Chorleiter nahm es mit der Pflege der Meisterwerke unserer Heroen nicht minder ernst als der Leiter der Singakademie, aber er vernachlässigte darüber auch nicht die Werke der neueren Meister. Den Aufführungen des Sternschen Gesangvereins in dem Saale der Singakademie brachte die musikalische Jugend vorwiegend ihre Teilnahme entgegen. Die Singakademie konnte auf eine ruhmreiche künstlerische Vergangenheit zurückblicken; der Sternsche Gesangverein hielt den Blick auf die Gegenwart gerichtet. Er mußte durch jede neue Aufführung erst gewissermaßen sein Daseinsrecht immer von neuem beweisen. Dieser Umstand verlieh seinen Darbietungen eine gewisse innere Lebendigkeit, wahrend die Singakademie im Gefühle eines sicheren Besitzes ruhig verharren durfte. Die beiden großen Vereinigungen standen in einem gewissen künstlerischen und gesellschaftlichen Gegensatze zueinander; gleichwohl ergänzten sie sich aber auch zu einer, man möchte sagen moralischen

Einheit. Unterstützt wurde Julius Stern bei seinen Aufführungen durch seine Schwägerin Jenny Meyer. Sie war eine imponierende Erscheinung von klassischem Ebenmaß in ihrer Figur, einem edelgeformten Antlitz, dessen dunkles Augenpaar siegesgewiß dreinblickte, und diesem Meisterstück der Natur stand eine prachtvolle, vortrefflich geschulte Altstimme zur Verfügung. Sobald Jenny Meyer den Konzertsaal betrat, beherrschte sie in einem Grade die Szene, wie viel später nur noch etwa Lilli Lehmann dies durch ihr Auftreten erreichte. Nach dem Tode Julius Sterns geriet der Gesangverein in eine sehr schwierige Lage. Verschiedene Versuche, eine geeignete Leitung zu finden, schlugen fehl. Der Sternsche Gesangverein verschwand aus dem Musikleben Berlins, um später unter dem Namen des philharmonischen Chores seine Wiederauferstehung zu erfahren. Als solcher ging er dann unter der zielbewußten Führung des tatkräftigen, jugendlich, begeisterten Siegfried Ochs einer neuen Blütezeit entgegen. Neben den beiden eben genannten großen Gesangvereinen erschien der von dem vortrefflichen Ruft geleitete Lehrelverein von Zeit zu Zeit vor der Öffentlichkeit und erfreute durch seine vollendete Wiedergabe Bachscher Kantaten und Motetten die Bewunderer der Werke des unsterblichen Leipziger Thomaskantors.

Etwas abseits von diesem Treiben stand der Domchor, der unter der Leitung Herzbergs eine Stufe der Vollkommenheit erreichen sollte. Der Domchor verdankte dem Könige Friedrich Wilhelm IV. sein Dasein. Er sollte so eine Art Gegenstück zu dem weltberühmten Sängerchor an der Peterskirche in Rom abgeben. Auch eine eigene Tracht hatte der schwärmerische Herrscher für seine Domchormitglieder ersonnen. In ihren dunkelroten Gewändern erschienen sie dann auch bei ihren außerkirchlichen Aufführungen, wo sie durch ihre ans Wunderbare grenzende Genauigkeit in der Tongebung, durch die Klangfülle der Männerstimmen, die Silberglockenhelle der Knabenstimmen die Hörer in eine begeisterte Stimmung versetzten. Solch ein Domchorkonzert gestaltete sich zu einem wahren Feste für gewisse musikalische Kreise in jenen längst verklungenen Zeiten.

War demnach für die Pflege der chorischen Musik aufs beste gesorgt, so stand es bis gegen Ende der sechziger Jahre um so schlechter auf dem Gebiete der Kammermusik, dieser für die Feinschmecker eigens bestimmten musikalischen Kunstform. In gutgeschulten Dilettantenkreisen wurde Kammermusik eifrig betrieben; in reichen, kunstliebenden Häusern wurden die Werke unserer Meister auch wohl von Berufsmusikern zur Erbauung der geladenen Gäste gespielt. Allein wie wenigen war solch ein edler Genuß beschieden! Ein öffentlicher Kammermusikabend gehörte in dem damaligen Berlin zu den Seltenheiten. Was gab es nicht für ein Aufsehen, als das berühmte Florentiner Quartett mit Jean Becker am ersten Geigenpult erschien! Das musikalische Berlin war in einen Vegeisterungstaumel geraten, wie er sich in ähnlichem Maße nach Versicherung von Augenzeugen seit den Tagen Franz Liszts und der Henriette Sonntag nicht wieder offenbart hatte. Die Zuhörerschaft jubelte, und Otto Gumprecht drückte in der „National-Zeitung" seinen kritischen Stempel drauf. Und als dann etwas später der Pariser Konzertunternehmer Ullmann – in den hiesigen Spötterlreisen der Bärenführer genannt – mit seiner bestens ausgesuchten Künstlerschar hier erschien und in buntem Wechsel Klavier-, Violin-, Cellovirtuosen, hervorragende Sängerinnen vorführte und zwischendurch auch Kammermusiken vollendet zu Gehör bringen ließ, da geriet die breite Zuhörerschaft in ein nicht minder großes Entzücken, während die ernsten Musikfreunde allerdings zu diesem raffinierten Kunstgeschäftstreiben, das einen stark amerikanischen Beigeschmack hatte, recht bedenkliche Gesichter schnitten. Aber ein Original, wie seinesgleichen nicht wieder erschienen, war dieser kleine, zierliche, ungemein sorgfältig gekleidete Ullmann, der beständig ein goldenes Tabakdöschen in der Hand hielt, trotz alledem und alledem doch. Er war ein durchtriebener Geschäftsmann, allein er betrieb sein Unternehmen mit einer unverkennbaren Passion. Es war sein Stolz, über eine Schar auserlesener Künstler wie kein anderer zu verfügen.

Nach dem siebentägigen böhmischen Feldzuge des Jahres 1866 änderten sich diese berlinischen Musikzustände mit einem Schlage und das gründlichst. Das Königreich Hannover war in eine preußische Provinz umgewandelt, der kunst-, besonders musikliebende Hof war nach Hietzing bei Wien übergeführt. Hervorragendste Mitglieder der ehemaligen Königlichen Oper und der Kapelle, wie Albert Niemann, und Josef Joachim und seine Gattin Amalie, unvergeßlich als Oratorien- und Liedersängerin, nahmen ihren dauernden Wohnsitz in Berlin. Mit dem Erscheinen dieses unvergleichlichen Geigenkünstlers in Berlin vollzog sich die entscheidende Wendung in dem musilalischen Leben der inzwischen zur Hauptstadt des Norddeutschen Bundes aufgestiegenen preußischen Landeshauptstadt. Josef Joachim entfaltete sofort nach seinem Einzuge in Berlin eine weitausgreifende Tätigkeit als Lehrer, als Leiter der neuen staatlichen Hochschule für Musik, als ausübender Künstler und schließlich, aber nicht an unterster Stelle, als Begründer eines Streichquartetts, dessen Ruhm sehr bald durch alle Lande erschallen sollte. Joachim, Rappoldi, de Ahna, Müller – das war ein Künstlervierblatt von einer ganz anderen Beschaffenheit, wie es selbst das Florentiner Quartett gewesen. Von nun an gehörten die allwinterlich sich einstellenden Kammermusikaufführungen unter Joachims Leitung zu dem eisernen Bestande im öffentlichen Kunstleben Berlins. Der Saal der Singakademie vermochte die Zahl der zu diesen Quartettabenden sich drängenden Zuhörer kaum mehr zu fassen. Die erlesenste Gesellschaft fand sich hier zusammen. Die berühmtesten Künstler, die erlauchtesten Gelehrten, Helmholtz, Adolf Menzel, Reinhold Begas, Paul Meyerheim, höchste Staatsbeamte, der ruhmgekrönte Helmut v. Moltke, die angesehensten Vertreter der Bürgerschaft, von den Berufsgenossen Joachims nicht zu reden, gaben sich hier ihr Stelldichein. Nach und nach bildete sich so etwas wie eine ideale Zusammengehörigkeit unter der andächtig den Zauberklängen der vier Künstler lauschenden Zuhörerschaft aus. Was unsere deutsche Kammermusik bedeutet, was sie an unzerstörbaren Ewigkeitswerten in sich birgt, das erfuhren die musikalisch vorgebildeten Kreise Berlins und weit über sie hinaus erst durch die Darbietungen dieses unvergleichlichen Quartetts!

Durch die rein künstlerische, mehr noch durch die Lehrtätigkeit Joachims, der an die Spitze der neuerrichteten staatlichen Hochschule für Musik gestellt wurde, erfuhr das gesamte Berliner Musikleben eine ungeahnte Förderung. Daß überdies ein zwischen dem großen Geigenkünstler und dem allgemein verhaßten Kultusminister v. Mühler erfolgter Zusammenstoß das Seinige zu dessen Sturze mit beigetragen, sei nur im Vorbeigehen bemerkt, Joachims Künstlerruhm, seine liebenswerte Persönlichkeit zog ganze Scharen aus England, besonders aber aus Amerika hierher, die ihre musikalische Ausbildung hier vollenden wollten. Man wallfahrte förmlich nach Berlin zu Joachim, beinahe wie nach Weimar zu Franz Liszt. Mit dem Unterschiede freilich, daß an der Ilm alles einen mehr genialischen Anstrich annahm, während an der Spree es mehr zuging „wie's Brauch der Schul". Doch sei dem, wie ihm wolle: Josef Joachim wurde zum Ausgangspunkt für alle ernster gerichteten musikalischen Bestrebungen in Berlin.

Es liegt indessen nicht in der Absicht dieser Betrachtungen, den einzelnen Vorgängen in ihrem geschichtlichen Verlauf zu folgen. Es kommt vielmehr darauf an, die Hauptpunkte dieser Entwickelung festzulegen. Daß aber Berlin sich seit etwa dreißig Jahren mehr und mehr zu einer Art von musikalischem Weltstapelplatz mit richtig angelegten Musikdocks in der Bernburger-, Köthener-, Link- und Lützowstraße entwickelte, oder wenn man lieber sagen will, dazu ausartete, ist nicht der großen künstlerischen Persönlichkeit Josef Joachims zuzuschreiben. Dazu bedurfte es eines Anstoßes von einer ganz andersgearteten Seite her. Hier ist Hermann Wolff zu nennen. Er hatte als Kaufmann Schiffbruch erlitten. Da besann er sich auf seine gute musikalische Erziehung, die ihm zunächst dazu verhelfen sollte, sich über Wasser zu halten. Er trat in die weitbekannte Handlung Bote u. Bock ein, betätigte sich bei der dieser Firma angehörigen Musikzeitung, wurde dann der Reisebegleiter und Geschäftsführer von Rubinstein und Bülow, um schließlich unter seinem Namen eine Konzertdirektion ins Leben zu rufen, die unter seiner ungewöhnlich geschickten Leitung sehr rasch aufblühte. Hermann Wolff vereinigte in seiner Person eine ganze Reihe von Fähigkeiten und Eigenheiten, wie solche sich nicht allzuoft beieinanderfinden. Er hatte sich eine große Belesenheit angeeignet, war sprachgewandt, außerordentlich schlagfertig, witzig, ungemein findig und bei aller Geschäftstüchtigkeit für künstlerische Interessen empfänglich. Er war wirklich der rechte Mann an der rechten Stelle und zur rechten Zeit. So konnte ihm auch der rechte Erfolg nicht fehlen. Hermann Wolff wurde im Laufe der Jahre mehr und mehr zu einer Art Musik-Morgan von Berlin. Woran alle Bemühungen bisher gescheitert waren, das gelang seiner unermüdlichen, klugen Tätigkeit, nämlich die Schaffung eines aus Berufsmusikern bestehenden großen Orchesters, das sich unter dem Namen „Philharmonisches Orchester" eines ausgezeichneten Rufes weit über Berlins, ja über Deutschlands Grenzen hinaus erfreuen sollte. Wer fortan in der musikalischen

Welt sich durchsetzen wollte, der mußte nunmehr in Berlin sich seinen Berechtigungsschein ausstellen lassen. Und so schwoll denn die Konzertflut in Berlin mit jedem Jahre mehr an, bis sie nachgerade eine schwindelerregende Höhe, annahm. Wird sich Berlin nach dem fürchterlichen Ausgange des Weltkrieges in seiner Stellung als die tonangebende Musikweltstadt behaupten? Das ist eine Frage, die man frei hat an das Schicksal.